海岱學刊

HAIDAI
XUEKAN

总第25辑

2022

吕文明 主编

教育部人文社会科学重点研究基地
山东师范大学齐鲁文化研究院 主办

齊魯書社

·济南·

图书在版编目（CIP）数据

海岱学刊. 总第25辑 / 吕文明主编. -- 济南：齐鲁书社, 2022.10
ISBN 978-7-5333-4631-7

Ⅰ. ①海… Ⅱ. ①吕… Ⅲ. ①社会科学－文集 Ⅳ. ①C53

中国版本图书馆CIP数据核字(2022)第188920号

责任编辑/曹新月
责任校对/王其宝　赵自环
封面设计/蔡立国
版式设计/赵萌萌

海岱学刊（总第25辑）

吕文明 主编

主管单位	山东出版传媒股份有限公司
出版发行	齊魯書社
社　　址	济南市市中区舜耕路517号
邮　　编	250003
网　　址	www.qlss.com.cn
电子邮箱	qilupress@126.com
营销中心	（0531）82098521　82098519　82098517
印　　刷	山东新华印务有限公司
开　　本	787mm × 1092mm　1/16
印　　张	14.5
插　　页	3
字　　数	268千
版　　次	2022年10月第1版
印　　次	2022年10月第1次印刷
标准书号	ISBN 978-7-5333-4631-7
定　　价	69.00元

目录 2022年(总第25辑)

本刊特稿

儒学经典与儒家思想研究

齐鲁文化与文学艺术

海岱考古与山东地方史研究

青年博士论坛

书评

刊稿格式

孟子政治思想的现代价值和意义

陈　来

摘要：孟子的政治思想是中华民族优秀传统文化的重要组成部分，是涵养社会主义核心价值观的重要源泉。在当今社会，孟子的政治思想有以下四个方面值得注意："辨义利"，把义利问题进一步社会化、普遍化，强调"仁义"优先原则对个人道德抉择、社会文化建设、国家治理的重要性；"重民本"，关注"民事"，重视民生，强调管理和领导者的"行政""为民父母"，并提出了一系列关于仁政具体措施的设计；"申教化"，强调在"制民之产"的基础上施行礼义之教，将对人民的伦理道德的教化视为人道社会、文明社会的最基本条件之一；"倡王道"，明辨王霸，奉行以德服人的价值观，要求行事不诉诸武力而诉诸道德，同时强调"发政施仁""以善养人"，将仁的精神施发到政治实践和社会治理中。这些政治思想对于现代社会国家治理仍然具有重要的参考价值和启示意义。

关键词：孟子　政治思想　现代价值

作者：陈来，清华大学国学研究院院长，哲学系教授、博士生导师，主要研究方向为儒家哲学、宋元明清理学。

习近平总书记在中共中央政治局第十三次集体学习时强调,要认真汲取中华优秀传统文化的思想精华和道德精髓,大力弘扬以爱国主义为核心的民族精神和以改革创新为核心的时代精神,深入挖掘和阐发中华优秀传统文化讲仁爱、重民本、守诚信、崇正义、尚和合、求大同的时代价值,使中华优秀传统文化成为涵养社会主义核心价值观的重要源泉。中华优秀传统文化的时代价值中,第一条是讲仁爱,第二条是重民本,这两条恰恰与孟子思想有着特别直接的关系。孟子思想能够为涵养社会主义核心价值观提供两个最直接的、最重要的基础,即"讲仁爱"和"重民本"。孟子讲仁爱的重点已经不是放在个人的道德修身层面,而是把其扩大到一个社会的价值层面。"以民为本"是孟子全部政治思想的核心和基点,它本身就是目的,而非手段,对民众的同情也就成了最基本和最重要的道德价值。今天讲孟子政治思想的现代价值和意义,值得特别关注的,我认为有以下四个方面。

一、辨义利

据《孟子》开篇《梁惠王上》载,孟子见梁惠王,梁惠王跟孟子说,老先生,你不远千里而来,给我们带来什么利益?孟子说:"王何必曰利?亦有仁义而已矣。"孟子认为,如果一个国家的各级领导都只是追求怎么对自己有利,如果一个社会是"上下交征利",那么这个国家、这个社会就非常危险。孟子最后得出的结论是"苟为后义而先利,不夺不餍",就是说一个国家或者一个社会,它不能先利而后义,如果是先利后义,或者是后义而先利,只能导致利害争夺。所以,从价值观来讲,只有倡导先义而后利,这个国家才能够有序生存。这就是义利之辨,要辨别义利、辨明义利,把义和利的关系搞清楚。

十八大以来,我们看这个问题更清楚了,辨义利的问题,就是价值观的问题。在古代,我们很早就碰到价值观建设的问题。当时社会上比较流行的主张,就是后义而先利。孟子的主张跟流俗不同,坚持一定要先义而后利。这涉及一个社会的价值观如何确立的问题。社会中每个人当然可以有他自己的价值观,可是从治国理政的角度,一个国家、一个社会的主流价值观和基本价值观必须正确确立。所以,一个人可以奉行他自己的价值观,但是一个国家、一个社会一定要确立一个主流的价值观,而这个主流价值观的核心就是辨明义利,要对义和利的关系有一个明确的认识。孟子的思想是很突出的,就是一个人也好，一个国家也好，必须反对唯利是图，在义和利发生冲突的时候，必须要坚持以义为先，以义为上。孔子已经讲了，“君子义以为上”(《论语·阳货》)。“义以为上”，就是在一切事情上，义和利发生冲突的时候，要坚持道义优先原则。当然，在孔子那里，义与利的紧张关系并不凸显，且多是就个人修养而言，未彰显其对文明社会、对国家的影响。孟子则突出强调了“仁义”优先原则对君主修养、文明国家价值观建设的重要性。

孟子强烈反对后义而先利，强调先义而后利。类似地，荀子也明确讲“先义而后利者荣”(《荀子·荣辱》)，这个主张可以看作对孟子义利之辨的一种继承，也是对孟子另一句话的发展，即孟子讲过的“仁则荣，不仁则辱”(《孟子·公孙丑上》)。荣辱观也就是价值观，我们十几年前也进行过荣辱观的教育，特别是新世纪初，我们讲“八荣八耻”。“八荣八耻”也好，荣辱观也好，都是价值观的问题。今天，我们特别强调社会主义核心价值观，强调社会主义核心价值观的建立要以中华优秀传统文化作为基础和源泉。从这一点来看，温习孟子的思想有非常重要的意义。

在《孟子·告子下》中，孟子在与宋钘的谈话中，又一次申明了这个道理。宋钘想以“利”来劝说秦、楚之王罢三军之师，以避免战争、消弭战争。孟子认为，想劝说他们弭战、罢战，但是用“利”去说服他们，就会导致一种情况，就是“为人臣者怀利以事其君，为人子者怀利以事其父，为人弟者怀利以事其兄”(《孟子·告子下》)。这样君臣、父子、兄弟之间“终去仁义”，没有仁义之道，都是“怀利以相接”。孟子认为一切以利为出发点和着眼点的行事，最终都会失败。这个想法，与《梁惠王上》中的例子是一致的，但是有些区别。《梁惠王上》讲义利关系，主要讲各级领导，国君下面是大夫，大夫是士，士下面是庶人，千乘之家、百乘之家，侧重说明掌握各级权力的这些人处理上下级关系时，不能后义而先利。但是在《告子下》中，孟子虽然举了人臣和君主的关系，但是他也举了父子、兄弟，然后结论是“怀利以相接，然而不亡者，未之有也”，这个“相接”超出了政治上的上下级关系，变成一种更普遍的社会交往、社会关系。这样一来，义和利不仅仅是上下级的政治关系要处理的价值观，还广泛包括了人与人之间的普遍相接，这个相接就是相处、打交道。所以，义利关系不仅是政治秩序要处理的问题，也是所有人与人相处、打交道时面临的基本问题。人与人相处、打交道不能唯利是图、只为自己的利益，应该“怀仁义以相接”。

《梁惠王上》中更注重从治国理政、政治关系方面来强调正确解决义利关系的重要性。《告子下》中把义利关系进一步社会化、普遍化，将之视作人与人相处的普遍原则，强调要正确处理义利关系，先义后利，不能够后义先利。因此，孟子的义利之辨有多个层次：第一层次，体现在《梁惠王上》中，它属于治国理政的层次；第二层次，体现在《告子下》中，属于社会文化的层次。除此之外，还有第三层次，就是个人层次。

人生在道德选择的紧要关头，怎样处理义利的问题？孟子说：“鱼，我所欲也，熊掌，亦我所欲也；二者不可得兼，舍鱼而取熊掌者也。生，亦我所欲也，义，亦我所欲也；二者不可得兼，舍生而取义者也。”（《孟子·告子上》）这里，孟子讲的就是个人人生的道德选择。孟子所讲的义利价值观，包含着一个很重要的意义，就是体现了中国古代价值观体系，这个价值观体系的核心是义利之辨，辨别义利。中国古代有一套完整的价值观体系，这个体系自有一套核心价值。这个价值观体系，其核心要素从孔子时代就开始形成，孟子就把它确立为义利之辨。这个义利价值观，强调先义而后利，贯通着国家、社会和个人三个层次。我们今天讲的社会主义核心价值观也是分为三个层次，可这三个层次不相贯通。而对于古代的价值观，我们发现它有一个特点，它的核心很清楚，即强调义利问题；这个义利观作为价值观，既是治国理政的价值观，又是社会关系的价值观，也是人生道德选择的价值观。从这方面来看，中国古代文化对价值观的处理，对今天来讲，还有重要的参考价值。

先义后利，是在二者不可得兼的情况下，我们必须要做的一种选择。不论是个人道德，还是社会文化价值，还是国家的层面，二者不能得兼的时候，我们必须要舍生取义，先义后利。但是，孟子并没有排除二者可以得兼的情况。在人生里面，在社会交往里面，在治国理政上，如果二者能够得兼，就不必片面地把二者对立起来。孟子虽然讲了先义后利的价值观，但是这更多的是在义利尖锐冲突的时候，将我们应有的价值选择呈现出来。他没有排除在人生、社会和治国理政的领域有二者可以得兼的、共赢的情形，而是倡导应该努力开创并争取这种得兼、共赢的局面。

二、重民本

孟子讲的“民事不可缓也”（《孟子·滕文公上》），这个民事就是指民生大事，民生大事是最急切的大事，是缓不得的。孟子把民生看作治国理政的头等大事。从今天来看，孟子对治国理政、对民生大事的关切，有一条值得注意，即他是最早提出把温饱作为治国目标的思想家。孟子反复讲，“黎民不饥不寒，然而不王者，未之有也”（《孟子·梁惠王上》），王是王天下，不饥不寒就是温饱，今天来讲也就是小康。可以说，自孟子以来的千百年，中国政府把人民生活以温饱为内容的小康作为治国理政的一个奋斗目标，或者作为治国思想的一个重要目标。孟子把温饱问题看作王政的根本，这也是仁政的根本。

孟子说仁政的最先步骤就是“省刑罚，薄税敛”（《孟子·梁惠王上》）、关注弱势群体，其中“省刑罚，薄税敛”，今天我们也在做。关注弱势群体，在孟子以前的儒家思想中应该已经包含了这一点，所以他把这个思想追溯到西周时期。除“省刑罚，薄税敛”、关注弱势群体外，孟子同时强调保障人民养生送死的基本需要。保障人民养生送死的需要，就是保障人民的基本生活需求。孟子还强调,保障人民的基本生活需求,最重要的是制民之产,就是保障人民的产业生计,以作为人民求得温饱的基础。所以,孟子不仅有温饱的概念,还有"省刑罚,薄税敛"、关注弱势群体的观念,尤其是他还有"制民之产"的理念。

孟子所说的关怀民生、求得温饱,其实包含着富民的观念。孟子讲:"民可使富也。"(《孟子·尽心上》)应该说,孟子思想里面有富民的思想。从消极的角度讲,保障人民温饱,能使他们避免饿死、流转在沟壑里面;从积极的角度来讲,就是富民。把"制民之产""省刑罚,薄税敛"做好了,就可以使人民生活向富裕发展,从小康进一步向富民发展。这个重民本的思想,从今天来讲,与我国的社会建设在理念上应该是相通的。所以,从这点来看,社会主义核心价值观的基础源泉,确实完全是相通的。

孟子另外一个思想也值得注意,就是他特别强调作为管理者和领导者的"行政"理念。对于领导者、管理者而言,"行政"是什么?孟子认为,就是为民父母。孟子讲:"行政,不免于率兽而食人,恶在其为民父母也?"(《孟子·梁惠王上》)这里明确提出了行政的观念,其行政的基本理念就是为民父母。"为民父母"这个观念很早就产生了,西周文化如《诗经》里面就已经有"民之父母"(《小雅·南山有台》)的讲法。对孟子来讲,这是一个基本的行政理念,他还将其看作一种行政责任,而行政责任是要问责的。孟子所讲的为民父母的责任,主要是民生的温饱,这个范围是有限的。但是,他把行政的理念归结为为民父母。用浅白的话讲,他指的就是做官。什么是做官?做官就是为民父母。有很多人愿意做官,但是什么叫做官?在孟子思想里面,做官这个概念就等同于"为民父母"。所以官员如果不为民父母,就在本质上违背了做官的责任。孟子的这个行政理念,含有问责的理念。据《孟子·梁惠王下》所载,孟子谓齐宣王曰:"王之臣有托其妻子于其友而之楚游者,比其反也,则冻馁其妻子,则如之何?"王曰:"弃之。"孟子曰:"士师不能治士,则如之何?"王曰:"已之。"孟子又曰:"四境之内不治,则如之何?"结果,"王顾左右而言他"。不能让老百姓过上好日子,引起社会混乱,按孟子的逻辑追问,是要罢免君王的。梁惠王觉得很尴尬,无以对答。

"为民父母",不仅揭示了孟子所理解的行政理念、行政责任、责任伦理,同时显示出他的观念中带有很强的批判性。这种批判性就是把责任伦理放大,坚决反对和批判"以政杀人"。孟子说:"以刃与政,有以异乎?"(《孟子·梁惠王上》)就是说,是用刀刃杀人,还是用政治来杀人,有差别吗?没有差别。孟子坚决反对、警惕、杜绝以政杀人。这表达了孟子很强的责任意识及在政治方面的一种责任观念。一个政治过程和一个行政过程,我们不能够只讲领导者的动机是什么,还要看他的行政后果。从后果来讲,以刃杀人和以政杀人没有区别。因此,从正面上,孟子认为政治和行政的责任是保民;从反面上,他坚决反对以政杀人。这与孔子痛斥"苛政猛于虎也"(《礼记·檀弓下》)的立场是一致的，都是带有批判性的。所以，政治领导者，按照孟子的思想来看，必须要肩负责任，人民如果饥饿而死，主政者是直接的责任人，与杀人者同罪同责。这样一种对政治责任伦理的最高重视显示出，对治国者的问责，不仅仅要从动机上来看，还要注意政治施行的后果，此理念有其现代意义。

孟子的政治思想中确实有一些很先进的理念，甚至包含了治民者的权力来源这样的思想。治民者的权力，表面上是来源于上天，但是实际上是来源于人民的受托，这包含了契约论的思想。孟子说，一个人要到楚国去，便把妻子儿女托给一个朋友来照顾，结果回来一看，妻儿冻的冻、饿的饿，这是用受托的关系来隐喻权力来源的本质。这种思想对于正确理解权力是有益的。各级领导干部所掌握的权力，是人民的委托所赋予的，这种思想在《孟子》中有类似的表述。

对于领导者和管理者，孟子的一些理念也是值得提倡的，这些理念在今天来讲还是有意义的。除了具体的"制民之产"、关照弱势群体之类，孟子还有一个深入人心而且传之久远的思想，就是"老吾老，以及人之老；幼吾幼，以及人之幼"（《孟子·梁惠王上》）。这个固然可以放在孟子关照弱势群体的思想中理解，但实际上我们回看中国历史，这句话甚至可以说对二十世纪早期中国人接受社会主义、共产主义思想都有帮助。这句话已经超出了具体的治国理政的办法，变成了一种社会价值理想。也就是说，孟子的思想对近代中国人接受社会主义的价值观念有帮助。

孟子所主张的同时是儒家一贯的民本思想，就是"乐民之乐者，民亦乐其乐；忧民之忧者，民亦忧其忧。乐以天下，忧以天下，然而不王者，未之有也"（《孟子·梁惠王下》）。与民同忧、与民同乐，对孟子来讲，是理想的领导者的规范，也是理想的领导者的德行。干部的政德，从最高的领导者到基层的领导者，从重民本这一条来讲，就是与民同忧、与民同乐。我们比较注重讲与民同乐，不太强调与民同忧。其实，与民同忧同样重要。孟子倡导的把"重民本"的思想贯彻到基础政治管理的理念，提出的与民同乐、与民同忧，在今天，从干部政德教育这个角度来讲还是非常重要的。

孟子的"重民本""为民父母"思想，在今天看来，似乎有一个上对下的问题，自上俯视下，不是平等的。从现代的意义来讲，可以与一些思想进行对比，比如"为人民服务"这种观念。"为民父母"的思想，其实也可以说包含了管理者为人民服务的思想。你看父母对孩子的关照，岂止是服务，那真是全心全意为他服务。所以，"为民父母"也包含了管理者为人民服务的思想。当然，两者也有区别，就是普遍流行的为人民服务的思想，它更多是把为人民服务作为个人的道德、工作态度，更多地强调在每一个行业工作的人都要为人民服务。所以，"为人民服务"，更多是作为个人的道德、个人的工作态度，或者叫工作伦理。但是，孟子的民本思想有一个特点。我们今天来看，他的思想中虽然包含了"为人民服务”，但是相对来讲，更突出把“为人民服务”作为制度和政策的意义，不只是讲个人工作，还讲制定政策、制度时怎么“为人民服务”。孟子讲的很多关于政策方面的设计、关于仁政具体措施的设计，就体现了这一点。孟子很重视什么样的制度和政策能够真正为老百姓服务，他重视制度、政策的价值方向。我们今天重新看孟子的民本思想，这可以说是其中的一个特点。

孟子的这些思想，可以说体现了今天中央强调的“以人民为中心”。“以人民为中心”，已经不仅是以前讲的“为人民服务”。今天我们讲的“以人民为中心”，在中央的文件中是作为发展思想来讲。我觉得孟子的思想也是“以人民为中心”，在孟子的思想中它不仅仅是一个方面的发展思想，更是全部行政的根本出发点、落脚点。应该说，“以人民为中心”在孟子的思想中被提得更高。所以，孟子的民本思想也是以人民为中心，强调一切以人民为中心。因此，人民的主体地位、人民至上、为了人民、依靠人民，这些我们今天政治文化里常讲的理念，它们的思想源头可以追溯到孟子。作为一个传统，孟子的思想已经成为我国文化的基因，它会在无形之中支配、引导我们的思想。今天弘扬孟子的思想，可以帮助我们更深刻地理解有关“人民”的各种各样的提法。

对于民本思想的价值及其现代意义，近代以来我们有一个偏向，就是在处理民本和民主的关系时，强调民本思想是现代社会民主的一种基础。民本当然不等于民主，但是从价值观来讲，它是民主思想的一种价值观的基础。我们以前更多的是把民本思想与民主制度作为理解孟子思想现代意义的一个切入点，这一点当然也不错。但是今天，我们应该开发另外一面，就是更加重视民本思想对现代国家治国理政的意义。民主制度的问题属于政道问题，而治国理政属于治道问题。政道就是一个国家的基本政治制度，治道就是治国理政的各种政策、方法。今天来看，治道可能比政道更有意义，更具重要性。即使是一个民主的制度，如果没有善政，没有好的治道，也是一团糟、一塌糊涂，国家和社会都不能得到很好的治理，这个在当代历史上也可以看到很多例子。民主制度本身有多种多样的形态，并不是民主制度就自然能带来善政，带来良好的治理。所以今天来讲，我们应该更多关注治道。孟子的民本思想，更多的是关注政策和方法层面，讲在治道意义上怎么把国家治理好。这在今天来讲仍是有意义的。以前，我们过多关注在政道上的启发，而忽略了孟子思想对制定治国理政的各种政策的启示意义。

孟子“民贵君轻”的思想体现了“人民至上”的理念，这可谓最早的“人民至上”论。在孟子的时代，提出这样的思想很了不起。从儒家思想内部来讲，它具有的意义也是不寻常的。不是所有的儒家大思想家都能够达到孟子的价值观水平，赋予人民最高的价值地位。一个典型的例子就是汉代的董仲舒，他不是一个绝对的君主崇拜者，而是主张对君权、皇权进行限制。董仲舒在《春秋繁露·玉杯第二》中主张“屈君而伸天”，认为要限制君权，伸张上天的权威和作用。但他又主张“屈民而伸君”，这跟孟子的思想就差太远了。恰恰相反，孟子主张伸民以屈君，不是屈民以伸君，由此可以看到孟子的思想在儒家思想内部的先进性。当然，不同的时代，它的社会条件、政治条件有所变化，但是无论如何，“民贵君轻”与“屈民而伸君”完全是两个层次的价值理想。

三、申教化

孟子所讲的温饱，所理解的小康，是跟教育、教化联系在一起的。如果说孟子有发展理念的话，那么就是温饱有教，这个思想在他那里是一贯的。孟子非常重视民众的温饱，同时注重民众的教育、教化。比如，他提出“人之有道也，饱食、暖衣、逸居而无教，则近于禽兽”（《孟子·滕文公上》）。如果一个人吃穿住行都很好，很舒服，可是没有教养，孟子对此讲得很严厉，认为那就近于禽兽。他说：“圣人有忧之，使契为司徒，教以人伦：父子有亲，君臣有义，夫妇有别，长幼有叙，朋友有信。”（《孟子·滕文公上》）如果有温饱没教育，这个社会不是一个人道的社会。一个社会要有人道，必须教以人伦、伦常、伦理，其中有政治关系的伦理，更多是家庭关系的伦理、社会关系的伦理。政治关系、家庭关系和社会关系的伦理，是一个文明社会和人道的社会最根本的东西。现在考古学所定义的文明社会，最重要的依据是有文字、有城墙。对孟子来讲，什么是文明社会？文明社会就是要有人伦，没有人伦就没有文明。这里面包含了孟子的文明观念，与禽兽相对的就是文明。文明社会如果沉沦，就会沦为禽兽的世界，那就不是文明社会了。判断是否为文明社会，技术的因素应该还不是最重要的，有没有文字出现，有没有城池出现，金属冶炼技术到达哪一步，从孟子的角度、从儒家的角度来看，都不是最重要的，最重要的是有没有建立起一套人伦关系、伦常法则。

教育，我们历史上称作教化。在古代来讲，教化是一种自上而下的教育，甚至是由国家、由王朝来负责。孟子说“圣人有忧之，使契为司徒”，圣人指尧和舜，他们让契当司徒来主掌教育工作，教以人伦。教就是教化、教育。人伦，也就是五伦。五伦，后世统称礼义，孟子有时又把它叫作仁义。仁义也好，礼义也好，核心的部分就是人伦。

礼义之教很重要，但是礼义之教首先需要有物质基础，就是制民之产。可是只有制民之产本身还是不足的，拥有制民之产并不等于已经达到理想社会、小康社会，还必须有教育，即在制民之产的同时要加之以教化。所以，孟子讲了制民之产后，接着就说要“谨庠序之教，申之以孝悌之义”（《孟子·梁惠王上》）。孟子认为“夏曰校，殷曰序，周曰庠；学则三代共之，皆所以明人伦也”（《孟子·滕文公上》）。对于人伦的教化，孟子是非常重视的。满足人民的欲望和基本生活需求，这是人民利益的主体。可是，在使人民得到温饱的同时，一定要让他们能够"暇日修其孝悌忠信"（《孟子·梁惠王上》），后世讲的孝悌忠信就是从这儿来的。就是非农忙的时候，要让人民有时间学习和实践孝悌忠信，一定要保证这种教育和实践。从今天来看，孟子对小康社会的理解，不限于温饱，还包括对人民的教化，这是他始终强调的。孟子讲"民事不可缓也"（《孟子·滕文公上》）、"民为贵"（《孟子·尽心下》），但他并不是民粹主义者，只是始终坚持人民需要教化，认为对人民伦理道德的教化非常重要，这也是人道社会、文明社会的最基本条件之一。

今天我国大部分地区的人民生活已经是温饱无忧。建设小康社会需要扶贫，我们也应该以孟子的深刻观察作为借鉴，把教育、教化看成全面建成小康社会的必要方面。当然，教育、教化有很多的形式，也有很多的方面。当代社会的教育、教化，远远超过孟子那个时代的需要。所以说，孟子重民本，不仅强烈主张民生，其民本思想中还包含了教育论，这是孟子思想的辩证思维。我们不能把孟子思想中的重民本看成一种民粹主义，而是要看到孟子对教育问题的重视。1949 年 6 月，毛泽东在《论人民民主专政》中说"严重的问题是教育农民"，这个思想可能受到孟子的一些影响，因为毛泽东对"四书"非常熟悉。民生论和教民论，是我们了解孟子民本思想互补的两个方面。这是孟子对整个社会的一个设计，与孔子在《论语》里面表达的对个人教育的重视还不太相同。孟子认为，一个人道的社会、理想的社会、小康的社会，应该包含对人民的教化，只有这样的社会，才是一个人道的、理想的社会。

四、倡王道

王道思想观念早在西周就已提出，但孟子关于王道的思想，在今天仍特别有意义。面对第二次世界大战以后，包括冷战以后的当今世界，怎么构建合理的世界秩序，怎么彻底消除一两百年以来帝国主义、殖民主义和霸权主义的影响和残余，在今天的现实生活中还是很突出的问题。整体的帝国主义、殖民主义是没有了，特别是经过二十世纪五十年代、六十年代的民族解放运动，殖民地国家大都实现了独立、解放。但是，霸权主义仍然是现实生活的一部分，帝国主义、殖民主义的残余也还在，这些都是构建合理世界秩序的威胁。所以，在当今这个时代，弘扬人类的共同价值，成为世界的一个重要课题。我国随着国力的增长，越来越积极地参与全球事务，推动全球治理体系的建设。弘扬人类共同价值中，推动全球治理是最重要的，就是要探索在国际事务中如何能够贯穿民主和平等的原则。民主就是有事大家商量，平等就是反对大国欺负小国、富国欺负弱国贫国。如果说在这些方面我国有什么历史文化资源的话，那应该就是王道思想，特别是由孟子阐发的王道思想。

最近十几年,已经有很多人开始重视这一点,即王道思想的现代价值和意义。孟子提出了王霸之辩,“以力假仁者霸,霸必有大国;以德行仁者王,王不待大”,然后说“以力服人者,非心服也,力不赡也;以德服人者,中心悦而诚服也”(《孟子·公孙丑上》)。孟子的这个思想是针对当时社会,因为从春秋五霸到战国七雄的时代,霸权、霸道是非常流行的。孟子的这个论述已经上升到哲学的论述:行事诉诸武力,同时假借道德的名义,就是霸道,因为称霸要靠武力,所以称霸者必须是大国。这个容易理解。行事不诉诸武力,而诉诸道德,就是王道,这是儒家所倡言的。王者不依赖武力,而依赖于道德的感染力。孟子揭示了二者的区别,他说王的特点是以德服人,而霸的本质是以力服人,这也可以代表一种价值观。因为价值观支配人的行为,若所有的行事,都是以力服人,就体现了对力量的崇拜,对强大实力的一种崇拜。但孟子从儒家的角度,是对这种观念加以否定的。服是秩序的一种体现,孟子认为只有以德服人,才能够使人心悦诚服。孟子所追求的理想中的“服”,不是被强力所压服,而是心悦诚服的一种境界。

在孟子的叙述里,霸者也不傻,不是赤裸裸地只讲强力主义,其行事是相信实力主义的,但是整体来讲,其说辞往往不是诉诸赤裸裸的暴力,而是假借道德的名义。这不仅揭示了霸者行为的逻辑和形态,也说明了霸者有他自己的一套话语体系,一套为他服务的话语。弘扬人类共同价值,推动全球治理体系,一方面涉及价值观的问题,另一方面涉及话语体系的问题。西方霸权主义国家有一套话语体系作为霸权主义行为的支撑。长期以来,这个世界受到种种大国霸权主义的主导,以武力欺压、胁迫、逼害弱小的国家,或者跟这些大国价值观不同的国家。同时,它们都打着传播民主、自由的旗号。所以,必须从本质上对霸权主义国家的这种两面性进行揭露,真正认清楚其奉行的是以力服人的根本价值观,来破除其虚假的面貌,打断其对道德的假借,从而掌握国际事务中能代表大多数国家利益的话语权。

霸必大国,因为要靠强力。霸必大国,可是大国不必霸,这就是今天中国所奉行的政策。中国从二十世纪七十年代就已经讲不称霸,毛泽东的时代讲不称霸,邓小平的时代也讲不称霸,今天的中国,我们还是不称霸。为什么我们不称霸?应该说就是因为我们有王道的理想作为基础,有王道的这种价值观。“一带一路”的共赢就是一个典型的现象,从王道的角度来讲,“一带一路”应该说就是我国王道思想的一个新的体现。因为“一带一路”的设计,它的理念是反对以力服人的,体现的是王道。有少部分西方国家不赞成我国的“一带一路”,不参与我们的工作,但是最近在不断转变,开始对“一带一路”做正面的评价,这说明王道的力量自在人心,正如孟子所讲,是“得道者多助,失道者寡助”(《孟子·公孙丑下》)。全世界大多数人民都肯定“一带一路”,肯定这种王道共赢的模式。少数西方国家,也不得不正视“得道者多助”的现象和价值压力。“得道者多助”有价值的正确性——得道，得道就是得民，得民就是得民心。

从另一个角度来讲，王道也就是仁政，或者是仁政的进一步扩大。孟子对仁的讲法，跟孔子有所不同。孔子主要是把它作为个人道德，作为个人最高的或者最完满的道德来强调。但是孟子是要把它贯彻在政治和行政的领域里，称为仁政，注重"发政施仁"，把仁的精神施发到政治实践里面。同时，孟子讲的仁不只是"发政施仁"，还有"以善养人"的观点。"以善养人，然后能服天下。"（《孟子·离娄下》）即"善"一定要落实、体现为实际利益的惠予和推广。"以善养人"，不仅仅是讲一套好听的话，从理论上讲一套善的东西。真正的以善服人，能够以善养人，"养"就表示要把善落实、体现为一种实际利益的惠予，所以这个"养"字不一般。因此，孟子所理解的仁政包含着"养"，"养"才能真正地服人。"一带一路"整个规划，它能给"一带一路"沿线国家的人民，带来实际的发展效益。这就是一种"以善养人"，所以它能够得民心，是王道的一种体现。孟子的思想中包含很多现代的意义和价值。坚持人民主体地位，以人民为中心，满足人民的愿望和期待，让人民群众真正得到改革开放的实惠，党要保持对人民的赤子之心，这一切可以说就是施仁政于民。

十九世纪以来，在西方帝国主义、殖民主义的对外活动中，处处可以看到马基雅维利的影子，他们只追求本国利益目标，全然不顾国际正义，蔑视世界秩序，在国与国的关系中，抛弃政治美德，奉行强力霸权。如果这是现代性的一种内涵，那么必须发扬古典的政治美德，坚决否弃这种政治恶德，对现代性深加反思，如此人类命运共同体的理想才有可能实现。

先秦儒家关于天人关系的三个维度

孟祥才

摘要：先秦儒家的“天人合一”论发端于周公。他的“天人合一”是以天为主、人合于天的。孔子虽然初步赋予天模糊的自然属性，但基本上没有离开人合于天的定位。子思和孟子的“天人合一”论较之周公、孔子进一步强调人的主观能动性，认定人能够“赞天地之化育”“与天地参”“上下与天地同流”，这种“天人合一”已经是天合于人了。荀子认定天即自然界，与人类社会是两个不同的事物。作为自然界的天按自己的规律运行，丝毫不干预人类的活动，人类的活动也不能改变或干预自然规律，二者“相分”，即互不干涉。但是由于人类必须存在和生活于自然环境之中，由天、地提供衣、食、住、行的物质基础，他们又与自然界有着不可分割的密切联系。所以，天人关系就既不是人合于天，也不是天合于人，而是天人良性互动。人认识自然规律，尊重自然规律，顺应自然规律，利用自然规律为自己服务，这就是“制天命而用之”。荀子的“天人合一”论已经摆脱了周公、孔子、子思、孟子等“天人合一”论的神秘色彩，将天人关系建立在唯物主义认识论的基础之上，是科学的“天人合一”论。我们应该弘扬和继承的也正是这种“天人合一”论。

关键词：天人合一　周公　孔子　子思　孟子　荀子

作者：孟祥才，山东大学儒学高等研究院教授，博士生导师，主要从事中国古代史和中国思想史研究。

现在研究国学的人,普遍承认并大力宣扬中国传统文化中的重要思想精华"天人合一"论,进而将"天人合一"的内涵设定为人与天和谐相处、协调发展。再进一步,就将天定位为自然界,论定"天人合一"就是人与自然和谐相处,也就是人在追求生态平衡的前提下促进与自然的和谐相处与协调发展。如果说此观点抓住了中国传统文化中天人关系的思想精华,那是有一定根据的;如果说此观点概括了中国传统文化中天人关系的全部内容,则显然是以偏概全了。实际上,中国传统文化中对于天人关系的认识是相当复杂的。即以先秦诸子而论,他们对天人关系的认识就千差万别。就是儒家内部,对天人关系的认识也不尽一致。先秦儒家的三位鼎足而立的思想巨人——孔子、孟子和荀子,便在不同的维度阐述了各自具有明显差异的理念。

一

先秦儒家的思想源头可追溯至孔子、孟子不断颂扬的尧、舜、禹、汤、文、武、周公等人,而实际人物是集夏、商、周三代思想精华并大力创新的周公。三代对天的认知基本上没有脱离至上神的羁绊,从商纣王的"我生不有命在天",到周公的"皇天无亲,惟德是辅",都没有将天与自然联系起来。而周公的伟大恰恰在于创造了"天人感应"论。周公从殷人那里继承了对至上神的崇拜。在周公眼里,天依然是有意志、有感情、君临人间、明察秋毫、赏善罚恶的人格神,自然界的风晴阴雨、电闪雷鸣,地上王朝的兴衰更迭,个人的生死祸福,都被天主宰着。周公并没有对天的神力产生怀疑,无论对殷遗民、方国首领,还是对周贵族,他都大讲天的威力,称颂祖宗的神灵,献上虔诚的颂歌。如在武王率兵渡河攻殷时,"祥瑞"屡现,周公欣喜若狂地大叫:"茂哉!茂哉!天之见此,以劝之也。"(《尚书大传·补遗》)武王生病时,周公偷偷跑到祖宗的灵前哀告,愿以身代武王死,并说自己"予仁若考,能多材多艺,能事鬼神"(《尚书·金縢》)。其后,在大量的文诰中,周公一而再,再而三,不厌其烦地向殷遗民、周贵族和方国首领说明夏、殷两朝的灭亡是由于"天命不易",周王朝的兴起更是"受天明命",一切都是出于上天公正无私的安排:

天惟时求民主,乃大降显休命于成汤,刑殄有夏。(《尚书·多方》)

惟文王武王敷大德于天下,用克受殷命。(《尚书·毕命》)

显然,周公作为一个真诚的天命论者,他对天的威灵是笃信不疑的。不过,周公的天命论与殷人相比又有明显的不同:第一,他把殷人上帝与宗祖神合一的一元神论改造成分开的二元神论;第二,他用"以德配天"说首创"天人感应"论。尽管这些特点还没有突破宗教神学体系,但与殷人的天命论相比是一个不小的进步。这是因为,周公的上天—宗祖二元神论在事实上疏远了人间和上天的关系。周公把上天打扮成一位对任何人都一视同仁的"公正"之神,"皇天无亲,惟德是辅"。一个当权的统治者使上天满意的唯一办法,不在于祭祀的准时和祭礼的丰隆,而在于能够"敬德保民""明德慎罚",把地上的统治搞得有条不紊:贵族内部融洽和睦,被奴役的小民也安于奴隶的地位不进行反抗。周公的上天—宗祖二元神论虽然还不是无神论,但他引导人们把注意力集中到人事方面来,把事神的虔诚与事人的兢兢业业结合起来,无疑能够缩小天命鬼神的传统领地,客观上向无神论靠拢,积极意义是显而易见的。

周公还用"以德配天"说在中国历史上首创了"天人感应"论。殷人虽然凡事问卜,以卜决疑,但仅此并不能构成"天人感应"论。因为卜兆的吉凶与殷王的德行和作为没有直接关系。在殷人看来,上帝即宗祖神对他们的钟爱完全是无条件的,所以天人之间也就不存在彼此"感"和"应"的关系。在周公发明"以德配天"说之后,"天人感应"才算正式建立。他第一次将天的好恶与地上人的行为联系起来,倡导修人事以应天命。他一方面承认天是监临下民、赏善罚恶、公正无私的人格神:"敬之,敬之,天维显思,命不易哉!无曰高高在上,陟降厥士,日监在兹。"(《诗经·周颂·敬之》)另一方面又认为天不是喜怒无常地随意降下幸福或灾祸。人间帝王敬德保民,天便降下福风惠雨,保佑国泰民安、五谷丰登;人间帝王背德虐民,天便降下水旱灾异,收回他的统治权力,更易新主。天的意志通过"祥瑞"或"谴告"下示人间。人间帝王亦可通过祭祀向上天申述己意,通过实际行动表示自己的赤诚。如此天人交感,构成人间的历史运动。在《尚书·多方》中,周公正是用"天人感应"解释了夏、商、周三朝的更替。按照周公的"天人感应"论,天命对于人事的左右并不是绝对不可移易的,人的活动在天命面前也不是全然无能为力的。这实际上等于承认了人可以有条件地掌握自己的命运。这样一来,周公就在殷人僵死的天命论体系上打开了第一个缺口,给人的主观能动性争得了一个活动的地盘。对于统治者来说,其主观能动性的发挥,就是通过"敬德保民"使上天认可和保佑自己在地上的统治权力。显然,周公是用"敬德"改造了殷人的天命论。

以周公为代表的周朝统治者从殷亡周兴的现实变革中认识到,昊天上帝并不是将它的钟爱一劳永逸地倾注给某个家族。"天棐忱"(《尚书·大诰》),"天畏棐忱"(《尚书·康诰》),"天不可信"(《尚书·君奭》),"天难忱斯,不易维王"(《诗经·大雅·大明》),这些话虽然还不能说周公已经怀疑了天的威灵,但表明他已经意识到人不能无所作为地靠上天的恩赐过日子，为了使上天永远将钟爱倾注于周邦，就必须以“敬德”讨它的欢心。周公认为，有德是取得天帝对地上统治权认可的最重要的条件。殷人前期和中期的统治之所以比较稳固，就是因为殷的名王成汤、盘庚、武丁等德行高尚，使远者来、近者悦，上帝赐福，神人共庆。周能代殷而王，关键是因“丕显考文王”德行淳厚，结果上帝钟爱，小民敬畏：

在昔殷先哲王，迪畏天显小民，经德秉哲。（《尚书·酒诰》）

惟乃丕显考文王克明德慎罚，不敢侮鳏寡，庸庸祗祗威威显民。用肇造我区夏，越我一二邦，以修我西土。（《尚书·康诰》）

相反，夏、殷所以丧失政权，主要原因就是夏桀和商纣“失德”，“有殷受天命惟有历年，我不敢知曰不其延，惟不敬厥德乃早坠厥命”（《尚书·召诰》）。在周公眼里，有德和天命永远是联系在一起的，在形式上，天命虽然还是至高无上，但在实际上，有德成为天命的依据和前提。如此，法力无边的天命在事实上遇到了限制。为了使周的统治永远继续下去，周公几乎在每个场合都宣扬“以德配天”的理论，并以此谆谆告诫他的侄子成王、兄弟康叔、百官、殷遗民和各方国的首领。“敬德”实在是周公天命思想的重要内容。

从“敬德”出发，周公要求周贵族时时以夏殷失德而亡为鉴戒，如临深渊，如履薄冰，兢兢业业，小心翼翼地操持自己的政柄，要“永远念天威”，对上天怀着真诚的崇敬之心，要“迪惟前人光”，永远牢记祖宗创业的艰难，做克肖祖宗的孝子贤孙，发扬光大前人不朽的勋业。为此，就必须时刻抑制自己的欲望，像文王那样“克自抑畏”“卑服，即康功田功”“自朝至于日中、昃，不遑暇食，用咸和万民”。同时，要“以万民惟正之供。无皇曰：‘今日耽乐。’”（《尚书·无逸》）不要贪图安逸，不要大兴游观，不要无休止地田猎，更不要聚徒狂欢。周公这种要求以国王为首的周贵族克制欲望、加强修养、在道德上做万民表率的思想，比之殷贵族那种凶横残暴、肆无忌惮的嗜杀纵欲，是有进步意义的。事实上，在周公的大力提倡下，更由于当时阶级斗争条件的制约，周初的几代统治者都比较注意抑制自己的欲望以缓和阶级矛盾。“成康之治”与统治阶级相对不太荒唐是有直接关系的。从“敬德”出发，周公在中国历史上较早地提出了“任人唯贤”的主张。他要求“继自今立政”，必须坚决摈弃无德无才的“憸人”，选取“克明俊德”、智能卓著的“吉士”“常人”，从而达到“励相我国家”“以觐文王之耿光，以扬武王之大烈”（《尚书·立政》）的目的。从“敬德”出发，周公还提出保民和慎刑的主张，要求统治者了解广大奴隶和平民的处境，“知稼穑之艰难”“闻小人之劳”（《尚书·无逸》），关心他们的疾苦，使他们有一个最低限度的温饱生活。要“庶狱、庶慎”，有条件地运用“刑杀”，使其与怀柔政策起到相辅相成的作用。

周公"曰命、曰天、曰民、曰德,四者一以贯之"①的天人思想,在中国思想史上比他的前辈贡献了许多新的东西:他第一次在殷人无所不包的天命思想体系上打开了一个缺口,给先秦天道观发展史带来了有意义的转折;他第一个发现了人的主观能动性作用,提出了"以德配天"的理论;他第一个看到了奴隶和平民的伟大力量,提出了影响深远的"敬德保民"思想。在中国奴隶社会蒸蒸日上的发展时期,周公作为朝气勃勃的奴隶主阶级的一位代表人物,以他巨大的政治建树和卓越的思想创造,促进了这个社会的发展。他无疑应该是一位值得肯定的历史人物。

周公的天人思想可视为先秦儒家思想的源头之一,核心意蕴在于肯定天是监督地上社会政治运行的人格神,而人以自己的行动回应天的关注,通过天人感应协调双方的关系。人在干,天在看,二者互感互动,达到天人合一。这里的天人合一中的天显然不具有自然界的内涵。

二

儒家创始人孔子在天人关系上基本继承了周公的思想。在他那里,天首先是人格神的上帝:

> 子见南子,子路不说。夫子矢之曰:"予所否者,天厌之,天厌之。"(《论语·雍也》)
>
> 子曰:"天生德于予,桓魋其如予何?"(《论语·述而》)
>
> 子曰:"大哉尧之为君也!巍巍乎!唯天为大,唯尧则之。"(《论语·泰伯》)
>
> 子畏于匡。曰:"文王既没,文不在兹乎?天之将丧斯文也,后死者不得与于斯文也;天之未丧斯文也,匡人其如予何?"(《论语·子罕》)
>
> 子疾病,子路使门人为臣。病间,曰:"久矣哉,由之行诈也!无臣而为有臣,吾谁欺?欺天乎?"(《论语·子罕》)
>
> 死生有命,富贵在天。(《论语·颜渊》)
>
> 孔子曰:"君子有三畏:畏天命,畏大人,畏圣人之言。"(《论语·季氏》)

以上孔子语汇中的"天"显然只能解释成人格神的上帝。不过,在孔子看来,这个法力无

---

① 王国维:《观堂集林(外二种)》,石家庄:河北教育出版社,2001年,第301页。

边的、高悬于人类头顶的神灵是正义的化身、人间最美好事物的护身符，充满人文精神，只能崇仰，不能欺骗，违背其意志和宗旨就会受到惩罚。孔子这里论述的天更多地继承了周公的遗产，实际上已经将周公的"天人感应"理念融会其中了。然而，孔子思想中天的内涵也有明显超越周公的地方，就是他有时也赋予天近似自然的含义：

子曰："予欲无言。"子贡曰："子如不言，则小子何述焉？"子曰："天何言哉？四时行焉，百物生焉。天何言哉？"（《论语·阳货》）

这里孔子语汇中的天包含着近似自然的意蕴，但将其解释成人格神的上帝也是说得通的。孔子也讲"天命"，一处讲"畏天命"（《论语·季氏》），一处讲"知天命"（《论语·为政》）。这里的"天命"，既可解释成"上天之命"，也可解释成自然规律。在鬼神问题上，他一方面坚持"祭如在，祭神如神在"（《论语·八佾》）；另一方面又坚持"敬鬼神而远之"（《论语·雍也》），"未能事人，焉能事鬼""未知生，焉知死"（《论语·先进》），"子不语怪、力、乱、神"（《论语·述而》），更专注于人世间的活动和人的主观能动性的发挥，最后导向"知其不可而为之"、尽人力而听天命的积极用世的人生理念。这也是继承了周公思想中人文主义的精髓而又有所发展。

这样看来，孔子对天人关系的论述，基本上是继承周公思想而又有所发展，在不否认天作为人格神的上帝的前提下让其具有了接近自然界的内涵，人文主义的因素大大增加了。后来儒家的两大巨擘孟子和荀子，前者更多地继承了孔子视天为人格神上帝的一面，而后者则将孔子给予天的模糊的自然属性还原为纯粹的自然界。

三

孔子的孙子子思写了《中庸》一书，发展了孔子有关"中庸"的思想，成为联结孔子和孟子的桥梁。在天人关系上，他的天道性命论给以仁、礼为核心的孔子学说找来了哲学基础：

天命之谓性，率性之谓道，修道之谓教。……中也者，天下之大本也；和也者，天下之达道也。致中和，天地位焉，万物育焉。（《中庸》第一章）

诚者，天之道也；诚之者，人之道也。（《中庸》第二十章）

唯天下至诚，为能尽其性。能尽其性，则能尽人之性；能尽人之性，则能尽物之性；能尽物之性，则可以赞天地之化育；可以赞天地之化育，则可以与天地参矣。

(《中庸》第二十二章)

至诚之道,可以前知。国家将兴,必有祯祥;国家将亡,必有妖孽。……祸福将至,善,必先知之;不善,必先知之。故至诚如神。(《中庸》第二十四章)

显然,《中庸》将天人合一作为哲学核心,认为天、诚、性、命、道、教都是相通的。天的精神是诚,诚化育万物,在人身上体现为性与命,率性而行又体现为道,道既是天地万物的总规律,又是人类社会制度与伦理道德的总汇。使人认识道,进而认识诚,就要靠教。通过教,人们认识性、命、道,最后认识诚,至诚通天,天人合一。于此,人不仅可以认识自己、主宰人事,还可以"赞天地之化育""与天地参",参与天地的运行,并能预知吉凶祸福,达到"至诚如神"的境界。十分明显,子思并不了解自然界(天)与人类社会的区别,更不了解人的主观能动性的发挥始终处于自然环境和时代条件的制约之中,不可能达到任意和无限的程度。他夸大了人类主观能动性的作用,最后滑向了神秘主义,与宗教神学合流。子思上承孔子,下启孟子,在孔孟之道的形成过程中起了重要作用。后世学者将他与孟子结合起来称之为思孟学派,是有道理的。在先秦儒家之中,真正将天人合一的是子思。他的天人合一学说是通过"诚"将二者联结起来,这种联结却是建立在主观唯心主义的哲学基础之上,充满神秘主义色彩。不过,他认定人能够"赞天地之化育""与天地参",应该说正确地看到了在天人的互动中,人并不是消极的应变者,而是积极主动的参与者。

孟子的天道观基本上继承了周公和孔子,尤其是子思的思想。在他看来,天依然是自然界和人类社会的最高主宰。《孟子·梁惠王下》引《尚书》之文"天降下民,作之君,作之师"阐明,天生万民,为之立君进行统治,立师进行教化。"尧舜禅让"和"禹传子,家天下"这样关乎万民的政治事件,也不过是遵天意而行罢了:

万章曰:"尧以天下与舜,有诸?"孟子曰:"否。天子不能以天下与人。""然则舜有天下也,孰与之?"曰:"天与之。""天与之者,谆谆然命之乎?"曰:"否。天不言,以行与事示之而已矣。"曰:"以行与事示之者,如之何?"曰:"天子能荐人于天,不能使天与之天下。诸侯能荐人于天子,不能使天子与之诸侯。大夫能荐人于诸侯,不能使诸侯与之大夫。昔者,尧荐舜于天而天受之,暴之于民而民受之。故曰:天不言,以行与事示之而已矣。"(《孟子·万章上》)

孟子在将天设定为人格神的同时,也讲"天命",并且坚定地认为,最终决定人们生死祸福的是冥冥之中的"天命":"莫之为而为者,天也;莫之致而至者,命也。"(《孟子·万章上》)孟子这里讲的"天命"显然已经渗入了客观必然性的因素。他认为,在这种不可抗拒的天命面前，人们只能加强自己的修养，等待天命的安排："修身以俟之，所以立命也。"(《孟子·尽心上》)显然，孟子与孔子一样，保留了天的人格神的地位。不过，孟子与孔子一样，尽管还不能抛弃天作为至上神的形式，但能重视人的主观能动性的发挥。例如，《孟子·万章上》引《尚书·泰誓》之文"天视自我民视，天听自我民听"，说明百姓的好恶影响和左右着天的好恶。在接触到人事时，他注重的主要是人自身的努力，甚至认同"人皆可以为尧舜"，认为担当大任的人必须经过艰苦的磨炼。其中，自然包含着朴素的唯物论和辩证法因素。

孟子的天道观是与他的认识论紧密联系的，由此构成尽心—知性—知天这一逻辑结构的天人合一的体系：

> 尽其心者，知其性也。知其性，则知天矣。存其心，养其性，所以事天也。(《孟子·尽心上》)
>
> 是故诚者，天之道也，思诚者，人之道也。(《孟子·离娄上》)
>
> 万物皆备于我矣。反身而诚，乐莫大焉。(《孟子·尽心上》)
>
> 夫君子所过者化，所存者神，上下与天地同流。(《孟子·尽心上》)

至此可以明白，在孟子的天人合一的哲学体系中，天既是一个最高主宰，又是客观存在的精神本体，这个本体也可以叫"诚"，体现在人身上就是性，而这个性又存在于人的心中，即主观精神中，所以尽心也就能知性，知性也就能知天。因为诚、心、性包含了宇宙的全部真理，"万物皆备于我"，所以只要"反身而诚"，认识自我就认识了整个宇宙，也就达到了天人合一的境界，"上下与天地同流"了。显然，孟子这里表述的天人合一论是继承子思而又对子思的理论做了进一步的发展，特别是强化了天人关系中人"赞天地之化育"的主观能动性的作用。这种"天人合一"已经是天合于人了。

四

荀子是先秦时期最后一位儒学大师，也是一位百科全书式的学者。他第一次将天还原为自然界，以"天人相分"核定了自己的天道观。《天论》是他的天道观的集中阐发。在荀子看来：

第一，天是自然界，人组成人类社会，二者都是独立的存在，人不能干预天的运行，天也不能干预人的活动，二者的分界是明晰的。

天行有常,不为尧存,不为桀亡。应之以治则吉,应之以乱则凶。强本而节用,则天不能贫;养备而动时,则天不能病;修道而不贰,则天不能祸。故水旱不能使之饥渴,寒暑不能使之疾,袄怪不能使之凶。本荒而用侈,则天不能使之富;养略而动罕,则天不能使之全;倍道而妄行,则天不能使之吉。故水旱未至而饥,寒暑未薄而疾,袄怪未至而凶。受时与治世同,而殃祸与治世异,不可以怨天,其道然也。故明于天人之分,则可谓至人矣。(《荀子·天论》)

第二,虽然天和人类是不同的两个事物,但由于人类生活在天所构成的境域中,所以二者又有着不可分割的关系,特别是由于人类的生活资料取自"天地",人类的活动就不能违背天运行的规律,而只能顺应这个规律:

不为而成,不求而得,夫是之谓天职。如是者,虽深,其人不加虑焉;虽大,不加能焉;虽精,不加察焉;夫是之谓不与天争职。天有其时,地有其财,人有其治,夫是之谓能参。舍其所以参而愿其所参,则惑矣。列星随旋,日月递照,四时代御,阴阳大化,风雨博施,万物各得其和以生,各得其养以成,不见其事而见其功,夫是之谓神。皆知其所以成,莫知其无形,夫是之谓天。唯圣人为不求知天。(《荀子·天论》)

"不求知天"就是顺应和遵守天所具备的自然规律:

故大巧在所不为,大智在所不虑。所志于天者,已其见象之可以期者矣;所志于地者,已其见宜之可以息者矣;所志于四时者,已其见数之可以事者矣;所志于阴阳者,已其见知之可以治者矣。官人守天而自为守道也。(《荀子·天论》)

第三,天、时、地都不能干预人事,与人世的治乱没有关系:

治乱天邪?曰:日月、星辰、瑞历,是禹、桀之所同也,禹以治,桀以乱,治乱非天也。时邪?曰:繁启蕃长于春夏,畜积收臧于秋冬,是又禹、桀之所同也,禹以治,桀以乱,治乱非时也。地邪?曰:得地则生,失地则死,是又禹、桀之所同也,禹以治,桀以乱,治乱非地也。(《荀子·天论》)

天、地有自己的运行规律,不会随人的好恶改变一丝一毫,"天不为人之恶寒也辍冬,地不为人之恶辽远也辍广”“天有常道”“地有常数”。就是天象出现一些不常见的怪象，如日月之蚀、星坠木鸣之类，仍然是自然之象，没有什么可怕的。最可怕的是人事不修、政治混乱。这种问题只能由人自己解决，而不能寄希望于天的干预。

第四，人对天唯一正确的态度是“制天命而用之”：

> 天有其时，地有其财，人有其治，夫是之谓能参。舍其所以参而愿其所参，则惑矣。……大天而思之，孰与物畜而制之？从天而颂之，孰与制天命而用之？望时而待之，孰与应时而使之？因物而多之，孰与骋能而化之？思物而物之，孰与理物而勿失之也？愿于物之所以生，孰与有物之所以成？故错人而思天，则失万物之情。（《荀子·天论》）

这一段意气昂扬的表白，是荀子对自己天人合一论的最精彩概括，中心意思是认识和顺应自然规律，充分发挥人的主观能动性，利用自然规律为人类服务。

通过上文对周公、孔子、子思、孟子和荀子天道观的梳理，我们可以说他们思想的共同特点都是“天人合一”论，但对“天人合一”内涵的诠释是有差异的，有些差异还有质的不同。尽管周公的“天人合一”强调人的主观能动性，但更强调天的主导作用，将人的活动合于天的主导作用中。他的“天人合一”显然是以天为主、人合于天的。孔子的“天人合一”虽然不否认天的人格神地位，但初步赋予天模糊的自然属性，这就使他的“天人合一”论稍稍与周公拉开了距离，不过基本上没有离开人合于天的定位。子思和孟子的“天人合一”论较之周公、孔子进一步强调人的主观能动性，认定人能够“赞天地之化育”“与天地参”“上下与天地同流”，这种“天人合一”已经是天合于人了。荀子将孔子认天为自然界的模糊意象进一步明晰，认定天即自然界，它与人类社会是两个不同的事物。在荀子看来，作为自然界的天按照自己的规律运行，丝毫不干预人类的活动，人类的活动也不能改变或干预自然规律，二者是“相分”即互不干涉的。但是，人类必须存在和生活于自然环境之中，“天地者，生之始也”（《荀子·王制》），由天、地提供衣、食、住、行的物质基础，又与自然界有着不可分割的密切联系。所以，天人关系既不是人合于天，也不是天合于人，而是天人良性互动。人认识自然规律，尊重自然规律，顺应自然规律，利用自然规律为自己服务。这里的“制天命而用之”，丝毫没有违背自然规律、强迫自然为人类服务的意思。显然，荀子的“天人合一”已经摆脱了周公、孔子、子思、孟子等人“天人合一”论的神秘色彩，将天人关系建立在唯物主义认识论的基础之上，是科学的“天人合一”论。我们应该弘扬和继承的也正是这种“天人合一”论。

传闻异辞与造作故事

——诸子争鸣与子书编纂视野下《孟子》所述史事考辨

叶庆兵

摘要:先秦子书中多存在传闻异辞与造作故事的现象,这在儒家经典《孟子》中也有体现。这种现象与先秦时期百家争鸣的时代背景有密切关联,从中可以看出各学派通过造作故事,利用不同的异闻传说攻讦对方而阐发本派学说的努力。同时,《孟子》中有关孟子本人的传闻异辞,还体现了子书编纂的复杂过程为传闻异辞的滋生提供了一定的条件。由于诸子争鸣的时代背景,加之较为复杂的成书过程,《孟子》等诸子著作中大量存在的造作故事和传闻异辞与史实不尽相符,今人对待这些史事须持审慎的态度。

关键词:《孟子》 传闻异辞 造作故事 诸子争鸣 子书编纂

作者:叶庆兵,文学博士,安徽师范大学文学院讲师,研究方向为先秦两汉文学与文化。

余嘉锡先生在《古书通例》中论“古书多造作故事”云：

> 若夫诸子短书，百家杂说，皆以立意为宗，不以叙事为主；意主于达，故譬喻以致其思；事为之宾，故附会以圆其说；本出荒唐，难与庄论。惟儒者著书，较为矜慎耳。①

余先生眼光独到，高屋建瓴，他所指出者确为先秦诸子书中的常见现象，尤其在《庄子》《列子》《韩非子》《晏子春秋》等著作中较为明显。

马振方先生著《中国早期小说考辨》②，遍考群籍，指出诸子书中多包含虚拟创作的小说，所考辨的对象主要是《晏子春秋》《庄子》《墨子》《荀子》《韩非子》《管子》《列子》等著作。马先生的考证恰可以佐证“古书多造作故事”的现象在先秦诸子书中广泛存在。

与造作故事相应，先秦时期还存在着一种更为普遍的现象，即传闻异辞。《春秋公羊传》有“所见异辞，所闻异辞，所传闻异辞”③之说，可见传闻异辞并非仅见于诸子书，但其在诸子书中有最直观的体现。如《韩非子》常以“或曰”为标志，将同一件事的不同说法关联在一起，就最为明显。

在指出“造作故事”这一现象时，余嘉锡先生特别说明“惟儒者著书，较为矜慎耳”，而马振方先生所考也主要是儒家以外其他诸子的著作。这容易给人一种感觉，似乎儒家独自谨守着“学术规范”，没有参与到这股“造作故事”的洪流中去。但事实上，先秦儒家与其他诸子一样“以立意为宗，不以叙事为主”，且同处于百家争鸣的大环境中，它又怎么能自外于这一时代潮流？传闻异辞既然在先秦时期普遍存在，儒家著作自然也难以例外，而且这一现象还首先由《春秋公羊传》揭出，更表明儒家著作未曾“置身事外”，位列儒家“十三经”的《孟子》便为其中代表。

因成书年代早，又居于经典地位，《孟子》常被用来考证史实。但细检其所述史事，不难发现，其中多有传闻异辞与造作故事，因此其所述事迹恐难尽合于史实。然而，这恰可以说明，在“造作故事”的时代背景下，儒家著书虽较为“矜慎”，但并未独立于时代潮流

① 余嘉锡：《目录学发微　古书通例》，北京：商务印书馆，2011年，第253页。

② 马振方：《中国早期小说考辨》，北京：北京大学出版社，2014年。

③ 何休注，徐彦疏：《春秋公羊传注疏》，阮元校刻：《十三经注疏》，北京：中华书局，1980年，第2213页。

之外。

一、《孟子》中的传闻异辞

《孟子·离娄下》讲述了这样一件事：

郑人使子濯孺子侵卫，卫使庾公之斯追之。子濯孺子曰："今日我疾作，不可以执弓，吾死矣夫！"问其仆曰："追我者谁也？"其仆曰："庾公之斯也。"曰："吾生矣。"其仆曰："庾公之斯，卫之善射者也，夫子曰'吾生'，何谓也？"曰："庾公之斯学射于尹公之他，尹公之他学射于我。夫尹公之他，端人也，其取友必端矣。"庾公之斯至，曰："夫子何为不执弓？"曰："今日我疾作，不可以执弓。"曰："小人学射于尹公之他，尹公之他学射于夫子。我不忍以夫子之道反害夫子。虽然，今日之事，君事也，我不敢废。"抽矢扣轮，去其金，发乘矢而后反。①

这与《左传》的记载相近但又不同。《左传·襄公十四年》载：

初，尹公佗学射于庾公差，庾公差学射于公孙丁。二子追公，公孙丁御公。子鱼曰："射为背师，不射为戮，射为礼乎？"射两軥而还。尹公佗曰："子为师，我则远矣。"乃反之。公孙丁授公辔而射之，贯臂。②

不难看出，《孟子》所讲述与《左传》所记载的事件，其人物、情节极其相似。《左传》中的尹公佗显然就是《孟子》中的尹公之他，《左传》中的庾公差应该就是《孟子》中的庾公之斯。

但就人物关系而言有所不同：据《孟子》，子濯孺子为尹公之他的老师，而尹公之他是庾公之斯的老师；据《左传》，则公孙丁是庾公差的老师，庾公差则是尹公佗的老师。二者关于尹公之他（尹公佗）与庾公之斯（庾公差）的师生关系正相反。

就基本情节而言，二者也相近而又有异。据《孟子》，事情的起因是子濯孺子侵卫，庾公之斯为卫公追杀子濯孺子。据《左传》，却是尹公佗、庾公差追杀卫公，而公孙丁助卫公

---

① 朱熹：《孟子集注》，《四书章句集注》，北京：中华书局，2011年，第276页。下文所引《孟子》皆出自此书，为免烦琐，仅随文括注页码。

② 杜预注，孔颖达等正义：《春秋左传正义》，阮元校刻：《十三经注疏》，北京：中华书局，1980年，第1957页。

逃跑。据《孟子》,庾公之斯因为师生情谊“抽矢扣轮,去其金,发乘矢而后反”;据《左传》子鱼(即庾公差)“射两軥而还”,其反应与庾公之斯相似。但尹公佗并不罢休,终于被公孙丁射伤手臂。正如孔颖达等《春秋左传正义》所言:“其姓名与此略同,行义与此正反。不应一人之身,有此二行。”①显然,这二者应是同一件事的传闻异辞。孔氏认为“《孟子》辩士之说,或当假为之辞”②,这一判断正确与否是另外一个问题,但其揭出《孟子》中的传闻异辞,则诚具只眼。

实际上,传闻异辞在《孟子》中并非偶尔见之,而是较为广泛的存在。如《万章上》载:

> 万章问曰:“象日以杀舜为事,立为天子,则放之,何也?”孟子曰:“封之也,或曰放焉。”(第285页)

所谓“或曰放焉”,其实就是另一种传闻。

复如《梁惠王下》所载齐景公问于晏子“吾欲观于转附、朝儛”一事,相近的记载又见于《管子·戒》。限于篇幅,兹不详引,仅将其要点摘录对比于下:

序号	《管子·戒》	《孟子·梁惠王下》
1	桓公将东游,问于管仲曰。	昔者齐景公问于晏子曰。
2	我游犹轴转斛,南至琅邪。	吾欲观于转附、朝儛,遵海而南,放于琅邪。
3	先王之游也,春出,原农事之不本者,谓之游。秋出,补人之不足者,谓之夕。	春省耕而补不足,秋省敛而助不给。
4	夫师行而粮食其民者,谓之亡。从乐而不反者,谓之荒。先王有游夕之业于人,无荒亡之行于身。③	师行而粮食,饥者弗食,劳者弗息。睊睊胥谗,民乃作慝。方命虐民,饮食若流。流连荒亡,为诸侯忧。从流下而忘反谓之流,从流上而忘反谓之连,从兽无厌谓之荒,乐酒无厌谓之亡。先王无流连之乐,荒亡之行。(第201~202页)

从要点的比较可以看出,二者内容大体一致,但是在细节上又有不少差异。由于其内容的高度一致性,我们不能认为这是完全不同的两件事,但也不得不承认它们之间又有着很大的不同。尤其,《管子》中这段对话的主人公是齐桓公和管仲,而《孟子》中这段对话

① 杜预注,孔颖达等正义:《春秋左传正义》,第1957页。

② 杜预注,孔颖达等正义:《春秋左传正义》,第1957页。

③ 黎翔凤撰,梁运华整理:《管子校注》,北京:中华书局,2004年,第507页。

的主人公是齐景公和晏子。显然,历史上确实有这么一次对话,但在流传过程中已经产生了歧说,《孟子》所载只是传闻异辞的一种。

从以上所举的几则事例可以看出,传闻异辞在孟子之前已经出现。从万章问"象日以杀舜为事",孟子回答"封之也,或曰放焉"来看,孟子对多种说法都有所耳闻,并根据自己的需要,有所取舍。

有意思的是,《孟子》中还存在一些传闻异辞,其主人公不是别人,恰是孟子本人。如《梁惠王下》的第13、14、15则:

第13则	第15则	第14则
滕文公问曰:"滕,小国也,间于齐、楚。事齐乎?事楚乎?" 孟子对曰:"是谋非吾所能及也。无已,则有一焉:凿斯池也,筑斯城也,与民守之,效死而民弗去,则是可为也。"(第208页)	滕文公问曰:"滕,小国也。竭力以事大国,则不得免焉。如之何则可?" 孟子对曰:"昔者大王居邠,狄人侵之。事之以皮币,不得免焉;事之以犬马,不得免焉;事之以珠玉,不得免焉。乃属其耆老而告之曰:'狄人之所欲者,吾土地也。吾闻之也:君子不以其所以养人者害人。二三子何患乎无君?我将去之。'去邠,逾梁山,邑于岐山之下居焉。邠人曰:'仁人也,不可失也。'从之者如归市。或曰:'世守也,非身之所能为也。效死勿去。'君请择于斯二者。"(第209页)	滕文公问曰:"齐人将筑薛,吾甚恐。如之何则可?" 孟子对曰:"昔者大王居邠,狄人侵之,去之岐山之下居焉。非择而取之,不得已也。苟为善,后世子孙必有王者矣。君子创业垂统,为可继也。若夫成功,则天也。君如彼何哉?强为善而已矣。"(第208~209页)

这三处所述各有不同,似乎是三件事,但仔细比较就会发现其中存在一些疑点。第13则和第15则,滕文公的问题表述虽有差异,但其实是一回事。第15则中的"大国"实际也就是第13则中的齐、楚,二者实际都是在问滕国在齐、楚两大国之间应该如何自处。第13则中孟子的回答与第15则孟子答语中"或曰"以后的部分意思是一致的,差别仅在于详略不同。第14则和第15则的差别较大,如果单独视之,可以视这两则为两次不同的对话,只不过在两次对话中孟子都用到了"大王居邠"的事例而已。但将这三则放在一起观察,第15则中的孟子答语,"或曰"之前恰与第14则的答语相似,"或曰"之后又与第13则中的答语基本一致。这未免过于巧合,而且又与《韩非子》用"或曰"组织传闻异辞的方法恰相吻合。因此,综合来看,这三则所述的并非三件事,而很可能是同一件事的传闻异辞。此外,也有另一种可能,即第13、14则本是不同的两件事,但第15则将关于这两件事的记述杂糅在了一起,从而构成了一个新的故事。总之,从各种情况来看,这三则故事之间的确存在传闻异辞的关系。

由上可见,传闻异辞在《孟子》中确乎存在,而且情况还比较复杂,其主体对象不仅仅是其他的人和事,甚至包括孟子本人。

二、《孟子》中的造作故事

前文对《孟子》中的传闻异辞做了简要论述,传闻异辞主要是某一事件在长期流传过程中自然讹变、出现不同版本而导致的,其中虽也有主观选择的倾向问题,但改造较少。如《管子·戒》中桓公和管仲的故事与《孟子·梁惠王下》所载景公和晏子的故事,虽然人物不同,故事有详略,但其基本内容、表达的思想是一致的,很可能就是自然讹异及记录的详略不同所致,主观创造较少。《梁惠王下》所载孟子的故事当出自孟子弟子之手,他们改变老师言论的可能性较小,其中的不同应是记录的视角偏差所致。

与之相较,《孟子》中还存在一些明显有主观创造痕迹的内容,这就不是传闻异辞所能概括的,而应属于"造作故事"①。所谓"造作故事",有的以虚设为主,或者毫无根据,或者"只取一点因由,随意点染"(鲁迅《〈故事新编〉序言》);有的则较多地依托历史事件,只是在史事基础上进行局部建构和改造。这两种情形均可谓"造作",只是程度不同而已。

(一)《孟子》中的虚设故事

《孟子》中存在虚设的故事是显而易见的,如《告子上》:

> 弈秋,通国之善弈者也。使弈秋诲二人弈,其一人专心致志,惟弈秋之为听。一人虽听之,一心以为有鸿鹄将至,思援弓缴而射之,虽与之俱学,弗若之矣。(第310~311页)

"使弈秋诲二人弈",这里的"使"就带有假设的意味。由于弈秋善弈,孟子便假设了这样一个故事。其实并没有这样的两个人向弈秋学弈,孟子的目的不过是通过虚设的二人进

① "传闻异辞"与"造作故事"的关系是很复杂的,不能截然划分,有时甚至可以相互转化。比如《孟子·万章上》提到"舜封象""舜放象"两种异闻,当其出现之初,或许有主观创作的目的,那就是"造作故事"了。但到孟子著书时,这两种说法均已为过去之成说,并非孟子所创造出来的,它们对于孟子而言,也就只是传闻异辞。本文讨论《孟子》中的传闻异辞和造作故事,以孟子为立足点,涉及孟子及其弟子之创造性,有明确主观目的的,视为"造作故事";属于客观形成,或当其形成之时有主观创造性,但著书人采录时并无再度创作的,视为"传闻异辞"。

行对比,说明专心致志的重要性。

"揠苗助长"为更明显的虚设故事,此事见于《公孙丑上》:

宋人有闵其苗之不长而揠之者,芒芒然归。谓其人曰:"今日病矣,予助苗长矣。"其子趋而往视之,苗则槁矣。(第216页)

相较于前者,故事更加荒诞,而且主人公连姓名都无,直接以"宋人"代替,其编造程度更高,更显然是虚设了。

(二)《孟子》对史事的建构与改造

虚设的故事较为容易发觉,但这在《孟子》中并不常见,更为常见的是对史事的建构与改造。

如《梁惠王下》:

齐宣王问曰:"文王之囿方七十里,有诸?"孟子对曰:"于传有之。"曰:"若是其大乎?"曰:"民犹以为小也。"曰:"寡人之囿方四十里,民犹以为大,何也?"曰:"文王之囿方七十里,刍荛者往焉,雉兔者往焉,与民同之。民以为小,不亦宜乎?臣始至于境,问国之大禁,然后敢入。臣闻郊关之内有囿方四十里,杀其麋鹿者如杀人之罪。则是方四十里,为阱于国中。民以为大,不亦宜乎?"(第199~200页)

齐宣王问"文王之囿方七十里",孟子回答"于传有之",可见这是当时存在的一种说法,应该有一定的事实依据。但是后文所谓"文王之囿方七十里,刍荛者往焉,雉兔者往焉,与民同之"一事则疑点颇多。朱熹就曾指出:

孟子此说,其意亦只主在风齐宣王尔。若文王之囿果然纵一切人往,则虽七十里之大,不过几时,亦为赤地矣,又焉得有林木鸟兽之长茂乎?周之盛时,虽天下山林,犹有厉禁,岂有君之苑囿,反纵刍猎恣往而不禁乎!亦无是理。①

朱熹是从两个方面来质疑的:一是从情理上分析,文王之囿"与民同之"的情况几乎没有存在的可能。因为如果文王之囿允许一切人开采和利用,那么终因资源有限而不可

① 黎靖德编,王星贤点校:《朱子语类》,北京:中华书局,1986年,第1225页。

持续。二是从制度上来看，即使是在西周王朝最鼎盛的时期，对于天下的山林资源都有着严密控制，更遑论君王之苑囿了。朱熹指出的后一点尤为重要。

据《周礼》所载，周代设置的与山林管理有关的官职包括山虞、山师、林衡、司书、丱人、角人、羽人等，且建立了严密的管理体系。如山虞"掌山林之政令，物为之厉，而为之守禁"①，山师"掌山林之名，辨其物，与其利害，而颁之于邦国，使致其珍异之物"②，其他各官职亦各有职掌。《周礼》的成书历史上有争议，但据张亚初、刘雨的研究，"《周礼》三百五十六官有九十六官与西周金文相同或相近。这说明《周礼》中有四分之一以上的职官在西周金文中可找到根据"③。由于我们所能见到的金文只是很小的一部分，而且西周官职也不可能都出现在金文中，因此，《周礼》所载与西周官制相符合程度实际应该更高。尤为重要的是，在西周青铜器同簋的铭文中，还发现了"王命同：差（佐）右（佑）吴（虞）大父，嗣易（场）、林、吴（虞）、牧"④的记载，由此可知司林是虞大夫的辅佐。而据《周礼》，林衡"若斩木材，则受法于山虞，而掌其政令"⑤，似乎也要受到山虞的领导，二者恰相吻合。可见，《周礼》关于周代山林管理制度的记载还是可信的。

周王朝对于全天下的山林资源尚且要厉禁以守之，又怎么可能将君王之苑囿"与民同之"？当然，文王时或许还没有形成这样严密的制度，但也不可能对山林资源的重要性完全没有意识而丝毫不加管控。再者说，如果划定了君王之苑囿，却允许"刍荛者往焉，雉兔者往焉"，那么这种划定的苑囿又有何存在之必要？这二者之间本就存在着内在的矛盾。

其实，孟子这里是在回应其预设的"民犹以为小"的话头，这部分故事很可能并没有什么依据，而是孟子出于"风齐宣王"的需要，根据自己的理想而建构的。

此类建构的史事在《孟子》中并不鲜见，如《离娄上》：

> 舜尽事亲之道而瞽瞍厎豫，瞽瞍厎豫而天下化，瞽瞍厎豫而天下之为父子者定，此之谓大孝。（第268~269页）

孟子认为"舜尽事亲之道"就能达到"瞽瞍厎豫"，"瞽瞍厎豫"就能够达到"天下化""天下

① 郑玄注，贾公彦疏：《周礼注疏》，阮元校刻：《十三经注疏》，北京：中华书局，1980年，第747页。

② 郑玄注，贾公彦疏：《周礼注疏》，第865页。

③ 张亚初、刘雨：《西周金文官制研究》，北京：中华书局，1986年，第140页。

④ 中国社会科学院考古研究所编：《殷周金文集成》（修订增补本），北京：中华书局，2007年，第2602页。

⑤ 郑玄注，贾公彦疏：《周礼注疏》，第747页。

之为父子者定”的效果。但据《史记·五帝本纪》记载:“舜父瞽叟顽,母嚚,弟象傲,皆欲杀舜。舜顺适不失子道,兄弟孝慈。欲杀,不可得;即求,尝在侧。”在舜与其家人的关系中,相关记载只见舜的单方面付出,而其家人并没有悔过,相反还做出“使舜上涂廪,瞽叟从下纵火焚廪”“使舜穿井……舜既入深,瞽叟与象共下土实井”①等谋杀的行为。显然,舜“尽事亲之道”并没能改变父亲、母亲、弟弟对他的残害之心,孟子所述不过是他理想中的效果,而与历史传说并不相符。

《孟子》对史事的建构集中体现在《万章上》所载万章与孟子的问答中。孟子言必称尧、舜,其实是将尧、舜(以及其他古圣先王)作为宣扬自己学说、主张的工具,但尧、舜等古圣先王自有其本来面貌,他们的行事,以及关于他们的一些历史传说未必尽合于孟子的思想主张。因此,如何对这部分的内容进行阐释与改造,是孟子所必须思考和解决的问题,《万章上》所承担的正是这个重任。此篇凡9章,提出了9个问题:

> (1)父母爱之,喜而不忘;父母恶之,劳而不怨。然则舜怨乎?
>
> (2)《诗》云:“娶妻如之何?必告父母。”信斯言也,宜莫如舜。舜之不告而娶,何也?
>
> (3)象日以杀舜为事,立为天子,则放之,何也?
>
> (4)语云:“盛德之士,君不得而臣,父不得而子。”舜南面而立,尧帅诸侯北面而朝之,瞽瞍亦北面而朝之。舜见瞽瞍,其容有蹙。孔子曰:“于斯时也,天下殆哉,岌岌乎!”不识此语诚然乎哉?
>
> (5)尧以天下与舜,有诸?
>
> (6)人有言:“至于禹而德衰,不传于贤而传于子。”有诸?
>
> (7)人有言“伊尹以割烹要汤”有诸?
>
> (8)或谓孔子于卫主痈疽,于齐主侍人瘠环,有诸乎?
>
> (9)或曰:“百里奚自鬻于秦养牲者五羊之皮,食牛,以要秦穆公。”信乎?(第282~291页)

其中,5个涉及尧、舜,其他4个分别涉及禹、汤、孔子、百里奚,均是儒家所推崇的圣贤。这些传闻中的圣贤事迹,与孟子一贯的主张存在一些或隐或显的矛盾。如,舜埋怨父母、不告而娶、放逐亲弟的传说,均有违舜的孝悌形象;禹不传贤而传子,有违儒家尊贤的主张;“伊尹以割烹要汤”“百里奚自鬻于秦养牲者……以要秦穆公”均属“枉己而正人”“辱

① 司马迁:《史记》,北京:中华书局,1959年,第32~34页。

己以正天下”，且违背孟子关于“帝王师”的儒者定位；“孔子于卫主痈疽，于齐主侍人瘠环”则有损孔子的高大形象。此类传说都不利于孟子的思想主张，因此孟子需要对这些历史传说进行重新塑造。

针对不同的传说，孟子采取了两种不同的方式。一些历史传说已经形成共识，如关于尧、舜的传说，流传已久，轻易否定不了。对此，孟子采取了重新阐释、重塑其内涵与精神的方法。如关于舜不告而娶，孟子认为：

告则不得娶。男女居室，人之大伦也。如告，则废人之大伦，以怼父母，是以不告也。（第283页）

他从“男女居室，人之大伦也”的角度为舜辩护，反而使这一不孝的表现，变成了大孝。又如关于“舜放象”的传说：

孟子曰：“封之也，或曰放焉。”……曰：“仁人之于弟也，不藏怒焉，不宿怨焉，亲爱之而已矣。亲之欲其贵也，爱之欲其富也。封之有庳，富贵之也。身为天子，弟为匹夫，可谓亲爱之乎？”“敢问或曰放者，何谓也？”曰：“象不得有为于其国，天子使吏治其国，而纳其贡税焉，故谓之放，岂得暴彼民哉？虽然，欲常常而见之，故源源而来。‘不及贡，以政接于有庳’，此之谓也。”（第285页）

孟子先是提出“封象”的异说，然后以兄弟之间“亲爱”之情来阐释舜对象的态度，力图使舜在这一事件中的表现符合其仁王的定位。又如，针对禹不传贤而传子，孟子提出“天与贤，则与贤；天与子，则与子”，抬出天命论，为禹变公天下为私天下提供合乎儒家标准的解释。

总之，对于此类历史事件，孟子通过一些方式巧妙地化解了其中的矛盾，维护了尧、舜、禹等人的形象，使他们可以继续充当儒家理想中的古圣先王，为其宣扬儒家学说服务。

另外，一些不那么久远的历史事件，还没有形成定说，孟子采取的是直接否定的方式。如对于“孔子于卫主痈疽，于齐主侍人瘠环”的说法，孟子就直接予以否定：

孟子曰：“否，不然也。好事者为之也。于卫主颜雠由。弥子之妻与子路之妻，兄弟也。弥子谓子路曰：‘孔子主我，卫卿可得也。’子路以告。孔子曰：‘有命。’孔子进以礼，退以义，得之不得曰‘有命’。而主痈疽与侍人瘠环，是无义无命也。孔子

> 不悦于鲁、卫,遭宋桓司马将要而杀之,微服而过宋。是时孔子当厄,主司城贞子,为陈侯周臣。吾闻观近臣,以其所为主;观远臣,以其所主。若孔子主痈疽与侍人瘠环,何以为孔子?"(第291页)

孟子一方面举出其他的传闻,另一方面以孔子"进以礼,退以义"的行为标准为据,言辞激烈地否定"孔子于卫主痈疽,于齐主侍人瘠环"的说法。针对百里奚"自鬻于秦养牲者……以要秦穆公"的传闻,孟子斩钉截铁地回答"否,不然。好事者为之也",同样是直接予以驳斥。

此类历史传说,由于年代相距不远,尚未形成一种固定的说法,因而孟子采取的都是直接指斥"好事者为之",并用其他的说法来代替之的做法。此时,孟子直接参与到了这些传说形成的过程当中,其所建构的直接是历史事件的情节。从另一个方面说,孟子也就对这些故事的其他说法进行了纠正与改造。

三、诸子争鸣与子书编纂:以《孟子》为中心看先秦子书中传闻异辞与造作故事多见的原因

值得思考的是,传闻异辞与造作故事何以在先秦诸子书中如此普遍,甚至"矜慎"的儒家也积极参与其中。下面以《孟子》为中心,结合其他诸子著作谈一些笔者的思考。

(一)传闻异辞的自然出现

就造作故事而言,显然是造作者的主观原因;就传闻异辞而言,还需考虑到这些故事流传的客观情况。换句话说,一些传闻异辞,是在故事流传过程中自然形成的。这种现象实在普遍,如《吕氏春秋》载:

> 宋之丁氏,家无井而出溉汲,常一人居外。及其家穿井,告人曰:"吾穿井得一人。"有闻而传之者曰:"丁氏穿井得一人。"国人道之,闻之于宋君,宋君令人问之于丁氏,丁氏对曰:"得一人之使,非得一人于井中也。"①

丁氏本意是穿井节省了人力,相当于"得一人之使",但在流传过程中,讹变为"得一人于井中"。这一变化是在故事传播过程中自然发生的。

① 许维遹撰,梁运华整理:《吕氏春秋集释》,北京:中华书局,2009年,第618~619页。

《孟子》中的传闻异辞也有这种情况。例如，前引《梁惠王下》所载齐景公问于晏子，“吾欲观于转附、朝儛”一事。这一事件的对话者，据《孟子》为齐景公和晏子，而据《管子》则为齐桓公和管仲。据孙星衍研究：

《管子》作“我游犹轴转斛”，尹知章注：“言我之游必有所济，犹轴之转载斛石。”《孟子》作“转附、朝舞”，赵岐注：“转附、朝舞皆山名也。”星衍谓当从《管子》。赵岐以为山名，盖因下琅邪推知之，齐实无此山也。犹轴转斛，盖欲如轴舻转载斛石，是时齐海运，故景公欲浮舟而南。观《孟子》“从流下”、“从流上”益信。①

如果孙说可信，那么当以《管子》所记为事实，此事最早发生在齐桓公与管仲之间，但在流传过程中，逐渐误传为齐景公与晏子之事。《孟子》所采纳的，属于讹传。

(二)诸子争鸣与传闻异辞、造作故事的发达

一些传闻异辞的出现虽然属于客观现象，但如何选择则完全由诸子决定，择取中又颇能反映其态度。例如，前文所指出万章问孟子“象日以杀舜为事”一事，孟子显然知晓“封”与“放”两种传闻，但他取信于“封”，将“放”的传说作为衍生的异闻，再按照“封”来阐释。孟子如此选择，是为了便于从“亲爱”角度来化解舜、象传说中的矛盾，目的在于借此宣扬舜的仁爱形象，从而和儒家一贯的主张相符。

此外，一些传闻异辞的发生并非纯粹的客观现象，也有主观造作的结果。例如上文提到《万章上》中的9个问题，其中关于孔子和百里奚的传闻，孟子都直接指斥为“好事者为之”，是有一定道理的。这两则传闻，一者宣扬孔子依附于宦官痈疽和瘠环，一者宣扬百里奚将自己卖于牧人，以此来干求秦穆公。这两则，尤其前者，显然带有丑化的目的。

通过丑化对方达到贬低其学说的目的，是战国时期诸子争鸣中的常见现象。《晏子春秋·外篇》就记载了多则与孔子有关的故事，而且基本上都表现孔子的负面形象。卢文弨云：“元刻末注云：‘此并下五章，皆毁诋孔子，殊不合经术……’”②即揭示此种情况。

《墨子·非儒下》亦假借齐景公与晏子之口讲述了多则孔子的故事，而其态度与《晏子春秋》的作者如出一辙。如：

齐景公问晏子曰：“孔子为人何如？”晏子不对，公又复问，不对。景公曰：“以孔

① 张纯一撰，梁运华点校：《晏子春秋校注》，北京：中华书局，2014年，第181页。
② 吴则虞：《晏子春秋集释》，北京：中华书局，1962年，第492页。

丘语寡人者众矣，俱以为贤人也。今寡人问之，而子不对，何也？”晏子对曰：“……孔丘之荆，知白公之谋，而奉之以石乞，君身几灭，而白公僇。……今孔丘深虑同谋以奉贼，劳思尽知以行邪，劝下乱上，教臣杀君，非贤人之行也。入人之国，而与人之贼，非义之类也。知人不忠，趣之为乱，非仁义之也。逃人而后谋，避人而后言，行义不可明于民，谋虑不可通于君，臣婴不知孔丘之有异于白公也，是以不对。”景公曰：“呜呼！贶寡人者众矣，非夫子，则吾终身不知孔丘之与白公同也。”①

这里描绘的孔子，完全是一个不仁不义的小人。这样一个“不仁不义”的小人却整天宣扬“仁义”学说，那其学说还可信吗？《墨子》贬低孔子的目的可谓昭然若揭。

其下一则又讲到景公欲封孔子于尼溪，结果被晏子劝止。事后：

孔丘乃志怒于景公与晏子，乃树鸱夷子皮于田常之门，告南郭惠子以所欲为，归于鲁。有顷，间齐将伐鲁，告子贡曰：“赐乎！举大事于今之时矣。”乃遣子贡之齐，因南郭惠子以见田常，劝之伐吴，以教高、国、鲍、晏，使毋得害田常之乱，劝越伐吴。三年之内，齐吴破国之难，伏尸以言术数，孔丘之诛也。②

此事《史记·仲尼弟子列传》亦有记载：

田常欲作乱于齐，惮高、国、鲍、晏，故移其兵欲以伐鲁。孔子闻之，谓门弟子曰：“夫鲁，坟墓所处，父母之国，国危如此，二三子何为莫出？”子路请出，孔子止之。子张、子石请行，孔子弗许。子贡请行，孔子许之。……故子贡一出，存鲁，乱齐，破吴，强晋而霸越。子贡一使，使势相破，十年之中，五国各有变。③

《史记》所载应出自儒家传闻，其中孔子和子贡为救“父母之国”，殚精竭虑，不得已而曲线救国。在《墨子》中，孔子师徒却成了为报私仇、蓄意挑起多国战争的阴险人物。《墨子》将此事放在《非儒》篇，其借此丑诋孔子师徒、贬斥儒家学说的动机极为明显。

由此可以想见，孟子所谓的“好事者”也应是一些对儒家不满之人，或者就是墨家等其他诸子学派，他们编排孔子故事，不过是为了贬低儒家。与之相应，孟子否定这些传

① 吴毓江撰，孙启治点校：《墨子校注》，北京：中华书局，1993年，第439页。
② 吴毓江撰，孙启治点校：《墨子校注》，第440页。
③ 司马迁：《史记》，第2197~2201页。

闻,提出别的说法,又显然是为了维护孔子,捍卫儒家学派。

在这一攻一守中,我们仿佛看到一场虽无硝烟却无比激烈的战争;在唇枪舌剑中,各家以一些基本史事为素材大胆地进行改造,进而以之为武器攻击对方。时过境迁,“战争”结束,但当时用来征战的武器留了下来,这些根源相同但“形状”各异的武器放到一起,彼此互为传闻异辞。

当然,先秦诸子造作故事,也不尽是为了攻讦,有时只是在一些史事的基础上进行加工,以便更好地发挥自己的学说。例如《庄子·达生》中的一个故事:

> 孔子观于吕梁,县水三十仞,流沫四十里,鼋鼍鱼鳖之所不能游也。见一丈夫游之,以为有苦而欲死也,使弟子并流而拯之。数百步而出,被发行歌而游于塘下。孔子从而问焉,曰:“吾以子为鬼,察子则人也。请问,蹈水有道乎?”曰:“亡,吾无道。吾始乎故,长乎性,成乎命。与齐俱入,与汩偕出,从水之道而不为私焉。此吾所以蹈之也。”孔子曰:“何谓始乎故,长乎性,成乎命?”曰:“吾生于陵而安于陵,故也;长于水而安于水,性也;不知吾所以然而然,命也。”①

这个故事又见于《列子·说符》,二者情节大同小异,不同的只是《列子》中泅水者的答语:

> 丈夫对曰:“始吾之入也,先以忠信;及吾之出也,又从以忠信。忠信错吾躯于波流,而吾不敢用私,所以能入而复出者,以此也。”②

《庄子》中的回答强调“始乎故,长乎性,成乎命”,与庄子思想接近;《列子》中的回答则大谈忠信,显然又是儒家口吻。《列子》所述较为原始,因此此故事很可能源自儒家,而《庄子》借儒家故事的框架,发挥自己的一套观点。此种情况在《孟子》中亦有体现,例如关于“文王之囿”,孟子显然便借助了这个传闻来阐发自己的思想。

总之,在先秦时期百家争鸣的历史背景下,诸子的相互论辩与阐发活动,无疑助长了造作故事的行为,同时为传闻异辞的滋生提供了土壤。

(三)子书编纂与传闻异辞的产生

前文指出,《孟子》中的传闻异辞,有三则很特殊,即《梁惠王下》第13、14、15则所记

---

① 郭庆藩撰,王孝鱼点校:《庄子集释》,北京:中华书局,2013年,第582~584页。

② 杨伯峻:《列子集释》,北京:中华书局,2012年,第238页。

滕文公和孟子的问答。它们讲述的或是关于孟子的同一件事,但记述有异;或者第13、14则本就不同,第15则又糅合二者构成一个新的故事。这种情况何以出现?为什么在《孟子》中竟会出现关于孟子的传闻异辞?

如果这三则所记为同一件事,那么说明关于孟子和滕文公的这场问答,在《孟子》成书时已经有了两种不同的说法(即第13、14则),其中一则记录了事件的起因即"齐人将筑薛",一则记录了滕文公的主要问题即间于齐、楚当如何自处。关于孟子的回答,也出现了两种说法,而在《孟子》编纂的过程中,这两种说法均被记录下来,同时出现了对这两种说法进行整理的新说(第15则),新说整理两种不同说法的方式与《韩非子》中记录传闻异辞的方式相同,是用"或曰"来做连接。

如果第13、14两则本就是两件事,那么第15则显然又有一个综合这两件事的过程。

就今本的情况而言,其间还存在着值得注意的矛盾。按照第15则的记载,"或曰:'世守也,非身之所能为也。效死勿去。'"似乎是孟子引用别人的话,但根据第13则,这个"或"其实就是孟子自己。这一矛盾的形成,很可能是在综合两者的新说形成之后,又有整理者误解了"或曰"之义。由于前文中出现了两种意见,整理者在"或曰"后加入了"君请择于斯二者"一语,其目的是使文意显豁,但此举反使文意发生了变化。原本是综合二说的内容,变成了孟子引述别人的话,而这也使得孟子与滕文公的这场问答变得更加扑朔迷离。

也就是说,无论哪种情况,有关孟子的这几则传闻异辞,都是在《孟子》编纂的过程中形成的。余嘉锡先生曾指出,"周、秦诸子,以从游之众,传授之久,故其书往往出于后人追叙"①。《孟子》之成书亦属此情形。由于弟子众多,各人记忆会有偏差,对孟子谈话的重点把握不一,各自的记述就自然会呈现出不同的面貌,当这些记述汇聚到一起时,难免会出现传闻异辞。

结　语

战国时期,中国学术界正面临着空前活跃的"轴心突破"②,诸子百家的论争异常激烈。在这种背景下,诸子的首要任务是传播本派学说,为了达到这一目的,造作故事是一种很有效的手段。面对各种传闻,他们所关注的也非事实本身,而是如何有利于本学派

① 余嘉锡:《目录学发微　古书通例》,第243~244页。

② "轴心突破"是雅斯培(Karl Jaspers)在《历史的起源与目标》(*The Origin and Goal of History*)中提出的专业名词,现已获得国际学界的认可。

观点的阐发。在此背景下，诸子所述史事就很难与史实相符，有些甚至纯属虚构。此外，由于诸子著作大多并非手著，其成书过程较长，在这漫长的过程中，滋生异闻也是很正常的现象。

当然，诸子争鸣与子书编纂并非先秦子书多载传闻异辞、造作故事的唯一原因，其背后还有更庞大的文化因素。西周时期，周王朝尚有较高的威信，不仅政治统一，而且学在官府，民间士人接触知识和著作的机会很少，因此经典著作如《诗》《书》等就有相当大的权威性，故而征引《诗》《书》成为一种有效的论辩手段。这种学术氛围导致传闻异辞的生存空间较小，也没有必要去造作故事。春秋战国之际，西周王朝覆灭，取而代之的是列国争强、诸侯争霸，政治上并没有一个绝对的权威。与之同时，学术下移，知识群体急遽膨胀，各种典籍的传播速度加快，导致《诗》《书》等典籍的权威性亦相对削弱，出现了“尽信书，不如无书”的观念。在此背景下，引用传闻异辞，甚至造作故事，就成为论辩的辅助手段。限于篇幅，本文未能就此展开论述，还有待另行撰文探讨。

诸子多采录传闻异辞入书，同时频繁造作故事，这对先秦叙事文学的勃兴有极大的促进意义，笔者曾就“孔子厄陈蔡”一事在先秦诸子书中的演绎情况展开探讨，读者可以参考。①

还需注意的是，因成书年代早，又居于经典地位，《孟子》常被用来考证史实，但本文已经指出其中传闻异辞和造作故事广泛存在，其所载事迹与史实未必相符，故征引《孟子》考证史事，须持谨慎的态度。这一点亦适用于其他诸子著作。

---

① 叶庆兵：《诸子争鸣与先秦叙事文学勃兴——以“孔子厄陈蔡”故事的演绎为中心》，《中国石油大学学报(社会科学版)》2021 年第 3 期。

董仲舒对《春秋》书法义例的构建

赵友林

摘要:西汉公羊学者董仲舒在《春秋繁露》中,对《春秋》的书法义例进行了积极能动的探讨,构建了自己的书法义例系统。董仲舒主要在《公羊传》书法义例的基础上进行阐发,或承袭,或补充完善,或引申发挥,或弥缝转化。此外,董仲舒运用多种方式发明了不同于《公羊传》的新的书法义例,通过对《公羊传》书法进行概括、推演,阐明新的义例,同时吸收《穀梁传》的阐释,运用属辞比事等方式,阐明新的书法。董仲舒对书法的构建,呈现出条例化的特点。他通过对《春秋》书法的构建和阐发,逐渐形成了自己的《公羊》学思想体系。

关键词:董仲舒 《春秋繁露》 书法义例

作者:赵友林,聊城大学文学院副教授,史学博士,主要从事经学文献整理与研究。

《春秋》相传是孔子依据鲁史而作,寄寓了孔子的褒贬大义。通过揭示《春秋》的书法义例①来探讨其中的褒贬大义,是《春秋》学中非常重要的阐释方式。这种阐释方式最初主要是由《公羊传》(下文简称"《公羊》")、《穀梁传》所开创(《左传》也偶有所及),后经历代学者补充阐发,《春秋》的书法义例不断扩充、完善。在这一过程中,西汉的《公羊》学者董仲舒对《春秋》书法义例的探讨起到了非常重要的作用。董仲舒所阐发的《春秋》书法义例主要集中在他的《春秋繁露》②一书中。《春秋繁露》对书法的探讨,不是采取依经而释的经注方式,而是以篇立义,对《春秋》书法(主要是《公羊》书法)或专门论说辨析,或作为例证论说董仲舒的思想意旨。据统计,今存 82 篇的《春秋繁露》,涉及《春秋》书法的约有 27 篇,而主要见于《楚庄王》《玉杯》《竹林》《玉英》《精华》《王道》《仁义法》《观德》《奉本》《顺命》等篇章中,涉及《春秋》书法二百余例。考察这些书法义例的构建,有助于了解董仲舒思想的生发理路,也有助于理解《春秋》书法(主要是《公羊》书法)不断生成和衍展的逻辑。

一、对《公羊》书法的承袭补充和引申转化

董仲舒在《春秋繁露》中对《春秋》书法的阐发,多是以《公羊》所发明的书法为基础,或加承袭,或加补足,或引申其义,或弥缝转化,从而在继承的基础上,不断输入自己的新义。这类书法有一百余例,占董仲舒所阐发书法的二分之一稍多。

(一)对《公羊》书法的承袭与补充

对于《公羊》所阐发的书法,董仲舒有时直接承袭,阐发其思想。如《春秋繁露·观德第三十三》:"邢卫,鲁之同姓也,狄人灭之,《春秋》为讳,避齐桓也。"邢与卫被狄人灭亡,

① 按照传统的看法,《春秋》书法是指孔子在修《春秋》的时候所做的"笔""削",其中蕴含了孔子的褒贬与夺等微言大义。古代学者在阐发《春秋》书法时,曾提出"例"这个术语,并由"例"而衍生出诸如"义例""正例""变例"等术语。"例"作为表述《春秋》书法的一个术语,大概出现在西汉初年。简单地说,"例"是一种书写记录的规则,对同一类的事,用同一手法记录下来。

② 《春秋繁露》一书,自宋代开始有学者疑其伪,但多数学者认为此书基本上是董仲舒所作,能够反映其学术思想的基本面貌。

而《春秋》均不加记载，这是为当时的霸主齐桓公避讳。这一书法直接源于僖公元年、僖公二年《公羊》对救邢、城楚丘的解释。《公羊》指出，救邢、城楚丘时，邢、卫已被狄灭亡，但“曷为不言狄灭之？为桓公讳也”。再如《春秋繁露·三代改制质文第二十三》说：“《春秋》郑忽何以名？《春秋》曰：伯子男一也，辞无所贬。”这里的“《春秋》曰”云云，即《公羊》对桓公十一年郑国国君郑忽出奔而直称其名这一书法所做的阐释。董仲舒在这里加以承袭，并用来论证《春秋》之爵。

此外，《公羊》的书法阐释有的比较简单，或褒贬不明，或事实不清，等等。对此，董仲舒或加以补充完善。如，庄公二十九年：“春，新延厩。”《公羊》：“新延厩者何？修旧也。修旧不书，此何以书？讥。何讥尔？凶年不修。”“凶年不修”这一义例没有指明其意旨所在。在此基础上，董仲舒加以补充说：“且《春秋》之法，凶年不修旧，意在无苦民尔。”①从而强调了重民之意。

再如，桓公十五年：“邾人、牟人、葛人来朝。”《公羊》：“皆何以称人？夷狄之也。”《公羊》认为，这里称邾娄、牟、葛为“人”，是表明他们有夷狄之行。但有何夷狄之行，《公羊》未言。对此，董仲舒补充其事说：“为其天王崩而相朝聘也。”②从而突出了尊王之义。

（二）对《公羊》书法的引申发挥

由于理解视域的不同，董仲舒对《公羊》所阐明的书法，往往介入自己的思想进行引申发挥。如对隐公五年“公观鱼于棠”探讨时，他道：

> 公观鱼于棠，何？恶也。凡人之性，莫不善义，然而不能义者，利败之也。故君子终日言不及利，欲以勿言愧之而已，愧之以塞其源也。夫处位动风化者，徒言利之名尔，犹恶之，况求利乎？③

按，隐公五年：“春，公矢鱼于棠。”《公羊》：“何以书？讥。何讥尔？远也。公曷为远而观鱼？登来之也。百金之鱼，公张之。”《公羊》认为，《春秋》记载“公矢鱼于棠”这件事，是对隐公越远以捕鱼的讥刺。对此，董仲舒从其“正其谊不谋其利，明其道不计其功”④的义利观出发，大谈义利，倡义拒利，并特别强调处位动风化的君王更应当正己而行，义以为向，不言利，更不能求利。

① 苏舆撰，钟哲点校：《春秋繁露义证》，北京：中华书局，1992年，第48页。
② 苏舆撰，钟哲点校：《春秋繁露义证》，第118页。
③ 苏舆撰，钟哲点校：《春秋繁露义证》，第72~73页。
④ 班固：《汉书》，北京：中华书局，1962年，第2524页。

再如对《春秋·宣公十二年》贬晋扬楚的探讨：

《春秋》之常辞也，不予夷狄而予中国为礼，至邲之战，偏然反之，何也？曰：《春秋》无通辞，从变而移。今晋变而为夷狄，楚变而为君子，故移其辞以从其事。夫庄王之舍郑，有可贵之美，晋人不知其善，而欲击之。所救已解，如挑与之战，此无善善之心，而轻救民之意也，是以贱之。而不使得与贤者为礼。秦穆侮蹇叔而大败。郑文轻众而丧师。《春秋》之敬贤重民如是。①

按，宣公十二年："晋荀林父帅师及楚子战于邲。"《公羊》："大夫不敌君，此其称名氏以敌楚子何？不与晋而与楚子为礼也。"《公羊》认为，对于晋而称其大夫之名，对于楚而称其君之爵，这是贬晋扬楚。因为楚庄王打败郑国，但并不占有，而是笃礼而行，退舍七里，具有君子之风。前来救郑的晋国不顾郑楚和解的现实强与楚战，结果大败而还。董仲舒据《公羊》的解释做了进一步申发，认为楚庄王"有可贵之美"，舍郑而不占有，是重民的表现，楚虽为夷狄之国，但有贤者之行，故赞其为君子；而晋人一意为战，是"无善善之心，而轻救民之意"，故《春秋》称其大夫名氏以示贬。在这里，董仲舒主要申发了其中的敬贤重民之义。

对《公羊》所阐发的书法，董仲舒或加以同类勾连，综合考察，引申发挥其义。如：

作南门。刻桷，丹楹，作雉门及两观。筑三台，新延厩，讥骄溢不恤下也。故臧孙辰请籴于齐，孔子曰："君子为国，必有三年之积。一年不熟乃请籴，失君之职也。"②

这里探讨了《春秋》中鲁国"作南门"等造作之事。对于这些事件，《公羊》多释为讥。如庄公二十三年秋丹桓宫楹、僖公二十年春新作南门、定公二年新作雉门及两观之事，《公羊》或讥其不合礼制常规，或讥其不勤政务等。董仲舒在此基础上进行总括引申，倡言君职，重视民疾，认为《春秋》所记载的这些造作之事，皆是对为政者骄溢妄行、不恤民情等不正行事的讥刺和批判。

再如，关于诸侯来鲁朝聘之事：

---

① 苏舆撰，钟哲点校：《春秋繁露义证》，第46~47页。

② 苏舆撰，钟哲点校：《春秋繁露义证》，第121页。

诸侯来朝者得褒，邾娄仪父称字……荆得人……诸侯来曰朝，大夫来曰聘，王道之意也。①

按，隐公元年："三月，公及邾仪父盟于蔑。"《公羊》："曷为称字？褒之也。曷为褒之？为其与公盟也。"《公羊》认为，邾娄国国君前来与鲁隐公结盟，故称其字，加以褒扬。庄公二十三年："荆人来聘。"《公羊》："荆何以称人？始能聘也。"荆楚始来聘鲁，行中国之礼，故称人以褒之。隐公十一年："春，滕侯、薛侯来朝。"《公羊》："其言朝何？诸侯来曰朝，大夫来曰聘。"以上皆是《公羊》就来鲁之行所阐发的书法，多为褒义。在此基础上，董仲舒倡言尊鲁、王道之义。这层意旨在《春秋繁露·奉本第三十四》有明确的表述："《春秋》缘鲁以言王义。"《春秋》究他国与鲁交往的情况对有关人事加以褒贬。董仲舒将这种褒贬与其三世说相结合，赋予王鲁之义一个渐进的过程，远而外之，近而内之。这层意思在《春秋繁露·俞序第十七》中表述得更为清楚："孔子曰：'吾因行事，加吾王心焉。'假其位号以正人伦，因其成败以明顺逆……故始言大恶杀君亡国，终言赦小过，是亦始于粗粗，终于精微，教化流行，德泽大洽。"王道在时间上有个进化的过程，由粗至精，最终天下大洽。

董仲舒的引申发挥，往往把《公羊》书法作为论证相关问题的证据或材料。如在《仁义法》篇中，董仲舒主要论述了仁与义，并以《公羊》书法为据做了申发。如关于"仁"的问题：

仁者，爱人之名也。巂，《传》无大之之辞。自为追，则善其所恤远也。兵已加焉，乃往救之，则弗美。未至豫备之，则美之，善其救害之先也。②

董仲舒倡言仁者爱人，并以僖公二十六年的公追齐师为例，论述爱人的远近问题。按，僖公二十六年："齐人侵我西鄙。公追齐师，至巂，弗及。"《公羊》："其言至巂弗及何？侈也。"庄公十八年："夏，公追戎于济西。"《公羊》："此未有言伐者，其言追何？大其为中国追也。此未有伐中国者，则其言为中国追何？大其未至而豫御之也。其言于济西何？大之也。"庄公、僖公追击敌师，《春秋》都记载了地名。对此，《公羊》认为，庄公追击敌师到济西，故"大之"，称赞庄公在戎敌未侵犯之前所做的预防。对于僖公的追击，《公羊》释之为"侈也"，即张大其事，并无具体的称扬之处。董仲舒承《公羊》的解释，认为庄公追

① 苏舆撰，钟哲点校：《春秋繁露义证》，第116页。

② 苏舆撰，钟哲点校：《春秋繁露义证》，第251~252页。

赶戎敌是防患于未然,故赞美他"救害之先""所恤远",是真正的仁者爱人。而对于僖公追击敌人至嶲,董仲舒认为《公羊》"无大之之辞",即没有对僖公做出正面肯定,这是因为敌师已至,灾害已生,才去反击、追赶,故不加称美。总之,董仲舒以仁来观照庄公、僖公的追讨,认为仁者所恤远而爱及他人,不仁者所恤近而仅爱其身,由此说明这也是王者、霸者、独夫的差别所在。王者爱人远故王,独夫仅爱其身故亡,梁国之亡即如此(事见《公羊传·僖公十九年》)。

(三)对《公羊》书法的弥缝与转化

《公羊》阐释的书法有时存有矛盾,其所释或有不足处。对此,董仲舒往往加以弥缝或转化其义。如:

> 难纪季曰:《春秋》之法,大夫不得用地。又曰:公子无去国之义。又曰:君子不避外难。纪季犯此三者,何以为贤?贤臣故盗地以下敌,弃君以避难乎?
>
> 曰:贤者不为是。是故托贤于纪季,以见季之弗为也。纪季弗为而纪侯使之可知矣。《春秋》之书事时,诡其实以有避也。其书人时,易其名以有讳也。故诡晋文得志之实,以代讳避致王也。诡莒子号谓之人,避隐公也。易庆父之名谓之仲孙,变盛谓之成,讳大恶也。然则说《春秋》者,入则诡辞,随其委曲而后得之。今纪季受命乎君而经书专,无善一名而文见贤,此皆诡辞,不可不察。《春秋》之于所贤也,固顺其志而一其辞,章其义而褒其美。今纪侯《春秋》之所贵也,是以听其入齐之志,而诡其服罪之辞也,移之纪季。故告籴于齐者,实庄公为之,而《春秋》诡其辞,以予臧孙辰。以酅入于齐者,实纪侯为之,而《春秋》诡其辞,以与纪季。所以诡之不同,其实一也。①

这是就庄公三年"秋,纪季以酅入于齐"的书法矛盾所做的探讨。按,《公羊》对此条经文的阐释为:"纪季者何?纪侯之弟也。何以不名?贤也。何贤乎纪季?服罪也。其服罪奈何?鲁子曰:'请后五庙,以存姑姊妹。'"《公羊》认为,这里称纪季之字而不称其名,是表示其贤明,因为他保存了纪的宗庙。但《公羊》的这一解说有其不能自圆的矛盾。若说纪季贤明,经文却书"以酅入于齐",而"以酅"表明纪季对本国土地进行随意处置,"入于齐"表明纪季离开自己的国家去避难,这与纪季的贤明是相矛盾的。对此,董仲舒加以弥缝,认为纪季既然是贤者,则不会专地去国;不是专地去国,则必是受纪侯之命而行。因

① 苏舆撰,钟哲点校:《春秋繁露义证》,第82~84页。

此,“纪季以酅入于齐”这种表述是一种诡避的方法,是为纪侯服罪而有所诡避。董仲舒认为,纪侯是贵者、贤者,故《春秋》对其服罪之辞加以诡避,顺从其把土地并入齐国之意,而把服罪之实移到纪季身上。因此,《春秋》贤纪季并不是本意所在,而是为了贤纪侯。董仲舒的这种阐释转换了《公羊》之义,发挥了为尊者、贵者避讳之义。

再如,对鲁昭公不敢如晋的探讨:

> 问者曰:晋恶而不可亲,公往而不敢至,乃人情耳。君子何耻而称公有疾也?曰:恶无故自来。君子不耻,内省不疚,何忧于志,是已矣。今《春秋》耻之者,昭公有以取之也。臣陵其君,始于文而甚于昭。公受乱陵夷,而无惧惕之心,嚣嚣然轻计妄讨,犯大礼而取同姓,接不义而重自轻也。人之言曰:“国家治,则四邻贺;国家乱,则四邻散。”是故季孙专其位,而大国莫之正。出走八年,死乃得归。身亡子危,困之至也。君子不耻其困,而耻其所以穷。昭公虽逢此时,苟不取同姓,讵至于是。虽取同姓,能用孔子自辅,亦不至如是。时难而治简,行枉而无救,是其所以穷也。①

按,昭公二年:“冬,公如晋,至河乃复。”《公羊》:“其言至河乃复何?不敢进也。”昭公二十三年:“冬,公如晋,至河,有疾,乃复。”《公羊》:“何言乎公有疾乃复?杀耻也。”《公羊》认为,畏惧晋国而不敢前往,这对一国之君来说是耻辱;为了减轻鲁昭公因畏惧而不敢前往之耻,《春秋》记载了公“有疾”这件事,显示鲁昭公是由于自身疾病而不能前往晋国的。《公羊》的这一阐释并不能使人信服。畏惧晋国而不敢前往,这是人之常情,何必说公有疾以杀耻?对此,董仲舒在《公羊》“杀耻”之释的基础上,对《春秋》书公“有疾”所耻之事做了发挥、转化。董仲舒指出,无故自来之恶,君子不耻,君子所耻在于自取。鲁国自文公以来,大夫专政,君权旁落,这种情况至昭公时期更甚,而昭公无惧惕之心,反而轻计妄讨季氏,违礼以娶同姓,弃贤而不用孔子,最终导致季孙专权,自身出逃在外,身亡子危。总之,昭公行枉而不正,发生如晋而不敢往这样的耻辱之事也就在所难免。董仲舒的这种发挥、转化,就由外在的审视而转为内在的观照,更符合儒家的内省不疚而无忧无惧之义。

除对《公羊》书法加以弥缝外,董仲舒还直接转化其义,阐发自己的学说。如对隐公“元年春,王正月”的阐发,《公羊》的阐释为:“元年者何?君之始年也。春者何?岁之始也。王者孰谓?谓文王也。曷为先言王而后言正月?王正月也。何言乎王正月?大一统也。”在此,《公羊》就元年、春、王正月等进行了解读,并就“王正月”中两个要素的词序

① 苏舆撰,钟哲点校:《春秋繁露义证》,第8~9页。

做了解读，阐明了大一统之义。董仲舒还对元年、春、王正月做了全面的阐发，对《公羊》“元年”“王正月”的阐发做了转化。他对“元”解释道：

> 谓一元者，大始也。……惟圣人能属万物于一，而系之元也。终不及本所从来而承之，不能遂其功。是以《春秋》变一谓之元。元，犹原也。其义以随天地终始也。故人唯有终始也，而生不必应四时之变。故元者为万物之本。①

在这里，董仲舒把《公羊》“君之始年”的“元”转化为天地万物的“元”，从而赋予“元”初始的、根本的、终极的意义，具有宇宙论的色彩。再如，其对“王正月”意义的转化：

> 《春秋》曰“王正月”，《传》曰：“王者孰谓？谓文王也。曷为先言王而后言正月？王正月也。”何以谓之王正月？曰：王者必受命而后王。王者必改正朔，易服色，制礼乐，一统于天下，所以明易姓，非继人，通以已受之于天也。王者受命而王，制此月以应变，故作科以奉天地，故谓之王正月也。②

于此，董仲舒对《公羊》大一统的阐发做了转化，认为《春秋》“王正月”的这种词序，意在强调受命改制之义。新王接受天命，必应天改制，以示新王朝的正统地位。

二、阐发新的书法义例

董仲舒在《春秋繁露》中，除对《公羊》书法承袭补足、引申发挥外，还发明新的书法义例，阐发其思想。这类书法在《春秋繁露》中有近一百例。

（一）据《公羊》之释，阐明新的书法

1. 总结概括《公羊》书法而成例

董仲舒在阐释《公羊》书法时，除做补充发挥外，还对《公羊》书法加以条例化，或归纳《公羊》之释以成例，或演绎《公羊》之释以成例。如：

> 非其位而即之，虽受之先君，《春秋》危之，宋缪公是也。非其位，不受之先君，而

① 苏舆撰，钟哲点校：《春秋繁露义证》，第67~69页。

② 苏舆撰，钟哲点校：《春秋繁露义证》，第184~185页。

自即之,《春秋》危之,吴王僚是也。虽然,苟能行善得众。《春秋》弗危,卫侯晋以立书葬是也。俱不宜立,而宋缪受之先君而危。卫宣弗受先君而不危,以此见得众心之为大安也。故齐桓非直弗受之先君也。乃率弗宜为君者而立,罪亦重矣。然而知恐惧,敬举贤人,而以自覆盖,知不背要盟以自湔浣也,遂为贤君,而霸诸侯。使齐桓被恶而无此美,得免杀戮乃幸已,何霸之有!鲁桓忘其忧而祸逮其身。齐桓忧其忧而立功名。推而散之。凡人有忧而不知忧者凶,有忧而深忧之者吉。①

按,隐公三年:"癸未,葬宋穆公。"对此,《公羊》有"当时而日,危不得葬也"之例,认为宋缪(或作穆)公卒后五月而葬,是当时而葬,而记载其葬之日期,表示宋有危难。之所以有危难,是因为宋宣公没有把君位传给其子与夷,而是传位于其弟宋缪公。后宋缪公又把君位传于宣公之子与夷,从而引起缪公之子的不满,最终导致与夷被弑的灾祸。根据《公羊》的这些阐释,董仲舒归纳成例:"非其位而即之,虽受之先君,《春秋》危之。"即不按正道即位,是有危险的。又按,襄公二十九年:"吴子使札来聘。"《公羊》有释,吴采取兄终弟及的传位之制,因此季札之兄夷昧死后,季札当立,但最终即位者是夷昧之长庶子僚,僚后终被阖庐弑杀。据此,董仲舒归纳成例:"非其位,不受之先君,而自即之,《春秋》危之。"以上两例皆言即位不正,但董仲舒没有拘泥于传统的正统理论,而是以儒家的仁义学说对其进行重新审视。隐公四年:"冬十有二月,卫人立晋。"《公羊》:"立者何?立者不宜立也。其称人何?众立之之辞也。"桓公十三年:"三月,葬卫宣公(即公子晋)。"董仲舒据隐公三年《公羊》"当时而不日,正也"之例,进行了贯通的解释,认为卫宣公之葬书月而不书日,即表明正而不危。卫宣公之所以不危,就在于得众心,得众心者则大安。据此,董仲舒归纳成例:"虽然,苟能行善得众。《春秋》弗危。"接下来,他以鲁桓公、齐桓公为例,进一步归纳、概括:"凡人有忧而不知忧者凶,有忧而深忧之者吉。"在这里,董仲舒突破狭隘的身份观念,倡言儒家的修身治国理念。

再如,董仲舒在《楚庄王第一》中立"《春秋》之于世事也,善复古,讥易常,欲其法先王也"之例,论证奉天法古之义。这一例是统合了《公羊》的多处解释而加以归纳的。宣公十五年:"冬,蝝生。"《公羊》:"上变古易常,应是而有天灾。"昭公五年:"春,王正月,舍中军。"《公羊》:"舍中军者何?复古也。"僖公二十年:"春,新作南门。"《公羊》:"何以书?讥。何讥尔?门有古常也。"《公羊》认为,由于变古易常,故天降灾害;舍去中军,这是恢复古制;新造南门,有违古制常规,故加以讥讽。由此,董仲舒归纳而成上述之例。

---

① 苏舆撰,钟哲点校:《春秋繁露义证》,第71~72页。

董仲舒除运用归纳、概括的方式对《公羊》书法进行条例化外，还运用演绎法对《公羊》书法进行逻辑推演而成例。如，桓公元年："郑伯以璧假许田。"《公羊》："有天子之存，则诸侯不得专地也。"诸侯不得专地，是对天子威权的维护。依此逻辑，董仲舒在《春秋繁露·玉英第四》中演绎出"大夫不得用地"之例，大夫不得专地，这是对诸侯威权的维护。

再如，宣公十二年晋楚邲之战，《公羊》阐发"不与晋而与楚子为礼"，董仲舒据此阐发出《春秋》敬贤重民之义。庄公二十九年，《公羊》对凶年修旧、造邑之事加以讥刺。董仲舒指出，凶年修旧造邑是苦民，表明了《公羊》对此类事件的厌恶。以此逻辑，董仲舒指出："苦民尚恶之。况伤民乎？伤民尚痛之，况杀民乎？"①战争侵伐不仅苦民、伤民，更是杀民，董仲舒由此推演出"战攻侵伐，虽数百起，必一二书，伤其害所重也"②之例。

2. 据《公羊》书法正例，或阐明书法变例，或贯通阐释

《公羊》立书法正例，或加以贯通，或加以考察变例。③ 但实际上《公羊》的书法并不严密，有的书法变例《公羊》并无阐释。对于这些情况，董仲舒也偶有涉及，如：

> 问者曰：是君死，其子未逾年，有称伯不子，法辞其罪何？
>
> 曰：先王之制，有大丧者，三年不呼其门，顺其志之不在事也。《书》云："高宗谅闇，三年不言。"居丧之义也。今纵不能如是，奈何其父卒未逾年即以丧举兵也。《春秋》以薄恩，且施失其子心，故不复得称子，谓之郑伯，以辱之也。且其先君襄公伐丧叛盟，得罪诸侯，诸侯怒之未解，恶之未已。继其业者，宜务善以覆之，今又重之，无故居丧以伐人。父伐人丧，子以丧伐人，父加不义于人，子施失恩于亲，以犯中国，是父负故恶于前，己起大恶于后。诸侯果怒而憎之，率而俱至，谋共击之。郑乃恐惧，去楚而成虫牢之盟是也。楚与中国侠而击之，郑罢疲危亡，终身愁辜。吾本其端，无义而败，由轻心然。孔子曰："道千乘之国，敬事而信。"知其为得失之大也，故敬而慎之。今郑伯既无子恩，又不熟计，一举兵不当，被患不穷，自取之也。是以生不得称子，去其义也；死不得书葬，见其穷也。曰：有国者视此。行身不放义，兴事不审时，其何如此尔。④

此段主要是对郑悼公伐许时的称谓及郑悼公之死不书葬所做的探讨。按，《公羊》曾对诸

① 苏舆撰，钟哲点校：《春秋繁露义证》，第 48 页。

② 苏舆撰，钟哲点校：《春秋繁露义证》，第 47 页。

③ 正例义同"例"，是一种书法规则，而变例是对正例规则的违背，是逸出正例之外的个例。

④ 苏舆撰，钟哲点校：《春秋繁露义证》，第 64~66 页。

侯称谓及其卒葬例进行说明。隐公三年,《公羊》立"诸侯记卒记葬"之例。庄公三十二年,《公羊》立"君存称世子,君薨称子某,既葬称子,逾年称公"之例。据此,郑襄公卒且葬之后,其子郑悼公在这一年当称"郑子",《春秋》却称之为"郑伯"。再如,成公六年,《春秋》仅记郑悼公之卒,而不书其葬。对于这两条变例,《公羊》无释。对此,董仲舒进行了发挥,认为郑悼公在父丧期间举兵伐许,故《春秋》夺其"子"称,直以"伯"称,对其恩薄而无孝子之心加以讥辱。他又联系成公三年"郑伐许"之事,认为郑悼公之父郑襄公伐人国,是为罪,孝子当务行善以轻父罪,而郑悼公于居丧期间举兵,是以恶益恶,加重了父亲之罪。董仲舒又联系后事,楚、晋等国接连攻打郑国,使郑国处于危亡之中,这都是郑悼公无义而行所致。总之,郑悼公轻慢不敬,无孝子之心,举事不当,最终陷于危难,这些都是咎由自取。故《春秋》去其"子"之生称,又不书其葬,由此以表明其行不合义而最终导致行事的困穷。

再如,隐公五年,《公羊》立有"天子三公称公,王者之后称公,其余大国称侯,小国称伯、子、男"之例。据此,杞作为夏王之后,当称公,可是,庄公二十七年,《春秋》书作"杞伯来朝"。对这一变例,《公羊》无释,董仲舒则从三统说做了解释:

> 《春秋》作新王之事,变周之制,当正黑统。而殷周为王者之后,绌夏改号禹谓之帝,录其后以小国,故曰绌夏存周,以《春秋》当新王。不以杞侯,弗同王者之后也。称子又称伯何?见殊之小国也。①

董仲舒认为,《春秋》作新王之事,以殷、周为王者之后,绌夏为帝而录其后以为小国,故对于杞不以"公"而以"伯"称之。

以上两例皆是董仲舒对书法变例的阐释。此外,他以《公羊》书法正例对《春秋》所记之事加以贯通性解释。这种情况除见于前文所述其所总结《公羊》书法成例的"卫侯晋以立书葬是也"外,还见于《春秋繁露·楚庄王第一》中。僖公四年"齐人执陈辕涛涂",《公羊》阐发"称侯而执者,伯讨也"之例。据此,董仲舒对昭公四年"秋七月,楚子……伐吴。执齐庆封杀之"做了贯通性解释:"称楚子以伯讨之,著其罪之宜死,以为天下大禁。"②董仲舒认为,此处称楚之子爵以执,即伯讨之例,表示被拘执的庆封罪有应得。

3. 弥缝《公羊》书法,阐明新的书法

《公羊》阐释的书法并不严密,存在一些矛盾或疏漏之处。对此,董仲舒或加弥缝,发

① 苏舆撰,钟哲点校:《春秋繁露义证》,第199~200页。

② 苏舆撰,钟哲点校:《春秋繁露义证》,第4页。

明新的书法义例。如关于“《春秋》常于其嫌得者,见其不得也”之例的阐发:

> 楚庄王杀陈夏征舒,《春秋》贬其文,不予专讨也。灵王杀齐庆封,而直称楚子,何也?曰:庄王之行贤,而征舒之罪重。以贤君讨重罪,其于人心善。若不贬,孰知其非正经。《春秋》常于其嫌得者,见其不得也。是故齐桓不予专地而封,晋文不予致王而朝,楚庄弗予专杀而讨。三者不得,则诸侯之得,殆此矣。此楚灵之所以称子而讨也。《春秋》之辞,多所况,是文约而法明也。①

按,宣公十一年:“冬十月,楚人杀陈夏征舒。”《公羊》:“此楚子也,其称人何?贬。……诸侯之义,不得专讨也。”《公羊》认为,楚王杀陈夏征舒,《春秋》贬楚王为“楚人”,是不赞成诸侯的对外专讨之权。但同样是不赞成外讨,昭公四年《春秋》书作“楚子……伐吴。执齐庆封杀之”。董仲舒为了弥缝这一矛盾,提出“《春秋》常于其嫌得者,见其不得也”的例法,阐明施加书法的原则。所谓嫌得,即怀疑是对的。《春秋》常常在人们怀疑是对的地方,通过变换文词以示其非,之所以在宣公十一年把楚子书作“楚人”,是因为楚庄王贤明,而夏征舒罪重,以贤讨罪,人多不疑其非,但实际上诸侯并无专讨之权,故于此变“楚子”为“楚人”,表明不予专讨之义。《春秋》对于如楚庄王这样的贤善之人都加贬抑,那么其他诸侯之“得”,也是“不得”。因此,《春秋》称伐吴的楚灵王为子,并非要褒扬他,而是在讥贬。董仲舒的这种解释,其实也在消解着《春秋》书法的严密性,阐释着《春秋》褒贬非关书法。

此外,董仲舒在《春秋繁露·楚庄王第一》中发明的“《春秋》之用辞,已明者去之,未明者著之”,在《春秋繁露·玉杯第二》中发明的“《春秋》之道,视人所惑,为立说以大明之”,都是对书法施加原则的说明,也是针对《春秋》书法的矛盾或体例的不严密而做的弥缝。

(二)据《穀梁》所释,阐明新的书法

董仲舒在阐释《春秋》时,多依据《公羊》,有时也多受《穀梁传》(以下简称《穀梁》)的启发。②

---

① 苏舆撰,钟哲点校:《春秋繁露义证》,第2~4页。

② 王葆玹在《今古文经学新论》中认为,《春秋繁露》对《穀梁》的沿用,是后人的掺入。按,《穀梁》的成书不会太晚。据《汉书·儒林传》记载,汉武帝时治《穀梁》的瑕丘江公曾与董仲舒辩论。又,汉代《公羊》学与《穀梁》学关系的紧张主要是在西汉宣帝以后。因此,笔者认为董仲舒在《春秋繁露》中沿用《穀梁》是有可能的。

如桓公八年:“祭公来,遂逆王后于纪。”《穀梁》:“其不言使焉,何也?不正其以宗庙之大事,即谋于我,故弗与使也。遂,继事之辞也。其曰:遂逆王后,故略之也。”“遂逆王后”是一种简略的说法,表明迎娶王后时违礼。董仲舒吸收了这种解释,在《春秋繁露·王道第六》中说:“祭公来逆王后,讥失礼也。”再如,《穀梁》有“妇人既嫁不逾竟”之例(见于庄公五年,僖公二十五年、三十一年),董仲舒盖是吸收了这一解释,在《春秋繁露·玉英第四》中提出“妇人无出境之事”之例。

除对《穀梁》书法的承袭、吸收外,董仲舒还在《穀梁》的基础上,加以引申转换,阐发自己的义理。如:

> 《春秋》曰:“晋伐鲜虞。”奚恶乎晋而同夷狄也?曰:《春秋》尊礼而重信。信重于地,礼尊于身。……今我君臣同姓适女,女无良心,礼以不答。有恐畏我,何其不夷狄也。……今晋不以同姓忧我,而强大厌我,我心望焉。故言之不好。谓之晋而已,婉辞也。①
>
> 《春秋》曰:“郑伐许。”奚恶于郑而夷狄之也?曰:卫侯遬卒,郑师侵之,是伐丧也。郑与诸侯盟于蜀,以盟而归,诸侯于是伐许,是叛盟也。伐丧无义,叛盟无信,无信无义,故大恶之。②

按,成公三年:“郑伐许。”昭公十二年:“晋伐鲜虞。”对此《公羊》均无释,而《穀梁》对“晋伐鲜虞”之事做过阐释:“其曰晋,狄之也。其狄之何也?不正其与夷狄交伐中国,故狄称之也。”受《穀梁》的这一启发,董仲舒认为,直称“晋”伐鲜虞和直称“郑”伐许,是把晋、郑等同于夷狄来看待。不过,在大义的阐发上,董仲舒没有沿着《穀梁》的“不正其与夷狄交伐中国”进行发挥,而是突出了礼、信、义等儒家的基本信条。对晋伐鲜虞,董仲舒指出,晋、鲜虞同姓,更应当相守相保,可是如今晋国征伐之举毫无亲亲之义,更是无礼无信,故《春秋》以婉辞讥讽晋国而直称为“晋”。对于郑伐许,董仲舒联系成公二年郑侵卫和蜀之盟等,认为郑伐卫丧,又伐许而叛蜀之盟,无信无义,故《春秋》直称“郑”以示极大的厌恶之义。

此外,董仲舒在《穀梁》的基础上,加以推演成例。如襄公五年,“叔孙豹、鄫世子巫如晋”。《穀梁》:“外不言如,而言如,为我事往也。”盖由《穀梁》“外不言如”之例,董仲舒推

---

① 苏舆撰,钟哲点校:《春秋繁露义证》,第5~8页。

② 苏舆撰,钟哲点校:《春秋繁露义证》,第63~64页。

演出“内出言如”①之例,发明尊鲁之义。

(三)属辞比事以阐明新书法

“属辞比事”是《春秋》三传特别是《公羊》《穀梁》阐发《春秋》书法义例的一种基本方法。首先,它是一种比较的方法,通过前后文之比较,以明《春秋》书法之异。其次,它又是一种归纳法,通过比较同类事件,加以归纳,揭示某种书法条例。② 董仲舒对属辞比事这种方法是有自觉认识的。他曾在《春秋繁露·玉杯第二》中说:“《春秋》论十二世之事,人道浃而王道备。法布二百四十二年之中,相为左右,以成文采。其居参错,非袭古也。是故论《春秋》者,合而通之,缘而求之,五其比,偶其类,览其绪,屠其赘。”合全书以会通,援此以例彼,比类经文,加以推求,这可以看作属辞比事的另一类表达。

考察《春秋繁露》中董仲舒所阐发的新的书法义例,其中许多是在属比《春秋》经文的基础上生发的。如庄公三十二年:“冬十月己未,子般卒。”《公羊》没有对其中的日期进行阐释。文公十八年:“冬十月,子卒。”《公羊》:“子卒者孰谓?谓子赤也。何以不日?隐之也。何隐尔?弑也。弑则何以不日?不忍言也。”对子赤卒而不书日期进行了阐释。《春秋》未书子赤卒之日期,对同样是准国君的子般却书其卒时日期,对此《公羊》无释,而董仲舒以此为书法予以解读:“于传闻杀其恩,与情俱也。……子般杀而书乙未,杀其恩也。”③董仲舒从三世说入手,认为子般被杀之时,正处于所传闻之世,恩情又少杀,故书日期。

再如,隐公十一年:“春,滕侯、薛侯来朝。”僖公二十九年:“春,介葛卢来。”对其中的人物称谓,《公羊》皆无释。对此,董仲舒属比经文,以《春秋》中滕多称子、薛多称伯、介国或称人(如僖公三十年事)为书法,提出:“诸侯来朝者得褒……滕薛称侯……介葛卢得名。……王道之意也。”④董仲舒认为,滕、薛、介来鲁朝聘,志在慕善,故或称侯,或称名,以示褒扬,从而阐明尊鲁、王道之义。

董仲舒在属比《春秋》经文、阐明书法时,还加以归纳,以成例。如:

> 今《春秋》缘鲁以言王义,杀隐桓以为远祖,宗定哀以为考妣,至尊且高,至显且明。其基壤之所加,润泽之所被,条条无疆……微国之君,卒葬之礼,录而辞繁。远

---

① 苏舆撰,钟哲点校:《春秋繁露义证》,第116页。
② 参见赵友林:《〈春秋〉三传书法义例研究》,北京:人民出版社,2010年,第24页。
③ 苏舆撰,钟哲点校:《春秋繁露义证》,第10~11页。
④ 苏舆撰,钟哲点校:《春秋繁露义证》,第116页。

夷之君,内而不外。当此之时,鲁无鄙强,诸侯之伐哀者皆言我。①

董仲舒属比《春秋》经文,至定哀之世,微国之君多卒日葬月。如哀公八年:"冬,十有二月癸亥,杞伯过卒。"哀公九年:"春,王二月,葬杞僖公。"据此,董仲舒立有"微国之君,卒葬之礼,录而辞繁"之例。定哀之世,夷狄之君也像诸夏一样,多书其爵。如昭公十六年:"楚子诱戎蛮子杀之。"楚与戎蛮之君皆称"子"。据此,董仲舒有"远夷之君,内而不外"之例。定哀之世时,他国伐鲁皆言伐"我",而不书作伐我西鄙之类。哀公八年:"吴伐我。"哀公十一年:"齐国书帅师伐我。"据此,董仲舒立有"鲁无鄙强,诸侯之伐哀者皆言我"之例。对此三例,董仲舒"缘鲁以言王义",并立足于三世说,认为王道的实现在时间和空间上有一个渐进的过程。其他如"师出者众矣,莫言还"②"母为子娶妇,奔丧父母,变礼也"③"灭人者莫绝"④等例,盖是董仲舒在属比经文的基础上,加以归纳而成例。

综上所述,董仲舒在《春秋繁露》中阐发了二百余例书法,构建了自己的书法义例系统。这些书法主要在《公羊》书法义例的基础上,或加承袭,或加以补充完善,或对其矛盾不足之处进行弥缝、转化;而更多的情况是在《公羊》书法的基础上,进行引申发挥,介入自己的思想。书法的开拓、新的书法义例的构建是董仲舒于《春秋繁露》一书中的重要任务。董仲舒运用了多种方式发明了不同于《公羊》的新的书法义例:一是对《公羊》书法进行概括、演绎,以成义例;二是观照《公羊》正例,阐明书法变例等;三是为弥缝《公羊》书法的矛盾,阐明新的书法;四是吸收《穀梁》的阐释,阐明新的书法义例;五是运用属辞比事的方式,发明新的书法义例。

董仲舒对书法的构建,呈现出条例化的特点。书法的条例化是汉代《春秋》学较为明显的特点,《左传》学是如此,《公羊》学亦如此。关于书法的条例化,汉代《公羊》学中有文献可考的是西汉胡毋生的《公羊条例》,东汉末年《公羊》学家何休曾经得见并据以参考⑤,现已亡佚。作为西汉早期的《公羊》学者,董仲舒对《春秋》书法的阐发已经表现出条例化的倾向。如前文所指,董仲舒对《公羊》书法常常加以归纳而成新的义例,其在通过其他方法阐发书法中也有条例化的倾向。据初步统计,在董仲舒所阐发的新的书法中,有约三分之二是用条例化的方式来表述的。因此,《春秋》学或《公羊》学的书法条例

① 苏舆撰,钟哲点校:《春秋繁露义证》,第279~281页。

② 苏舆撰,钟哲点校:《春秋繁露义证》,第279页。

③ 苏舆撰,钟哲点校:《春秋繁露义证》,第75页。

④ 苏舆撰,钟哲点校:《春秋繁露义证》,第273页。

⑤ 参见何休注,徐彦疏:《春秋公羊传注疏》,阮元校刻:《十三经注疏》,北京:中华书局,1980年,第2191页。

化，从董仲舒时已经开始了。

董仲舒通过对书法的构建和阐发，逐渐形成了自己的《公羊》学思想体系。他对《公羊》书法的引申，往往突破原有文义的限制，灌注自己的思想，在所开拓的新的书法义例中，做能动的阐发。首先，倡言天命，尊天敬天。在董仲舒那里，天具有本始的、原初的意义，现实中的一切皆受命于天。处于本始、原初地位的天具有与人世相通相感的特点，并具有决定性的作用，它可以对人世间有违天道的行为加以惩戒。因而，天不仅为现实社会中的等级制提供了理论来源，还对世俗社会中的等级制提供了一种约束。其次，由尊天敬天，董仲舒还特别继承、阐扬了尊王重君、尊君抑臣之义。这种意旨是封建时代所大力阐扬的，在《公羊》中也有着重的表述。董仲舒不仅对此多有承袭，而且做了进一步的阐发。再次，董仲舒对书法义例的阐发，大力阐扬了儒家的基本思想信条，如尊古重信、倡义拒利、恶战重民、倡言仁义等。最后，董仲舒把王道纳入朝代的统序中，并赋予其时间、空间上的变迁和完善的意义。董仲舒以三统说阐发了《春秋》作新王和改制之说，并把鲁国作为新王的代表，以三世说阐明王道的实现在空间上由鲁而夏、由夏而夷的层递变迁，以及在时间上由所传闻世而所闻世、由所闻世而所见世的不断完善。

李光地的诚论与为学大纲*

万宏强

摘要:诚不仅是天道之诚,也是人道之诚。诚的境界是天人合一的境界。宋代,理学初兴,理学家以理气范畴为核心构建理学本体论与宇宙论,为心性之学寻找形而上的本体依据,本体论与宇宙论在宋代理学体系中占重要地位。随着宋、元理学家对理学本体论与宇宙论的完成,本体论与宇宙论的理论空间日益狭窄。进入明代,对心性问题的探讨取代了本体论与宇宙论的探讨,理学日益成为价值性学问,进一步内在化。清初理学更是如此,日益强调人的道德实践。李光地诚论的建构,主要着眼于作为人道的诚。在工夫论上,他主张立诚、存诚、主敬。在诚论基础之上,他提出了"存实心""明实理""行实事"的为学大纲。

关键词:诚　立诚　存诚　为学大纲

作者:万宏强(1982—),甘肃庄浪人,历史学博士、中国社会科学院世界宗教研究所哲学博士后,青海师范大学历史学院教师,主要研究方向为儒学思想史、清代学术史。

* 本文为中央财政支持地方高校发展专项资金项目"李光地与清初朱子学"(2020QSK006)、藏区历史与多民族繁荣发展研究省部共建协同创新中心项目"清初朱子学与宗教的交涉"(XTCXZX202208)成果。

李光地作为清初朱子学的重要学者,“诚”是其理学思想的核心范畴,是其为学纲领的基础,诚论体现了清初朱子学重实践、重工夫的理论特点。学术界对李光地的诚论和为学纲领尚乏关注。本文拟从诚与五常、五伦、三达德的关系,立诚、存诚、主敬的工夫论,“存实心”“明实理”“行实事”的为学大纲三个方面,对其诚论及为学大纲做初步探讨。

一、作为人道的“诚”

李光地尊奉“敬义夹持,明诚两进”①之学,追求天人合一、心理合一的诚的境界。他对诚的最全面的论述如下:

> 性,诚而已矣,故圣贤之学,亦诚而已矣。明根于诚,而诚又根于明。诚者,成始成终之道,而明在其间。故《中庸》曰:“自诚明谓之性,自明诚谓之教。诚则明矣,明则诚矣。”实理浑然,而万物皆备于我,此所以谓自诚明而为性之体。万物散殊,无非完其性之固有,此所以谓自明诚而为教之用。事于性者,尊德性之事也。事于教者,道问学之事也。《易》曰:“忠信,所以进德也。修辞立其诚,所以居业也。”忠信即诚也,主于忠信,以诚致明,尊德性也。故德修而为业之本,辞修诚立,以明致诚,道问学也。故业可居而为德之资,德业相资,故诚明相生也。曾子曰:“夫子之道,忠恕而已。”忠其德也,恕其业也。孟子曰“反身而诚”,忠也;“强恕而行”,恕也。忠恕皆诚也。忠则所谓大哉乾元,万物资始,诚之源也。恕则所谓乾道变化,各正性命,诚斯立焉。终始于诚,而明在乎其间。此圣学相传之要,二千年之远,而有周子知之。故曰:“君子乾乾不息于诚,然必惩忿窒欲,迁善改过,而后至。”此则存诚以为克己之地。又曰:“诚心,复其不善之动而已。不善之动,妄也。妄复,则无妄矣。无妄则诚矣。”此则克己以致立诚之功也。②

① 黄宗羲:《明儒学案》卷一《崇仁学案》,《黄宗羲全集》第7册,杭州:浙江古籍出版社,2005年,第1页。

② 李光地:《榕村全集》卷六,陈祖武点校:《榕村全书》第8册,福州:福建人民出版社,2013年,第138~139页。

理学,性理之学,重在发明道德本心,落实道德实践。诚,真实无妄,实实在在。明诚互根,知性与德性相须并进,德性的实现有赖于理性判断能力的建立,以此来对治感性私欲带给德性的干扰,知性是为德性完成的基础。反过来讲,德性导向、规范着知性的建立。同时,诚又贯穿于德性与知性互动的全过程,"诚者,成始成终之道"。在李光地看来,明诚两进是"圣学相传之要",因而,他反复强调诚的本体地位,强调诚与明的体用关系,将《中庸》《周易》,以及曾子、孟子、周敦颐学说中诚的思想资源抉发出来,构建自己的核心学说体系。《中庸》中"自诚明"是性,是本体,从事于此就是尊德性。"自明诚"则是教,是发用,从事于此就是道问学。诚、明二者是体用关系。依照《周易》而言,诚明为相生关系,忠信也为诚。德性与事为互为资凭。曾子、孟子所言之忠恕也是诚。在周敦颐这里,克己与立诚二者,克己的目的在于立诚,立诚的途径在于克己。

从诚的道德境界来讲,诚是至德、全德,是最高德性。在儒家看来,人有圣人、贤人、凡人之别,圣人为道德境界最高者,《孟子》有言:"圣人,人伦之至也。"①圣人有至善之德,即完美的德性,所以,他能将人伦关系完美地处理。在李光地看来,"诚者圣人之德也"②,圣人是善的化身,是人的道德追求的终极目标;圣人的德性是诚,而诚是最高的德性,是纯善无恶的,不夹杂任何的杂质,"《通书》之所谓诚也,所谓纯粹至善也"③,诚的境界就是纯粹至善的境界。

由于诚是圣人之德,是至德,是理想的道德境界,是形而上的境界,所以,诚作为至德是抽象的,无法用言语来描述、表达。诚不是具体的德性,而是全德、至德。因而,诚是统贯具体德目的,具体德目包含于诚,所谓"天虽有五气,其实一元也,人虽有五常,其实一诚也。故一与五无异也"④。天有金、木、水、火、土五气,其实就体现着元气,元气统贯五气。人有仁、义、礼、智、信五常,这五种德性实际体现着诚,诚统贯五常。抽象的、形而上的元气显现为具体的五气,抽象的、形而上的诚显现为五常,所以五气的本质是元气,五常的本质是诚,因而一与五无异,也就是其本质没有差异。李光地对诚统贯诸德,论曰:

> 木、金、水、火,统之者土也。仁、义、礼、智,统之者信也。爱、恶、欲、惧,统之者思也。喜、怒、哀、乐,统之者和也。是故诚则仁义礼智存矣,思则爱恶欲惧正矣,和

---

① 《孟子·离娄上》。

② 李光地:《周易通论》卷二,陈祖武点校:《榕村全书》第1册,福州:福建人民出版社,2013年,第65页。

③ 李光地:《榕村全集》卷十九,陈祖武点校:《榕村全书》第8册,第472页。

④ 李光地:《榕村全集》卷二十八,陈祖武点校:《榕村全书》第9册,福州:福建人民出版社,2013年,第171页。

则喜怒哀乐平矣。土周流始终，而旺于四时之季。四时之季者，相生之界也。故爱欲恶惧相生之界，则当节之以思也。喜乐怒哀相生之界，则当节之以和也。节之者，谓迟焉而勿容遽也。节之以思，则理明而气定。节之以和，则气定而理明。

木火金水运而木德常伸，仁义礼智行而仁道常贯。故爱欲恶惧之丛生，欲其爱心之常在也。喜乐怒哀之杂发，欲其喜气之常流也。①

土统木、金、水、火，信统仁、义、礼、智，思统爱、恶、欲、惧。在五行理论中，木居左、金居右、火居前、水居后、土居中央。“土居中央，为之天润。土者，天之股肱也。其德茂美，不可名以一时之事，故五行而四时者，土兼之也。金木水火虽各职，不因土，方不立。”②土居中为尊，统金、木、水、火。同理，信统仁、义、礼、智，实际则诚统仁、义、礼、智。因为“君子以言有物，诚也，不诚则无物。‘诚’字、‘信’字，皆从言，盖诚信于言验之”③。诚本就可解作信，信亦可解作诚，《说文解字》解作：“诚，信也”，“信，诚也”。所谓“统贯”，即涵摄。诚统仁、义、礼、智四德，则诚不是仁、义、礼、智中某一德目可以穷尽其含义的，只有合仁、义、礼、智才能成一诚，诚内含于仁、义、礼、智。所谓“相生之界”，相生是五行互相产生作用的循环序列，木生火，火生土，土生金，金生水，水生木，这种生成变化发生的节点就是“相生之界”。这种生成变化，不是一瞬之间完成，而是量的累积达到一定程度所产生的质变。

爱、恶、欲、惧四种情感转变之时，以思节之，即以理性的思考来调适四种情感，从而使得爱、恶、欲、惧得其正，也就是爱所当爱，恶所当恶，欲所当欲，惧所当惧。喜、怒、哀、乐四种情感转变之时，以和节之，即控制情感，保持适中，无过不及，避免大悲大喜，大哀大乐，使情感得以平复。同样，四德的转换，也要保持德性的诚，出于真诚无妄而为之，不违本心，避免假仁假义，伪礼虚智，这样才能使诚长存于四德。

李光地认为，要实现诚的道德境界，就得精审辨别、守一不懈：

人心者，爱、欲、恶、惧也，外物引之，故危。道心者，仁、礼、义、智也，形气隔之，故微。精以别之，则不杂于物而人心常安矣。一以守之，则不已于命而道心常著矣。

---

① 李光地：《四书解义·中庸余论》，陈祖武点校：《榕村全书》第3册，福州：福建人民出版社，2013年，第73页。

② 董仲舒：《春秋繁露》卷十一《五行之义第四十二》。

③ 李光地：《榕村语录》卷十，陈祖武点校：《榕村全书》第5册，福州：福建人民出版社，2013年，第260页。

精者所以审于几也，一者所以存其诚也。①

人心容易为外在的物质所诱惑，故人心危而难安。人心本身就有正与不正之分。如欲，欲望本身是中性的，吃穿用度，满足人类生存、发展的基本物质欲望是公欲，是正的，而超出这一范围，美其服饰，恢宏其宫室则是私欲，是不正的。爱有私爱、公爱之分。私爱为一己之爱，将一己私爱推扩出去，达到万物一体之仁的道德境界，则为公爱。私爱是不正的，公爱则正。“精以别之”，即别之以精。当人面对外在物质世界时，就得以精审的态度辨别爱、恶、欲、惧，何者为正，何者为不正。正与不正的区别在几微之间，因而，一旦发现不正之苗头就要进行克制，使人心趋于安定，不为外物所诱惑。道心容易为人自身的形气所遮蔽，故道心微妙难明。要使道心明了，就得“一以守之”。“一以守之”，即守之以一，“一即诚也”②，守诚才能使道心不断地彰显。

诚不仅统五常，而且本身为仁：

问：“忠恕、忠信是诚，诚即是仁否?”曰：“也即是仁。在圣人谓之诚，在学者谓之忠信；在圣人谓之仁，在学者谓之恕。三达德之仁，即指尽心去行，故曰体此者也。在行达道上说，又与统体说不同，故下文云‘力行近乎仁’。”③

夫仁也者，心德也。专言之，则不独包乎礼义，而亦包智。偏言之，则礼义居仁之后，智居仁之先。在仁后者仁统之，在仁先者则与仁对而并行，而要之，亦归于所谓专言之仁而已。夫子既言修道以仁矣，下又曰仁、义、礼，而本之于天人之知。上仁专言之，而包乎义、礼、智者，下仁偏言之，与义、礼、智对者。及言达德，则有智仁，无礼义，是又以仁包礼义，而与智对者也。智所以得与仁对者，以其在仁之先也。性之德既如此，故下言气禀，亦先之以三品之知，后之以三品之行。言学，则先好学而后力行，先明善而后诚身。此自唐、虞至闽、洛，未之有改也。然达德有三，而行之者一。明诚二者，皆归之于诚，则明之本亦在乎诚而已矣。诚者一也，五常之信也，专言之仁也。其在天，则太极之实体，而阴阳之分不足以言之也。或曰：明之又本于诚，何谓也？曰：言仁义礼智，而复言智仁勇，则四而三之，仁统礼义也。言智仁勇，而复言明诚，则三而二之，仁统勇也。言明诚，而要归于诚，则二而一之，仁又统乎智

① 李光地：《四书解义·中庸余论》，陈祖武点校：《榕村全书》第3册，第74页。

② 李光地：《榕村语录》卷二，陈祖武点校：《榕村全书》第5册，第51页。

③ 李光地：《榕村续语录》卷一，陈祖武点校：《榕村全书》第7册，福州：福建人民出版社，2013年，第16页。

也。五殊二实二本，则一专言仁，则三德五常，无不具举。①

诚即仁。“仁”自先秦孔子哲学中成为含义丰富的范畴，经过宋明理学的提升，成为昭示天人合一的本体范畴。诚和仁都是天人合一的最高境界。仁的道德境界是通过忠、恕、克己的道德实践得以实现的。所以，忠恕、忠信是仁，诚即仁，“力行近乎仁”。之所以“在圣人谓之诚，在学者谓之忠信；在圣人谓之仁，在学者谓之恕”，是因为诚、仁是抽象的、形而上的境界，以此标示圣人。圣人明天道，顺天道，不假施为，自然合于天道；而学者虽然承天所降之命，然囿于外物的引诱、自身形气的限制，自身无法明了天道、循顺天道，只有通过后天的道德学习来明了天道，通过道德实践来循顺天道。忠、恕、克己正是为仁之方，为诚之方。因为诚、仁是至德，所以在圣人为诚，为仁。忠恕、忠信为学者趋向诚的境界、仁的境界的方法与路径，所以在学者谓之忠恕、忠信。

仁为“心之德、爱之理”②，这是朱熹对仁的一种界定。“心之德”又被称为“本心之全德”③“本心全体之德”④“心体之全德”⑤。全体之德，就是仁包四德。心体，心的形而上之本体，就是生生之理，就是“爱之理”。仁义源于人心之固有，心与理一。李光地继承了朱熹“心之德”的看法，主张仁包仁义礼智四德。仁可以是一德之名，也可以是德之总称，即合德、全德。一德之名，即具体的一种德目，所谓“偏言之，则礼义居仁之后，智居仁之先”。合德、全德即德的总名，一德无法尽其所含，所谓“专言之，则不独包乎礼义，而亦包智”。作为具体德目的仁，在礼、义二德之前，在智之后。作为合德、全德的仁则包含礼、义、智三种德目，礼、义、智任何一德单独无法穷尽仁的含义。以上是就仁、义、礼、智四德来说。就智、仁、勇三达德而言，仁包礼、义而与智相对，智在仁前。仁、礼、义为行，知在行先，知先而行继，所以，智、仁相对，仁包礼、义，不包智。为学步骤则为“先好学而后力行，先明善而后诚身”。无论是智、仁、勇，还是诚、明，其根本皆在于诚。金、木、水、火、土为五殊，阴、阳为二实，五殊、二实皆以诚为本，这是从宇宙生成论上说。自德性修养上说，三德五常则皆在于诚。

智、仁、勇三达德也本于诚，为诚所统贯：

---

① 李光地：《榕村全集》卷六，陈祖武点校：《榕村全书》第8册，第154~155页。

② 朱熹：《孟子集注》，《四书章句集注》，北京：中华书局，1983年，第201页。

③ 朱熹：《论语集注》，《四书章句集注》，第131页。

④ 朱熹：《孟子集注》，《四书章句集注》，第239页。

⑤ 朱熹：《四书或问·论语或问》卷十二《颜渊第十二》，朱杰人等主编：《朱子全书》第6册，上海：上海古籍出版社、合肥：安徽教育出版社，2002年，第798页。

智、仁为性之德,固已。勇者气也,何以谓之德也?曰:三德皆根于诚者也。仁者诚之存,智者诚之通,勇者诚之笃。博、厚、高、明、悠、久之义也,皆根于诚,则同为性之德也明矣。仁、义、礼、智、信,无勇何也?言信则勇在其中也。信即诚也,诚者实也,勇者果也。草木之成者曰实,又曰果,皆确然成就而不虚之称也。志之所至,气亦至焉,非至诚其孰能与于此哉?①

智、仁、勇,谓之三达德。"谓之达德者,天下古今所同得之理也。"②仁因诚而长存,因诚而厚重;智因诚而通达;勇因诚而笃实,因诚而强大。智、仁、勇是诚的不同显现,是诚的不同形态。诚为实在,诚为不虚妄。智、仁、勇皆为一气之实,因而诚统贯三达德。

五伦也为诚所统贯:

父子、兄弟、君臣、朋友、夫妇,伦也。仁、义、礼、智、信,性也。语其本之合,则仁贯五伦焉,义、礼、智、信亦贯五伦焉。语其用之分,则父子之亲,主仁者也。君臣之义,主义者也。长幼之序,主礼者也。夫妇之别,主智者也。朋友之信,主信者也。

父子、兄弟,以亲相亲也,天之合也。君臣、朋友,以贤相尊也,人之合也。夫妇人合之终,天合之始也。何言乎人合之终?朋友、君臣皆同类,而男与女不同类也。何言乎天合之始?有夫妇而后有父子、兄弟也。故夫妇者冬之位,终始之地也。

自春而秋,天地之气自合渐判,故父子、兄弟、朋友、君臣象之。冬者判之极,合之始也,故夫妇象之。天地之气不判则不合,故夫妇之道不别则不亲。③

性之纲,仁、义而已矣。伦之纲,亲、贤而已矣。父子、兄弟,亲之属也,主于仁者也。君臣、朋友,贤之属也,主于义者也。节文斯二者之谓礼,知斯二者之谓智,实斯二者之谓信。然而,仁之最重者父子也,兄弟则自父子而杀之,自仁而即义。义之最重者君臣也,朋友则自君臣而等之,自义而即仁。兄弟曰长幼,朋友亦曰长幼,而礼者,仁、义之杂也,长幼之序所以又主于礼者此也。察于人伦者,必察其所自始。夫妇之合,人类之始,推而上之乾父坤母,则天理之原也。知此然后知自异于禽兽,而人伦有所基。而智者,仁义之基也。夫妇之别,所以又主于智者此也。朋友在礼之中,而又别之曰信,犹土在夏之中,而又别之曰中央也。物盛则虑其根本之薄,故有土以养之也。礼盛则虑其实意之衰,故有信以厚之也。朋友者,情非若亲之不可离,

① 李光地:《四书解义·中庸余论》,陈祖武点校:《榕村全书》第3册,第76页。
② 朱熹:《中庸章句》,《四书章句集注》,第29页。
③ 李光地:《四书解义·中庸余论》,陈祖武点校:《榕村全书》第3册,第82~83页。

分非若君之不可逃。其合也，纯乎以心合焉；其交也，纯乎以德交焉，则莫实于是矣。其伦无当于五服，然五服弗得弗亲，而信者，五常之总也，朋友之交，所以又主于信者此也。①

父子、兄弟、君臣、朋友、夫妇为五伦，即五种伦理关系。仁、义、礼、智、信为五常，即五种道德规范、五种德目。五常是用来规范五伦的。虽然五常中的每一德目都可以规范五伦中的任一伦常关系，但每一伦常关系都有一种主导的规范德目，每一伦常关系的规范德目都有主次之分。父子关系主要依靠仁来规范，君臣关系主要依靠义来规范，兄弟关系主要依靠礼来规范，夫妇关系主要依靠智来规范，朋友关系依靠信来规范。父子关系、兄弟关系是依托血缘关系而形成的，不以人的主观意志为转移，所以称为“天之合”。君臣关系、朋友关系是人在生活实践中形成的社会关系，有人的主观意愿的作用，所以称为“人之合”。夫妇关系，夫为阳，妇为阴，不属一类，所以称之为“人合之终”。同时，有夫妇才有父子、兄弟，父子、兄弟关系由夫妇关系产生，因而夫妇关系又是“天合之始”。五常之中，以仁、义为纲；五伦之中，以亲、贤为纲。父子、兄弟以亲亲原则建立关系，是一种亲亲之爱的关系，主要以仁来规范。君臣、朋友则是以尊贤原则建立的关系，是一种道义关系，主要以义来规范。最重仁者，为父子关系，兄弟关系次之。最重义者，为君臣关系，朋友关系次之。礼规范长幼关系，此类关系包括兄弟关系、朋友关系，前者尤为礼规范之重。夫妇关系是父子、兄弟等伦常关系产生的基础，规范这一关系的德目——智，也就成为仁、义的基础。五伦中朋友关系的确立，纯然是出自人的自愿行为，主观性极大，人的意志起着关键作用，所以朋友一伦也是五伦中关系最不稳固的一伦，“情非若亲之不可离，分非若君之不可逃”，正是朋友关系特点的真实写照。从另一方面看，朋友关系又是五伦中最为纯粹、真诚的关系。朋友关系的建立纯粹出于人心的自愿，没有一丝一毫的强迫，没有客观条件的限制，正所谓“其合也，纯乎以心合焉；其交也，纯乎以德交焉，则莫实于是矣”。信即诚，诚即信，即真实。所以，朋友关系以信来规范。信在五常中居于中央位置，信总五常，又统贯五常，又统贯五伦。

二、人道之“诚”的实现

诚为至德之道德境界，三德五常本于诚。因之，立诚成为圣贤教人之本：

① 李光地：《榕村四书说》，《景印文渊阁四库全书·经部》第210册，台湾：台湾商务印书馆，1983年，第35~36页。

圣贤之教人也，养其心以致其知，致其知以践其事。故张子曰，自诚明，由尽性而穷理也；自明诚，由穷理而尽性也。此子思因夫子之言，发此二义，以尽圣学之要者也。圣人之学，惟知与行，知行之本，在立志与持敬。然立志、持敬者，亦主于诚而已矣。好学力行根乎知耻，此立志之说也。非礼不动者，自齐明盛服始，此持敬之说也。无诚则志非所志，敬非所敬，而知行皆谬。故三德、九经，皆曰"行之者一也"。此所谓自诚明。①

人本有先验良知，但人心受外在物欲的影响，丧失了此先验之知。圣贤教人自存心、养心开始，使自心宁静、不外驰，不为外物所诱惑、牵引，从而体认先验良知，恢复先验之知，再以此纯善无恶之良知指导人的外在实践，由内圣走向外王。自然生人，赋予人性。《中庸》有言："成已，仁也；成物，知也。性之德也，合外内之道也。"②人性大体包含两方面：一方面是"知"，人有知性，"知"为"明"的源泉，能知方能明；另一方面是"仁"，人有德性，德性是"诚"的动力之源。人人具有此两种固有之性，二者相互作用。"诚则明矣，明则诚矣"③，发挥了人的德性，则能发挥人的知性，即由诚而明；发挥了人的知性，也能发挥人的德性。人的修养工夫有两种道路，一种是"自诚明"，一种是"自明诚"。"自诚明"，即由"诚"而"明"，是诚者，是性，是天道，依靠先天之诚而实现，所谓"尽性而穷理"。"自明诚"，即由"明"而"诚"，是诚之者，是教，是人道，凭借后天学习而得，所谓"穷理而尽性"。李光地认为，"自诚明"与"自明诚"可以尽圣学之要。在他看来，圣人之学，实际可以知与行言之，知行又本于立志与持敬，立志、持敬关键在于存诚。故而，圣贤教人修身养性、成就理想人格，其核心在于立诚、存诚。知，知此诚，行，行此诚。

不仅人的伦常关系以诚为根基，为诚所统贯，政治生活也以诚为根基，为诚所统贯。九经就是中庸之道用来治理天下以达到太平和合的九项具体工作。这九项工作是：修养自身、尊重贤才、爱护亲族、敬重大臣、体恤群臣、爱护百姓、招徕各类工匠、优待远方来的客人、安抚诸侯。(《中庸》之九经：修身、尊贤、亲亲、敬大臣、体群臣、子庶民、来百工、柔远人、怀诸侯。)存诚心，行实事，自修身以至怀诸侯，自内而外，自近及远，皆以诚贯之。"一切天人之道，皆以一诚为本，而后能贯彻始终，以有其成功。故曰诚者物之终始，不诚无物"，"《中庸》定达道为五、达德为三，天下之经为九，而皆统之于一诚"。④

诚、敬虽分圣、贤，然二者交养互发，贯通无碍：

① 李光地：《榕村全集》卷六，陈祖武点校：《榕村全书》第 8 册，第 155 页。
② 《中庸》第二十五章。
③ 《中庸》第二十一章。
④ 唐君毅：《中国哲学原论 · 原性篇》，北京：中国社会科学出版社，2005 年，第 38~39 页。

性之实理，以心体之之为诚，而诚者圣人之德也。心之神明，以身存之之为敬，而敬者贤人之学也。①

诚敬固有圣贤之分，然心之虚明有所存，则性之实理，即此而体矣。程子敬而后诚之说也。性之实理体之在我，则心之虚明，又何不存之有？程子诚则无不敬之说也。二者之功，交养互发，自始学以至圣贤，皆必兼体焉。观先儒之言，而知其所以贯通者，则无以词害意之病矣。②

作为人道的诚，有“自诚”与“诚之”的区别，“诚者，天之道也；诚之者，人之道也。诚者，不勉而中，不思而得，从容中道，圣人也；诚之者，择善而固执之者也”③。诚者为圣人，诚之者为贤人。圣人为生而知之，贤人为学而知之。诚为先天，诚之为后天。诚为自然，诚之为教化。“天命之谓性，率性之谓道，修道之谓教。”④诚既是天的本性，又是天赋予万事万物的本性。天命之性即天赋予之性，圣人先知先觉，知天之性，顺天之性，出处进退皆合乎天道，所以只需率性即可。贤人则无以率性，需教以率性之方，是谓“修道”，是谓“诚之”。

诚为本体，敬为实现诚的方法，是修养的方法。在朱熹哲学中，敬作为全面的修养方法有“主一无适”“收敛身心”“整齐严肃”“随事专一”“自作主宰”等多种含义。⑤ 明是明善，明了何为善，如何行善。敬、明都是实现诚的境界的修养方法。诚、敬分人为圣人、贤人，诚为圣人之德，敬为贤人之学；诚的圣人境界是天道的自觉显现、自然呈现，贤人则需通过修养工夫才能达到这种自觉。如此，“教”就显得格外重要。教可实现天道与人道的贯通，使人性修养从不自觉到自觉。心不外驰，心所存者惟性之实理，即心存诚，这就是“敬而后诚”。心能存诚，性之实理常在，则心自然不外驰，自能收束身心，这就是“诚则无不敬”。诚与敬，自诚明与自明诚是贯通的，不可截然分离。

诚为敬之体，敬为诚之要，诚敬不离：

圣人言诚又言敬，诚则其心实而有物，敬则其心虚而无邪，二事一心也，而有虚实之德。故夫子于乾坤分言之，盖乾实而坤虚也。心苟无实，即常存而未免于空虚之弊，故诚为敬之体。程子曰：“有主则实。”又云：“有主则虚。”虚实皆归于有主，诚

① 李光地：《周易通论》卷二，陈祖武点校：《榕村全书》第1册，第65页。

② 李光地：《周易通论》卷二，陈祖武点校：《榕村全书》第1册，第66页。

③ 《中庸》第二十章。

④ 《中庸》第一章。

⑤ 参见蒙培元：《理学范畴系统》第3卷，北京：人民出版社，1989年，第406页。

之体乎心可知也。又云:“主一之谓敬,一者之谓诚。”《中孚卦》传云:“中虚信之本,中实信之质。”如此,则敬又为诚之要。盖诚敬者,乾坤合德之谓。非乾元周流统贯,则地道不生,然非坤贞翕受凝密,则天德亦不固。下学之功,则无所不用其力也。

忠信,心之实也。修辞立诚,事之实也。敬以直内,涵理于心也。义以方外,顺理于事也。诚与敬,立诚与守义,其实一也,而有乾坤之德之不同。人心兼体乎乾坤,则存诚立诚,主敬行义,皆一人之事也。程子言有圣贤之别者,犹所谓诚无不敬,敬而后诚之意尔。不然,则夫子屡教学者以忠信矣,岂非诚乎?圣敬日跻,岂非敬乎?①

圣人既言诚又言敬。诚就是一片实心,无虚伪无欺诈,是真实无妄的本体性存在。敬则心能虚静,无邪思妄念掺入人心。二事一心,诚为本体,敬为工夫,敬为实现诚的修养方法,无论本体还是工夫,其实只在一心。心实则无邪思妄念,感性私欲不入于心。心能虚静,心思正定,自然是一片实心。“虚实之德”的“虚”,不是虚无的意思,而是虚静、虚明之意。人已有的知识会对新知识的接受产生影响,也就是先见、成见有可能干扰人的客观认知。这种存有先见、成见的心是为识心、成心,都不是虚心、真心。同样,心为外在的物象所壅塞,为外在物象的变动所干扰,为外在物欲所缠绕,这样的心不是纯一的、虚静的,难以达至明的状态。只有排除了先见与成见的、不为外物所扰的、能虚明纯一的心,方是虚心。因而,此虚心是实心,不是虚无之心,没有空虚之弊端。这样的虚心是“主一”的,一即诚,即主于诚,为诚所主、所贯通,是一片实心。敬,程颐解曰:“所谓敬者,主一之谓敬。所谓一者,无适之谓一。”②主一无适为敬,即自我抑制,使心不外驰、思想专一而不涣散。敬是实现诚的必由之路,所以,敬是诚之要。反之,主于诚才能敬。诚与敬的关系,如同乾与坤的关系,相分相须。乾阳坤阴,乾与坤一定程度上是相分的。同时,乾与坤又是相须的,乾始坤成,乾、坤紧密相连。凡是人、物在胚胎孕育、初始产生时,乾已然主于其中。当此之时,人、物的质体、形体虽没有完全形成,但其发育成长的基础、载体则在初始时完全具备,这就是乾始。而人、物之发育、健全则依赖于坤,坤酝酿、培养、造就,使之最终完成,这就是坤成。乾始坤成,乾阳坤阴,二者有相须之功,不能相无,谁也离不得谁,正所谓“非乾元周流统贯,则地道不生,然非坤贞翕受凝密,则天德亦不固”。诚、敬如乾、坤,没有敬的工夫,诚则无法生生不息最终完成,是必有下学才能上

① 李光地:《榕村全集》卷六,陈祖武点校:《榕村全书》第8册,第140~141页。

② 程颢、程颐撰,潘富恩导读:《二程遗书》卷十五《伊川先生语一》,上海:上海古籍出版社,2020年,第213页。

达。同时,没有诚,则无物,敬则无法措其手,是为上达才能明下学之归趋。诚与敬为二,则邪入于人心。诚与敬是双向互动的闭合环,上学与下达,这是诚与敬的上下之合。

诚与敬不仅有上下之合,而且有内外之合。"忠信,心之实也",能做到忠信,则心与理一,人心合于天理。心与理一为"心之实",心之实为内。"修辞立诚,事之实也",修省自身之言辞,做到一言有一行,言必行,行必果,避免虚辞浮夸,有言无行。言出于诚心,行才产生实效。言行合一为"事之实",事之实为外。"敬以直内,涵理于心也",使人心合于天理,这就是立诚。"义以方外,顺理于事也",义,行事之宜。依照心中之理为裁断之标准,行事合于理,则可存义、守义。"存诚立诚,主敬行义"都是一件事,是一个主体所为。存诚立诚与主敬行义之关系如同乾坤、阴阳一般,也是相分相须的关系。存实心,以实心干实事,以实心应万事,出处进退自如,方为实现了内外合一。《中庸》分圣贤,李光地尊奉"敬义夹持,明诚两进"之学,追求天人合一、心理合一的诚的境界,他以双向闭合的关系模式解释诚、敬,实现了诚与敬的上下之合、内外之合。

三、"存实心""明实理""行实事"的为学大纲

儒家论诚,道家谈有无,佛教讲空,从本体层次对世界的存在做出了不同的理论阐释,并在此基础上形成了对人生、社会的不同看法,为人们提供不同的人生观、价值观。儒家认为世界的存在是实实在在的,因而倡导入世"博施济众""以天下为己任"。其人格理想是刚健有为、自强不息的,把建功立业、经邦济世作为人生追求,将个体的完善与人类的福祉紧密相连。道家主张避世,主张在精神上取消物我之别,无是无非,无可无不可,安时处顺,全性保真。其人格理想是淡薄名利、不执是非,只追求个人精神上的平衡和宁静。佛教认为世界是空的,人生是苦的,所以倡导出世,否定人生的现实意义,将人的完善置于彼岸的世界。其人格理想是成佛,断绝无名烦恼,超越现实社会,超越生死,超越一切生灭的因果关系,进入涅槃境界。

诚论之于儒家,关系重大,关乎儒学的本体论、心性论、工夫论,关乎其为学宗旨。李光地提出"先儒论学之旨,一曰主敬,二曰穷理,三曰践行"①,主敬解决心的问题,穷理解决知的问题,践行解决行的问题。他对这三个问题都加了一个修饰性限定词"实",强调心、知、行的实在性,是非虚假、非虚伪的,是真实无妄的。从而,他提出"存实心""明实理""行实事"的为学大纲:

① 李光地:《榕村全集》卷二十二,陈祖武点校:《榕村全书》第9册,第40页。

> 吾学大纲有三：一曰存实心，二曰明实理，三曰行实事。……圣人之道，便从孝弟做起，终则与天地一般，或有助天地所不及处，故曰“参、赞”。此理彻上彻下，同流并运，乾坤即毁，而此理不灭。道理至此已极。若说到空处，上下四旁，往古来今，各无穷极，何处是边际？故惟圣人之道谓之中庸，过此即为隐怪。此是实理，此是实心，此是实事。即浅即深，即粗即精，无大无小，无内无外。①

李光地以“存实心”“明实理”“行实事”为为学大纲，主张学问从最基本的孝悌做起，进而参赞天地之化育，最终实现天人合一的理想境界。这种现实世界的庸常之道就是中庸，就是明实理、行实事。“诚即实理，道即实事”②，中庸之道，是常道，从下学做起才能上达。知与行，首先从心开始，心则包含认知心与道德心。人的认知活动、道德实践，均由心开始。心产生认知与道德实践的愿望、信念，认识所得之知识可指导道德实践，而道德实践的需求亦促使认知愿望的产生。在此过程中实心促使人认识实理，实理指导人干实事，实事的现实需要产生实心。

实心是根本，然仅有根本，没有扩充，没有实践的工夫，则会流于佛教之清寂：

> 只说实心，若不在道上逐一细加切实工夫，与佛氏之清寂何异？故上言实心，则曰诚，曰性，曰至诚，曰至圣，曰致曲，曰前知，曰自成，曰无息；下言道，曰发育，曰三百、三千，曰不骄、不倍，曰议礼、制度、考文，曰不谬、不悖、无疑、不惑，曰世道、世法、世则。既尊德性矣，而又必要道问学；既致广大矣，又必要尽精微；既极高明矣，又必要道中庸；既温故敦厚矣，又必要知新崇礼。以及议礼、制度、考文，考三王，建天地，质鬼神，俟圣人，世为道，世为法，世为则。至此，然后能尽其道也。然却离不得根本，故论至道必扯著至德；道问学等必扯著尊德性等；作礼乐必扯著德，离不了实心。故曰：“修道以仁。”此本末相资，内外交养，方为圣学之全。③
>
> 圣人论学，先要“忠信”，无此便诸事无根。然既有实心为本，倘不博学考问，推广扩充到尽处，孔子亦放他作第二等人。如“宗族称孝”、“乡党称弟”，为士之次。④

理学与佛教都是心性之学。关于心的修养工夫，理学颇受佛教影响。然理学之所以仍然

---

① 李光地：《榕村语录》卷二十三，陈祖武点校：《榕村全书》第6册，福州：福建人民出版社，2013年，第219~220页。

② 李光地：《榕村语录》卷八，陈祖武点校：《榕村全书》第5册，第197页。

③ 李光地：《榕村续语录》卷二，陈祖武点校：《榕村全书》第7册，第36~37页。

④ 李光地：《榕村语录》卷二十三，陈祖武点校：《榕村全书》第6册，第220~221页。

属于儒学,就在于理学修心的目的在于实践。李光地有言:"佛氏之心,清净寂灭,了无用处。吾儒之心,寂然不动,感而遂通天下之故,至天地位,万物育,总是一团生意。辟佛之精透,无过于此。"①他强调格物致知、学问思辨之功,认为人如果没有此类道问学的实践,而去妄存诚,反会入于妄,私欲可使人入于虚妄,偏见同样可使人坠入虚妄不诚之地,要通过"博学之,审问之,慎思之,明辨之,笃行之"②的过程获得实理,以此实理指导实践。同样,实心、实理必然于实事上显现出来,行实事的过程也就是存实心、明实理的过程。人的一言一行,洒扫应对,无不是存实心、明实理的过程。形而上的心、理,不再是虚悬、高蹈的,而是实实在在的,可从家庭关系入手,通过行孝悌加以落实。所以,尊德性与道问学本末相资,内外交养,以成圣学之全。

清初理学家鉴于宋明理学家蹈虚空谈,"无事袖手谈心性,临危一死报君王"③的惨痛教训,大都强调儒学的践履精神,主张在人伦日用间体道,强调后天的实践,以下学的实践工夫实现天道。李光地对诚的强调,对中庸之道的重视,其为学大纲对实的强调,无不体现着这种时代精神。"惟受天地之中以生,而有常而不变,故其发见于事物,流行于日用者,莫不肖其本然之故。因性之中也,故道亦中,而无高远难行之事也。因性之常也,故道亦常,而无新异可喜之迹也。圣人之教,所以建人极而万世不能易者,岂不本于是哉!"④儒家的中道不是玄远难及之事,也不是新奇之事,而是常道,在日用常行中,在庸常的事物中就可实现。圣人之教就本于中道、常道。因而,他认为"《中庸》一书,是道学的传"⑤。当然,中道的实现必经一番实践工夫。

四、结语

清初朱子学作为一种价值性学问,更注重人的道德践履。在此背景之下,李光地的诚论建构主要是从作为人道的诚入手的。诚统贯五常、统贯五伦、统贯三达德,是天人合一、心理合一的境界。要达到诚的境界,一方面在于立诚,知耻而好学力行,非礼而勿动,以"自诚明"与"自明诚"为纲;另一方面要实现诚与敬的上下之合、内外之合。李光地崇奉"敬义夹持,明诚两进"之学,以"存实心""明实理""行实事"为为学大纲,主张学问从最基本的孝悌做起,进而参赞天地之化育,最终实现天人合一的理想境界。

---

① 李光地:《榕村语录》卷五,陈祖武点校:《榕村全书》第5册,第121页。
② 《中庸》第二十章。
③ 颜元:《存学编》卷一《学辨一》。
④ 李光地:《四书解义·中庸章段序》,陈祖武点校:《榕村全书》第3册,第37页。
⑤ 李光地:《榕村语录》卷二,陈祖武点校:《榕村全书》第5册,第51页。

齐鲁优秀传统文化的创造性转化和创新性发展*

韩云忠

摘要:文化传承与文化创新是辩证统一、有机结合在一起的。齐鲁优秀传统文化在中国历史发展的进程中发挥了巨大的作用,其中蕴含的思想学说、经验智慧、道德传统和民族精神等,即便在今天,仍具有强大的生命力。但是,传统文化在其形成和发展过程中,不可避免会受到当时人们的认识水平、时代条件、社会制度的制约和影响,因而也不可避免会存在陈旧过时或已成为糟粕的东西。这就要求人们在学习、研究、应用传统文化时坚持古为今用、推陈出新,结合新的实践和时代要求进行正确取舍,而不能一股脑儿都拿到今天照套照用。要坚持古为今用、以古鉴今,坚持有鉴别地对待、有扬弃地继承,而不能搞厚古薄今、以古非今,努力实现传统文化的创造性转化、创新性发展,使之与现实文化相融相通,共同服务以文化人的时代任务。

关键词:齐鲁优秀传统文化　创造性转化　创新性发展　内容途径

作者:韩云忠,山东师范大学马克思主义学院副教授,博士,从事中华传统文化和思想道德教育的教学与研究。

* 本文为国家社科基金项目“中国优秀传统礼仪文化涵养社会主义核心价值观研究”(18BKS043)阶段性成果。

齐鲁优秀传统文化在中国历史发展的进程中发挥了巨大的作用,其中蕴含的思想学说、经验智慧、道德传统和民族精神等,即便在今天,仍具有强大的生命力。因此,继承和发扬齐鲁优秀传统文化,汲取我国历史长期积淀的丰富文化遗产并进行科学的扬弃,对于振奋民族精神、促进社会主义精神文明发展、推进社会主义现代化建设,都具有重要的现实意义和长远的历史意义。但是,"传统文化在其形成和发展过程中,不可避免会受到当时人们的认识水平、时代条件、社会制度的局限性的制约和影响,因而也不可避免会存在陈旧过时或已成为糟粕性的东西。这就要求人们在学习、研究、应用传统文化时坚持古为今用、推陈出新,结合新的实践和时代要求进行正确取舍,而不能一股脑儿都拿到今天来照套照用。要坚持古为今用、以古鉴今,坚持有鉴别的对待、有扬弃的继承,而不能搞厚古薄今、以古非今,努力实现传统文化的创造性转化、创新性发展,使之与现实文化相融相通,共同服务以文化人的时代任务"①。

一、文化传承与文化创新的辩证统一与有机结合

习近平在谈到如何对待传统文化时曾指出:"不忘本来才能开辟未来,善于继承才能更好创新。"②文化传承与创新相辅相成,任何一个国家和民族的文化发展或区域文化的发展,都是在传承文化的基础上进行的变革和创新,如果离开传统就会迷失方向、丧失根本,如果因循守旧就会失去活力、走向衰落。文化传承与文化创新是文化发展的两个不同方面,两者之间相互依存、相辅相成;文化的传承与创新是一个不断继承发扬、革故鼎新的过程。传统文化只有不断创新,才能焕发生机、历久弥新、充满活力、日益丰富。然而,在文化传承与文化创新的关系上,也存在着传承与变异、文化区隔与文化整合、文化的传统性与时代性等的矛盾。文化传承是对一种原来文化形态和原来文化内容认可与接受的态度和行为,文化创新则是对原有文化形态和内容的一种扬弃,这是一个过程的两个方面,要正确处理、统筹兼顾、协调发展。因此,要实现传统文化的传承与创新,就需

① 习近平:《在纪念孔子诞辰2565周年国际学术研讨会暨国际儒学联合会第五届会员大会开幕会上的讲话》,《人民日报》2014年9月25日,第2版。

② 中共中央宣传部:《习近平总书记系列重要讲话读本(2016年版)》,北京:学习出版社、人民出版社,2016年,第202页。

要对其进行创造性转化和创新性发展。

(一)文化传承与文化创新的辩证统一

文化传承是文化创新的前提和基础,文化创新是文化传承的取向和提升;文化传承中孕育着文化创新的萌芽,文化创新中蕴含着文化传承的基因。没有文化传承,就没有文化创新;没有文化创新,文化传承就失去意义。

1. 文化传承是文化创新的前提

文化作为人类智慧的结晶和劳动创造的产物,它既体现为人的思维方式和行为方式,也体现为人通过劳动实践对自然界的改造。因而,人类的文化是在其历史发展中不断传承、积累和发展的。文化传承只是一种手段而不是最终目的,目的是在传承文化的基础上进行文化创新,实现文化的不断发展。传承优秀传统文化,目的是创造性地提出具有时代特征的新文化,为改革开放和社会主义现代化建设提供强大精神动力和智力支持。齐鲁文化在中国文化发展史上占有重要的地位,它不仅是中国文化的重要组成部分,而且是中国传统文化的主干和核心。特别是其中的儒家文化,可以说是上承三代,下启后世,将中华数千年文化传统联为一大系统,且作为核心,表现出强大的凝聚力、恢宏的包容性和坚韧顽强的生命力。齐鲁文化的传承就是要传承那些具有持久生命力和时代价值、能够满足时代需要、对建设中华民族共有精神家园具有推动作用、对当代文化建设有重要支撑作用的优秀传统文化。这些丰厚的传统文化蕴含了天人合一的和谐理念、中庸尚和的和合思想、仁者爱人的人道思想及民为邦本的民本思想,而这些思想理念已经超越时代和地域、国家和种族的界限,具有极强的普世性。崇尚气节的爱国主义精神、自强不息的刚健精神、厚德载物的仁道精神、聪明睿智的创造精神等,对于凝聚中华民族奋发向上、自强不息、爱国爱家都有十分重要的意义。只有对齐鲁传统文化的精髓进行传承,才能在此基础上扬弃旧义、创立新知,才有可能建立文化创新与发展的新起点。

2. 文化创新是文化传承的归宿

文化发展的实质就在于文化创新,一部文化发展史实际上就是文化的创新史。文化创新是文化的灵魂和生命,文化的发展与繁荣最离不开的是创新,我们传承文化最终为的还是推动先进文化的发展,推动社会的进步。几千年来,齐鲁文化一脉相承、薪火相传,成为中华民族发展壮大的精神支柱。在价值多元化、文化亟需提升的今天,我们应当清醒认识到齐鲁优秀传统文化的历史意义和现实价值。发展先进文化不能脱离传统文化的丰厚积淀,但又不是对传统文化单纯地进行固守与无批判地继承,而是要通过对传统文化资源的清理和提炼,使之发生创造性的转化,成为我们建设先进文化的宝贵资源。

对齐鲁文化要摒弃其精神文化中的糟粕部分,进而赋予其新意,在继承齐鲁优秀传统文化的基础上铸造中华文化的新辉煌。要认真挖掘、提炼齐鲁文化的有益思想价值,并结合当代审美需求深入、系统地研究阐发,进行当代转化与表达,让人民群众获得文化熏陶、精神滋养;要坚持与时俱进、推陈出新,从齐鲁文化与时代精神结合上进行新的文化创造,继承传统与现实需求相结合,彰显时代的内涵与活力,自主发展、自我超越、主动创新,使齐鲁优秀传统文化得以传承与发扬;要在文化创新过程中借助科技的重要力量,站在科技发展的最前沿,以科技手段强化文化产品的艺术表现,努力实现技术与艺术的完美融合,使齐鲁优秀传统文化更具吸引力、感染力。

(二)文化传承与文化创新的有机结合

1. 文化传承与文化创新的结合源于人的社会实践

人是文化的主体,而人的本质在于实践,实践的本质在于创造。因此,文化实际是人的实践的创造物,或者说是主体创造性的外化。文化是人在一定生产方式的社会实践中的价值创造,是人类的生活理想或价值观通过社会实践而对象化的存在。因此,从社会实践角度看,文化的传承与创新,就是在承继前人文化成果的基础上从事社会实践,并从社会实践中汲取新鲜经验的过程。社会实践总是不断向前发展的,因此,文化总是随着社会实践的发展而不断发展,"实践创新不断推动文化传承与创新"。每一代人总是生活在既定的文化环境和文化传统中,文化传承与创新是不以人的意志为转移的客观实践过程。①

2. 文化传承与文化创新的结合主体是人类

文化传承与文化创新,是人类这一主体从事社会实践活动的必然产物。"在文化传承的客观过程中,主体是作为文化载体而存在的。主体不仅是新文化的创造者,又是传统文化的承担者。继承传统文化,创造新文化,是主体义不容辞的双重使命。每一代人既要接受前人创造的文化的熏陶,同时,又要在实践中创造新文化。在行使文化继承与文化创新的双重使命中,必须立足于现实,根据实践的需要,对传统文化进行自觉选择。"②人类只有在不断对传统文化传承的基础上,才能更好地实现文化创新,实现文化的繁荣发展,从而推动社会的全面发展,进而为人类自身的发展奠定坚实基础、创造良好环境和条件。当然,文化创新决不是简单地抛弃传统文化,或者同传统文化割裂,而是在解析、批判的基础上对传统文化重新阐扬。人类的历史实践证明,任何一个国家或民族的

---

① 参见迟成勇:《文化传承创新的思考——兼论张岱年先生的文化观》,《哈尔滨师范大学社会科学学报》2012 年第 1 期。

② 周晓阳、张多来:《现代文化哲学》,长沙:湖南大学出版社,2004 年,第 178 页。

文化，都有其既有的传统、固有的根本，抛弃传统、丢掉根本，就等于割断了自身的精神命脉，就会丧失文化的特质；任何一个国家或民族的文化，都有其发展、演变的过程，忽视民族文化的弘扬、轻视文化的创新，就等于湮灭了自身的生命创造力，就会断送文化的生命。张岱年先生说："文化发展的关键在于创新。文化的发展不能仅仅重复久已流传的真理，必须更向前进，发现前人没有发现的真理，解决前人没有解决的问题，必须作出新的创造，突破前人的局限。"①可见，发展的实质是新陈代谢，人类文化发展的实质是创新。创新体现着历史主体尊重客观规律与发挥主观能动性的有机统一。人类的创新不仅表现在认识世界的过程中，更表现在改造世界的过程中。创新是人类区别于其他动物的显著标志，是人类文化区别于其他自然现象的本质特征。"文化传承创新是人类永恒的主题。"②

（三）创造性转化和创新性发展是文化传承创新的基础

要实现文化的传承创新，就要做好创造性转化和创新性发展工作。只有按照时代特点和要求对齐鲁优秀传统文化进行科学合理的创造性转化，才能更好地予以传承；只有按照时代的进步、发展对齐鲁优秀传统文化进行创新性发展，才能够更好地实现创新。习近平在谈到弘扬传统文化时明确指出，"弘扬中华优秀传统文化，要处理好继承和创造性发展的关系，实现中华文化的创造性转化和创新性发展。创造性转化，就是要按照时代特点和要求，对那些至今仍有借鉴价值的内涵和陈旧的表现形式加以改造，赋予其新的时代内涵和现代表达形式，激活其生命力。创新性发展，就是要按照时代的新进步新进展，对中华优秀传统文化的内涵加以补充、拓展、完善，增强其影响力和感召力"③。可见，只有根据时代的要求对齐鲁优秀传统文化进行创造性转化和创新性发展，才能真正实现齐鲁优秀传统文化的传承创新。创造性转化和创新性发展是齐鲁优秀传统文化传承创新的基础和前提。

二、齐鲁优秀传统文化的创造性转化

（一）实现齐鲁优秀传统文化创造性转化的原因

1. 实现齐鲁优秀传统文化创造性转化是时代发展的需要

---

① 张岱年：《张岱年全集》第6卷，石家庄：河北人民出版社，1996年，第537页。

② 迟成勇：《文化传承创新的思考——兼论张岱年先生的文化观》，《哈尔滨师范大学社会科学学报》2012年第1期。

③ 中共中央宣传部：《习近平总书记系列重要讲话读本（2016年版）》，第203页。

齐鲁文化是山东人民的灵魂和血脉,是山东人民的精神家园,它像雨露一样滋养着这块土地上的子孙,长期以来齐鲁大地经济社会的发展深深打上了齐鲁文化的烙印。"尽管伴随着人们社会交往的扩大,不同地域间的文化相互交融,文化趋同倾向越来越强,彼此之间的文化相似性也愈来愈多,但积淀于心理深层的齐鲁文化个性和鲜明特质仍然顽强地流淌在山东人民的血液之中,影响、规范着本地域的精神风貌、习俗风尚",由此形成山东人共有的价值观念和精神家园。① 但是,随着时代的发展,齐鲁文化中的一些内容已落后于时代发展,不能适应、满足山东经济社会的全面发展。譬如,官本位意识浓厚,凡事讲求官职大小、讲究等级秩序;商业意识滞后,因受齐鲁文化重义轻利、农本商末、安贫乐道等思想影响,山东商业动机相对不足;创新意识不足,齐鲁文化的主体儒家思想崇尚因循守旧,致使齐鲁文化保守有余而创新不足;礼仪程序烦琐,一些礼仪有违男女平等、生命健康、勤俭节约等精神和原则等。这些表明,齐鲁文化作为相沿已久的历史传统同现代社会存在一定的冲突;因此,如果它要继续在当代发挥其应有的作用,为山东经济社会的发展提供精神动力和文化支撑,就要进行创造性转化,使其与时代的需要和发展相适应。

2. 实现齐鲁优秀传统文化创造性转化是其自身发展的需要

齐鲁文化产生并长期依附的社会基础——以小农经济、宗法关系为主要特征的传统封闭型社会已经不复存在,并向以市场经济为导向的开放型社会转轨。因此,齐鲁文化要产生新的生命力,继续发挥其应有的作用,实现其应有的价值,必须根据当前的时代要求及社会经济、政治特点,进行适应性的改造和转化,使其基本的文化基因与当代文化相适应、与现代社会相协调。齐鲁文化虽然主要发展于封建社会,与封建经济制度和政治制度紧密相连,"可是,文化与经济制度和政治制度又不同,具有很强的相对独立性。封建时代的文化并不等于封建主义文化,它不会因为社会经济制度和政治制度的变化而断流"②。因此,作为齐鲁人民精神活动创造的成果,齐鲁文化的基本精神具有超越时代的文化基因和文化价值。当前,我们要创造与社会主义经济制度、政治制度相适应,满足山东经济社会发展的齐鲁文化的新形态,不可能原封不动地全盘保留建立在封建社会经济基础和政治基础上的文化形态,这就必然要经过创造性转化,使齐鲁优秀传统文化最基本的文化基因与当代文化相适应,与新的时代相适应,与社会主义制度相适应,与山东经济社会发展相适应。只有这样,齐鲁优秀传统文化才能重新焕发生命的活力,重现其曾经的魅力和辉煌。

---

① 涂可国:《齐鲁文化:从农耕文明走向现代社会》,《大众日报》2013 年 12 月 29 日,第 3 版。

② 陈先达:《中国传统文化的创造性转化和发展》,《前线》2017 年第 2 期。

(二)齐鲁优秀传统文化创造性转化的内容

“所谓创造性转化,是指中华传统文化的现代转型,包括在理念上、内容上、表达上、形式上等各层面。其内涵要求主要有:一是以‘现实’为尺度,按照当今时代要求、现实社会标准、当代中国人思维进行转化;二是以服务于现实为旨归,力求与现代社会接轨、与民众需求吻合,达到为今天所用、为现实所用;三是以创造性为特征,即不是简单搬运移植过来,而必须具有新生新造之韵,体现为新蕴含新样式。”①齐鲁优秀传统文化创造性转化的内容,主要有两点:一是赋予其新的时代内涵;二是赋予其现代呈现形式。

1. 赋予齐鲁优秀传统文化新的时代内涵

齐鲁优秀传统文化作为中华优秀传统文化的重要组成部分,有适应现代化的一面,因而要大力加以弘扬,但是它要适应当前社会发展和个人发展的需要,就要结合当代社会实际进行改造、重建,赋予其新的时代内涵,使其富有新的意义,以转化为新的山东精神价值体系。比如,五伦中的“君臣有义”,强调处理好两者的关系需要的是“君仁臣忠”。在古代,“君”是指君王,“臣”是指臣民。“君仁”所指的君王对臣民的仁爱在当代应转化为政府官员对民众疾苦的关切、对民众切身利益的关心,也可转化为公司上司对下属的关心,甚至不单替下属着想,还要替他的家庭,替他的家人着想。当一个领导有这样的胸襟、这样的仁厚之心,下属一定会很感谢他,一定会效忠他。所以,“臣忠”这个“忠”不只是忠于君主本人,在当前更应转化为忠于民众,忠于员工自身的职责,忠于自己的爱人、家人、单位、国家、民族等。

概言之,齐鲁优秀传统文化中具有积极意义和当代价值,应当在思想内容上进行转化的主要有以下四个方面:其一,个体注重修养身心、注重人格和道德修养、注重人生价值观念,这是当前齐鲁优秀传统文化中于个人修养的提升非常有价值的内容。如“见贤思齐焉,见不贤而内自省也”的自省意识,“吾日三省吾身”的反思意识,“勿以恶小而为之,勿以善小而不为”的律己观念,“富贵不能淫,贫贱不能移,威武不能屈”的人格思想,“自天子以至于庶人,壹是皆以修身为本”的修身思想,“杀身成仁”、无私奉献、“以天下为己任”的重气节和大公无私的人生价值观念等,这些都可以转化为当代人修身养性、提升道德素质、健全人格、增强责任意识的思想资源和价值引导。其二,反映人际关系一般规律的思想和价值理念,这是齐鲁优秀传统文化中非常有生命力的部分,也是古今通理非常重要的一个方面。如孔子“恭、宽、信、敏、惠”“己所不欲,勿施于人”“己欲立而立

---

① 商志晓:《中华传统文化创造性转化创新性发展的哲学审思》,《光明日报》2017年1月9日,第15版。

人,己欲达而达人”,孟子“老吾老,以及人之老;幼吾幼,以及人之幼”的仁爱思想,以及以和为贵、诚信为本、与人为善的价值观念,都可转化为社会主义核心价值观中的诚信、友善、和谐价值观,使人们做到将心比心、换位思考,从而更好地处理人与人之间的关系。孟子“父子有亲,君臣有义,夫妇有别,长幼有叙,朋友有信”的五伦思想,可以转化为当前指导人们处理人际关系的新原则。“非礼勿视,非礼勿听,非礼勿言,非礼勿动”的重礼思想,可以转化为倡导人们重视礼仪规范并自觉遵守规矩。“君君、臣臣、父父、子子”的观点可转化为人人应各司其职、各负其责的责任意识。其三,彰显中华民族伟大精神的价值观念和优秀传统,这是齐鲁优秀传统文化中非常重要的一部分。以儒家思想为核心的齐鲁文化锻造了中华民族特有的民族精神,主要包括爱国主义的民族情怀、贵和尚中的价值取向、勤劳勇敢的优良品质、自强不息的进取意识、厚德载物的博大胸襟、崇德重义的高尚情怀、民为邦本的民本思想等①,这些优秀民族精神可转化为爱国、富强、民主、文明的社会主义核心价值观。齐鲁文化讲求的“内圣外王”“杀身成仁”“舍生取义”“奋发有为”“修身、齐家、治国、平天下”,都是我们伟大民族精神的重要内涵,激励着世世代代中华儿女为维护国家和民族利益前赴后继、奋斗不息。这正是当下实现中华民族伟大复兴必须继承发扬、转化创新、善加利用的宝贵精神财富。其四,契合社会主义市场经济的价值观念。把齐鲁优秀传统文化中的守诚信、崇正义、言必信、行必果等价值观念转化为社会主义核心价值观的诚信、平等、公正、法治等市场经济发展需要的价值观念。

总之,齐鲁优秀传统文化的创造性转化的关键是扬弃,这需要做到以下三点:一是继承合理内核,对齐鲁优秀传统文化中能够体现优良价值观的中华民族伟大精神、治国理念、伦理精神、人际交往的价值取向等加以继承。二是剔除历史糟粕。我们对齐鲁优秀传统文化进行现代转化的时候,仍然要看到,即使是优秀的文化价值观念,也只是当时经济关系和社会实践的反映,不可避免地带有当时的历史局限,所以要剔除其中的糟粕。三是丰富时代内涵,比如,把仁爱思想通过创造性转化,使之成为友善、和谐、互助的观念,把仁政转化为德治、法治的观念等。

2. 赋予齐鲁优秀传统文化新的呈现形式

赋予齐鲁优秀传统文化新的呈现形式主要是指改变齐鲁优秀传统文化中的语言、概念、范畴等的表达方式或表现载体,赋予其现代表达方式或表现载体。“比如‘孝’,儒家讲‘百善孝为先’,这是基于血缘、源自内心的重要价值理念,是中华民族最具普遍认同的道德规范。但是,在封建社会,孝道中表现的‘父为子纲’‘父母在不远游’‘丁忧三年’‘无后为大’等,显然不适应于当今社会的生活方式。今天我们同样必须讲‘孝’,却可以

① 参见李宗桂:《中国文化精神和中华民族精神的若干问题》,《社会科学战线》2006 年第 1 期。

采取多种多样的方式”,没有必要也不可能完全沿袭中国古代表达孝道的方式。当前,尽孝关键是真心实意地关心、体贴父母和其他长辈,想他们所想,虑他们所虑,“以最大限度地满足父母和长辈的物质和精神需求为着眼点,充分表达晚辈的孝敬之心,真正使‘老有所养’‘老有所乐’”。①

就中国传统文化中语言、概念、范畴的转化问题,毛泽东在二十世纪四十年代的论述,对于我们当前赋予齐鲁优秀传统文化新的呈现形式也有所裨益。毛泽东在二十世纪四十年代号召要“费很大的气力”“下苦功”“向人民群众学习语言”,“还要多多吸收外国的新鲜东西……新鲜用语”“学习古人语言中有生命的东西……有生气的东西”。② 对于古人的语言,毛泽东首先将其分为“已经死了的”和“有生命的”“有生气的”两种。他坚决反对去用已经死了的语汇和典故,同时强调应该继承“有生命的”“有生气的”好的东西。毛泽东实际上已提出了学习古代语言的方法和原则,并且身体力行、率先垂范。要区分传统文化概念、范畴中的死、活,就是看其是否有“生命”“生气”,这是第一步。死了的东西,例如“天命”“天君”“天官”“天志”“阳尊阴卑”等,只能作为历史的概念、范畴加以了解和认识,不可为今所用。活的也就是“有生命的”“有生气的”东西,有的可以直接继承,有的则可以通过改造、转化加以继承。③ 比如,《论语》中的“己所不欲,勿施于人”,《孟子》中的“天时不如地利,地利不如人和”,《孙子兵法》中所讲“知己知彼,百战不殆”等,都可以直接继承。像“民贵君轻”“三纲五常”“五伦”等,经过改造、转化或完善,便可以较好地为今所用。

齐鲁优秀传统文化表现载体的转变,也是其创造性转化的重要方面。齐鲁优秀传统文化最核心的是思想理论学说,这是发展山东乃至全国的哲学社会科学事业的重要根基之一。要努力构建具有齐鲁特色的哲学社会科学创新体系和研究体系,就要依托丰厚的齐鲁文化资源,推出更多的精品力作。“齐鲁大地历代所涌现出来的历史名人、历史故事、历史文物以及哲学、诗歌、小说、散文、辞赋、音乐、戏曲、美术等作为用之不竭的文化富矿,是当前山东文艺创作的灵感源泉。将这些文化资源深入挖掘、整合和加工,可以转化为诗歌、小说、歌舞、绘画、雕塑、戏剧、电影、电视、动漫、游戏等,打造出时代的文艺精品。”④

当然,齐鲁优秀传统文化转化的现实立足点,就是要从现实的需要出发,通过对文化

---

① 李军:《坚持“创造性转化、创新性发展”方针 弘扬中华传统文化》,《光明日报》2014 年 10 月 10 日,第 1 版。

② 《毛泽东选集》第 3 卷,北京:人民出版社,1991 年,第 788~795 页。

③ 参见杨翰卿、李保林:《论中国传统文化的当代转换》,《中国社会科学》1999 年第 1 期。

④ 涂可国:《齐鲁文化:从农耕文明走向现代社会》,《大众日报》2013 年 12 月 29 日,第 3 版。

中积极的内容和形式的系统转化，寻求民族智慧、经验教训，为解决当代的重要社会问题提供思想方法、历史借鉴，用以补充与丰富当代人们的智慧和经验。换言之，也就是使齐鲁优秀传统文化的精华，经过新的诠释、赋予新的时代内涵之后，在现实社会中重放异彩，发挥其应有的作用。我们要把经过马克思主义科学理论洗礼的齐鲁优秀传统文化作为社会主义精神文明的重要组成部分，变成国人的社会意识和文化精神，如此，才能真正称得上对齐鲁优秀传统文化的创造性转化。①

三、齐鲁优秀传统文化的创新性发展

所谓创新性发展，是指齐鲁优秀传统文化的提升超越重在阐发立足现实并解决当今时代问题的创新内容。其内涵要求主要有：一是从齐鲁优秀传统文化思想基础出发，充分尊重而不是背离齐鲁优秀传统文化的思维主线和思维特征；二是以回答、解决现实问题为旨归，紧扣时代需求与民众意愿去创新发展；三是从齐鲁优秀传统文化中汲取思想养料，在现实条件下致力于文化提升和思想超越。②

（一）实现齐鲁优秀传统文化创新性发展的原因

1. 创新有利于促进齐鲁文化自身的发展与突破

一种文化想生生不息地发展，就必须具有强大的生命力与适应性，而这种生命力正来源于文化的创新。创新是文化的本质，只有在创新中才能保持文化的生命力。齐鲁文化的发展史就是一部融合创新发展的历史。齐文化和鲁文化本是两种不同的文化。自西周时期，由于所处的地理环境、历史传统和文化渊源，特别是治国方针的差异，齐、鲁两国形成了风格迥异的文化体系。齐文化是以东夷文化为主、以周文化为辅形成的一种合时俗、务实际，具有革新性、开放性和包容性的功利型文化。鲁文化是以周文化为主、以东夷文化为辅逐渐发展成的一种重仁义、尊传统、尚伦理、贵人和的道德型文化。战国时期，随着齐国对鲁国的兼并，齐文化和鲁文化相互交流、相互影响并逐渐有机融合，形成了具有丰富内涵的齐鲁文化。可见，齐鲁文化是一种混合型文化。它不仅融合了齐文化和鲁文化，而且兼收并蓄，广泛吸收了其他地域文化的长处，逐渐形成了一种具有完备的自我调节和更新功能的、再生能力很强的文化。正是由于具有这样的特性，特别是汉武

① 参见杨翰卿、李保林：《论中国传统文化的当代转换》，《中国社会科学》1999 年第 1 期。

② 商志晓：《中华传统文化创造性转化创新性发展的哲学审思》，《光明日报》2017 年 1 月 9 日，第 15 版。

帝独尊儒术以后，齐鲁文化实际获得了在政治和文化上的支配地位，成为一种政治大一统背景下的官方文化，最终融入统一的中国传统文化之中，并成为中国传统文化的主流。总之，齐鲁文化由创新而生，在创新中发展，其创新发展的经历向我们诠释了文化创新对于文化的发展与突破有重要推动作用。新的时代背景下，齐鲁文化要不断发展，保持其应有的活力和生命力，就需要不断进行创新。

2. 创新有助于促进齐鲁文化更好地服务当今社会的发展

齐鲁文化产生、发展于以小农经济、宗法关系为主要特征的传统封闭型社会，因而不可避免地受到当时人们的认识水平、时代条件、社会制度的制约和影响，具有明显的时代烙印，也不可避免地存在陈旧过时的内容和形式。因此，只有在结合当今的时代特点、遵循文化发展规律、借鉴其他优秀文化的基础上，创新性地发展齐鲁优秀传统文化，才能使其更好地适应当前的时代要求及山东的经济、政治特点，从而产生新的生命力，继续发挥其应有的作用，实现应有的价值。当今的时代特点不仅包括中国特色社会主义实践，还包括山东经济社会发展及人们的精神需求等。文化发展规律是指文化的产生发展以经济、政治为基础，是经济、政治的反映，但同时其又有独立性和一脉相承性。齐鲁文化的创新性发展不仅要借鉴国内其他地域的优秀文化，也要借鉴国外其他优秀文明成果。

（二）齐鲁优秀传统文化创新性发展的内容

齐鲁优秀传统文化的创新要基于时代的新思想和新观念而更新，并不能仅仅靠新技术新手段。当前，要实现齐鲁优秀传统文化的创新性发展，需要立足于思想观念、价值体系及精神内涵等内容、本质方面的创新，才可能真正实现其创新发展的目标。

1. 创新思想观念

齐鲁文化的主体——儒家文化，植根于传统单一小农经济的生产方式和生活方式之中，立足于宗法社会和血缘亲情之上，其思想观念中具有浓厚的等级名分观念，拥有礼治主义、亲情主义、等序之爱、泛孝主义等特质，这使它在历史上不光受到普通民众的认可，也迎合了统治者维护封建专制集权和等级秩序的统治需要，有助于把分散的个体小农整合到专制统治秩序之中，保证国家的长治久安。① 但是，随着社会的发展，儒家文化中的一些思想观念已不适应时代的要求，弊端逐渐显现，成为社会发展的障碍。比如，其等级名分观念强调人与人之间的等级差别、人与人之间的不平等；亲情主义致使办事讲人情、走后门的现象泛滥，“人情大于王法”之类的观念流行；礼治主义致使人们因循守旧、固步自封，保守意识比较强，缺乏改革创新意识；等等。因此，要实现齐鲁优秀传统文化的创

① 参见刘德龙等编：《人文山东》，济南：山东人民出版社，2008 年，第 34 页。

新性发展，就需要抛弃其落后的思想观念，传承其合理的、有益的思想成分，借鉴其他文明成果中有益的思想观念，并结合时代的特点和发展要求创新其思想观念。一是借鉴社会主义先进文化中的民主、平等、自由、法治等观念，将之作为核心思想观念；二是结合时代的特点，充分借鉴、融合能体现当代时代特征的思想观念，比如开放、改革、创新等。

2. 创新价值体系

以马克思主义价值观为指导，结合社会主义核心价值观的内容要求，创新发展齐鲁优秀传统文化的价值体系。齐鲁优秀传统文化的价值体系表现为以"五常"为核心的诸多价值观念的集合，主要包括仁、义、礼、智、信、忠、孝、廉、耻等。在中华民族的历史上，齐鲁优秀传统文化的价值观念在引导规范人们的行为、调整人际关系、稳定社会秩序、凝聚民族力量等方面发挥了重要作用。但是，随着社会的发展，齐鲁优秀传统文化的价值体系中有些价值观念已不适应时代的发展，这就需要结合社会主义核心价值观的内容体系予以创新。构建新的价值体系时，需要注意以下三个方面：一是需要对某些价值观念进行转化，赋予其新的时代内涵和形式，比如忠、孝、义等观念；二是需要借鉴社会主义核心价值观的内容，增补充实新的价值观念，比如自由、平等、民主、法治等；三是结合当前山东经济文化发展的现状和人们的价值需要，构建体现新时代山东特色的齐鲁文化价值体系。

3. 创新精神内核

将齐鲁优秀传统文化与时代精神相结合，赋予其新的精神内核。齐鲁优秀传统文化的精神内核是"和"，主张以和为贵、和谐相处、和气生财、和平相处，因而塑造了国人文质彬彬的文明形象，同时涵养了山东人忠厚、善良、诚实的良好性格。这种精神内核在中华民族历史发展中发挥了重要作用，本无可非议，但是在当前以改革创新为核心的时代精神背景下，齐鲁优秀传统文化显得保守有余、改革创新不足。当前，为了更好地发挥齐鲁优秀传统文化的作用，增强其生命力，就需要其在保持以和为贵精神的基础上，结合改革创新为核心的时代精神，创造出既能体现以和为贵又符合时代发展需要的新精神内核。这就需要辩证地认识和处理两者之间的关系：和谐是改革创新的前提和基础，改革创新离不开和谐，需要和谐的环境；改革创新是和谐的保障，有利于促进和谐，是实现和谐的重要条件。

（三）实现齐鲁优秀传统文化创新性发展的方法

1. 增补充实

对齐鲁优秀传统文化中有价值的范畴和观念，要借鉴和吸收其他文化的有益成分，增补、充实其内涵。比如，齐鲁传统文化中有重视民本的优良传统，但是这种民本思想还有它的不足之处,需要增补、充实新的内容。再如,它虽然肯定民的作用,但是认识不到人民创造的力量,所以把人民本该得到的东西看作君主的恩赐。同时,它不是把人民看成历史真正的主人,往往把人民作工具性的理解。如,认为人民是水,可以载舟也可以覆舟,主体是舟,没有真正认识到人民是历史的创造者。所以,当前我们应在继承齐鲁传统文化以民为本的思想精华基础上,借鉴吸收马克思主义理论及社会主义先进文化中的人本思想,增补、充实新的内涵,把"以民为本"变为"以人为本"。以人为本,是指经济社会发展过程中,以实现人的全面发展为根本目标,把人民的利益作为一切工作的出发点和落脚点,不断满足人民群众的多方面需求,切实保障其经济、政治和文化权益,让发展的成果惠及全体人民。

2. 拓宽延展

对齐鲁优秀传统文化中的某些传统价值范畴和观念,根据时代的发展,挖掘其当代价值,拓展其内涵。比如,儒家对于"忠"的内涵,主要强调"忠君",忠于君主就是忠于这个君主统治的国家,也就是忠于国家、忠于社稷,因为君主就代表着社稷。但是,在中国的历史长河里,改朝换代或有发生,国家具有不稳定性,所谓忠与其说是忠于国家,不如说是忠于某个朝代的君主,有时还强调违背道义的愚忠、对有权势的个人的绝对服从、个人崇拜等。因此,儒家忠的内容具有一定的局限性,需要结合时代发展的要求,赋予其新的内涵。当前,我们应在吸取齐鲁优秀传统文化中关于"忠"的合理思想的基础上,根据时代发展的需要,拓宽、延展其新的时代内涵。当前,我们强调的忠不只是忠于个人,而是有更广的内涵,主要包括忠于祖国、民族和人民,忠于爱人、家人、朋友,忠于职守等。因此,当代的"忠"应具有尽心尽力、忠贞不贰、坚守正道等含义,表现为忠诚精神、奉献精神、爱国精神、敬业精神等。

3. 规范完善

对齐鲁优秀传统文化中某些价值范畴和观念,根据时代的新要求,不断规范、完善其内容,比如,儒家所倡导的"礼乐"。我国之所以被称为礼仪之邦,以民众良好的礼仪修养而享誉天下,就是因为具有重视礼乐的制定、教育和宣传的优良传统。礼能引导、规范和约束人们的行为,乐能陶冶人的情操、净化人的心灵,礼乐的教化能净化社会风气、移风易俗、消除矛盾、维系和谐等,从而形成良好的社会秩序。因此,当前我们应借鉴儒家的礼乐思想和实践,为和谐社会的建设提供经验。但是,儒家的礼乐规定和仪式过于繁褥,与现代社会生活有许多不适宜的地方。当前,一方面,我们要在适当简化儒家礼乐制度和仪式的基础上,逐步恢复一些影响深远、具有当代价值的传统礼仪,比如开笔礼、成人礼、宾礼、相见礼、婚礼、祭礼、丧礼等;另一方面,要有计划地制定一些新的礼仪并积极推广施行,比如升降国旗仪式、就职宣誓仪式、烈士公祭仪式等。

(四)实现齐鲁优秀传统文化创新性发展的路径

1. 研究阐发

研究阐发是齐鲁优秀传统文化创新性发展的基础和前提。认真挖掘、提炼齐鲁传统文化的有益思想、积极价值,特别要将"仁者爱人"的仁爱思想,"天地之间,莫贵于人"的民本理念,以和为贵、和而不同的和合思想,革故鼎新、因势而变的创新精神,富贵不淫、威武不屈的高尚气节,扶正扬善、恪守信义的社会美德等,与中国当前新的时代背景、中国特色社会主义建设实践、人民群众的精神文化需求及山东的经济文化发展现状相结合,进行深入研究和阐发,不断创新、发展齐鲁优秀传统文化的思想内涵、价值体系、精神内核及表现形式,使齐鲁优秀传统文化在新时代、新背景下重新焕发夺目光彩。

2. 教育融入

教育融入是齐鲁优秀传统文化创新性发展的重要环节。齐鲁优秀传统文化只有融入各级各类教育,才能有创新发展的着力点和助推力。依托国民教育的完整教育体系和架构,突出政府主导、覆盖面广的特点,发挥国民教育在齐鲁优秀传统文化传承创新中的基础性作用。一是让齐鲁优秀传统文化进书本、进课堂、进学生头脑,深度融入幼儿、小学、中学、大学及成人教育等的课程和教材体系;二是把齐鲁优秀传统文化融入校园文化活动。学校定期开展以齐鲁优秀传统文化教育为中心的校园文化活动。比如,举办以齐鲁优秀传统文化教育为主题的报告会,通过征文、演讲、辩论赛、知识竞赛、文化沙龙等形式,在学生中广泛开展齐鲁优秀传统文化教育活动,使学生在参与活动的过程中发现、体验齐鲁传统文化的魅力所在,并在学习和生活中积极践行。三是融入社会实践。社会实践是对学生进行齐鲁优秀传统文化教育的重要环节,学校必须重视齐鲁传统文化社会实践活动的长期开展。如,组织学生参观齐鲁文化博物馆、齐鲁历史文化遗址保护单位等,建立齐鲁优秀传统文化教育实践基地,定期组织学生到教育实践基地开展活动,使学生通过亲身参与,加强对齐鲁优秀传统文化的认知和认同,进而将认知和认同升华为热爱优秀传统文化的由衷情感,并最终落实到个人对于齐鲁优秀传统文化的日常践行之中。

3. 实践融入

实践融入是齐鲁优秀传统文化创新性发展的中心环节。齐鲁优秀传统文化只有融入人们的生活实践,才能有创新发展的落脚点和生长点,才会有持久的生命力。应通过各方面的努力,采取各种形式,使齐鲁优秀传统文化融入人们的现实生活,发挥其应有的滋养作用。一是吸取齐鲁优秀传统文化的艺术精华,以文学、影视、话剧、动漫等艺术形式,通过推广教育使齐鲁优秀传统文化走入社区,改造和发展民间风俗礼仪,开展丰富多样、健康有益的民间民俗文化活动,保持山东人民共有的精神记忆和文化传承。二是紧密结合社会主义核心价值观的培育和践行，汲取齐鲁优秀传统文化中具有时代价值的思想精华，将其融入各行各业规章制度，融入市民公约、乡规民约、学生守则等行为准则，融入各级各类纪念庆典活动，融入政策制度、法律法规的制定实施，使之成为人们日常工作和生活的基本遵循。三是吸取齐鲁优秀传统文化的道德精华，制定能够涵养人们德性的行为规范，逐步使仁义礼智信、温良恭俭让、礼义廉耻成为日常生活规范。培育与人为善、乐于助人的道德情感，见利思义、顾全大局的行为准则；确立相互尊重、礼让宽容的人际关系，互谅互让、友好协商、人人为我、我为人人的社会风尚；创造关爱他人、团结互助、维护公平、伸张正义的社会氛围。

4. 环境融入

环境融入是齐鲁优秀传统文化创新性发展的外部推力。一是以各级各类公共文化设施为主体，开展关于齐鲁优秀传统文化的经典诵读、艺术展演、民俗节庆活动等，打造道德论坛、历史大观园等栏目，为城乡人居环境注入齐鲁优秀传统文化元素，营造无处不在、无时不有的体验情境。二是利用现代传播媒介宣传齐鲁优秀传统文化，将齐鲁优秀传统文化融入文学艺术、影视戏剧中，渗透到文化交流、旅游观光中，唤起社会大众了解齐鲁历史和文化的热情。通过媒介宣传，使齐鲁优秀传统文化普及化、全球化。三是要把齐鲁优秀传统文化丰厚的资源与现代数字网络技术结合起来，使网络成为传播齐鲁优秀传统文化的重要载体，使更多的人了解、喜爱齐鲁优秀传统文化，成为齐鲁优秀传统文化的承载者、传播者和创新者。

民间传说的历史建构:以青州圣水娘娘传说为中心的考察*

胡梦飞

摘要:青州圣水祠位于青州市云门山街道办事处东圣水社区西北,创建时间不详,元明以来多次进行重修。圣水祠最初为祭祀龙神的祠庙,随着时间的推移,庙内供奉的神灵逐渐增多,其功能亦变得日趋多元。大约从明末清初开始,祠中开始供奉女性神灵"天仙圣母"。随着信仰的日益盛行,该女性神灵逐渐取代龙神,成为圣水祠供奉的主神。最晚从清代中期开始,当地出现富有浓厚地域特色的"圣水娘娘"传说。到民国初年,该传说已经被当地民众广泛认可。圣水祠主神的更替及"圣水娘娘"传说的产生是民间信仰"正统化"与"地方化"共同作用的结果,为我们了解国家礼仪渗透与地方传统再造之间的复杂关系提供了重要视角。

关键词:青州圣水祠　"圣水娘娘"传说　正统化　地方化

作者:胡梦飞,历史学博士,聊城大学运河学研究院副教授,研究方向为明清史和区域社会史。

* 本文系山东省社会科学规划研究项目(20CWYJ39)阶段性成果。

民间信仰的研究由于涉及历史学、社会学、宗教学、民俗学等诸多学科，历来是学术界关注的热点。在长期的历史过程中，民间信仰不仅影响着占中国社会大多数的一般民众的思维方式、生产实践、社会关系和政治行为，而且与上层建筑有着千丝万缕的联系。其中，最能反映二者关系的即民间信仰的“正统化”和“地方化”。有关神灵信仰“正统化”和“地方化”的研究，中外学界取得了较为丰硕的成果。① 以上成果多在国家与社会的二元框架下展开，重点关注国家与地域社会之间的互动。不同地区民间信仰的“正统化”与“地方化”是否具有差异性？民间信仰的“正统化”与“地方化”又是否有其内在发展规律？对于这些问题，学界目前尚无相关成果予以专门解答。本文以山东青州圣水祠为考察对象，依据碑刻、地方志等史料，在论述青州圣水祠历史变迁的同时，从民间传说的视角，探讨神灵信仰的“正统化”“地方化”过程及其与地方社会的互动关系，从中找寻中国古代社会民间信仰的内在逻辑和发展规律。

一、文化符号的“创造”：圣水祠的由来及传说

青州圣水祠位于青州市云门山街道办事处东圣水社区西北，创建时间不详，元明清至民国年间多次加以重修，祠中所立碑刻可以为证。因其为青州当地名胜，故地方志中亦有相关记载。《嘉靖山东通志》载，圣水神祠“在府城东十里圣水社，殿前有水二泓，登

① 学界有关民间信仰“正统化”和“地方化”研究的代表性成果主要有：[美]詹姆斯·沃森：《神的标准化：在中国南方沿海地区对崇拜天后的鼓励(960—1960 年)》，[美]韦思谛编：《中国大众宗教》，陈仲丹译，南京：江苏人民出版社，2006 年，第 57～92 页；[英]华德英：《从人类学看香港社会——华德英教授论文集》，冯承聪等编译，香港：大学出版印务公司，1985 年，第 37～54 页；科大卫：《国家与礼仪：宋至清中叶珠江三角洲地方社会的国家认同》，《中山大学学报(社会科学版)》1999 年第 5 期；科大卫、刘志伟：《宗族与地方社会的国家认同——明清华南地区宗族发展的意识形态基础》，《历史研究》2000 年第 3 期；陈春声：《正统性、地方化与文化的创制——潮州民间神信仰的象征与历史意义》，《史学月刊》2001 年第 1 期；陈春声：《“正统”神明地方化与地域社会的建构——潮州地区双忠公崇拜的研究》，《韩山师范学院学报》2003 年第 2 期；钟晋兰：《论民间信仰的正统化与地方化——以宁化河龙的伊公信仰为分析对象》，《福建论坛(人文社会科学版)》2005 年第 10 期；罗兆均：《神明“标准化”、“正统化”下国家与地域社会之间的互动——基于湘黔桂界邻地区飞山公信仰研究》，《云南民族大学学报(哲学社会科学版)》2014 年第 6 期；陈文元：《民间信仰的地方化与苗族移民家族社会构建的关系——基于鄂西南官坝苗寨的历史人类学考察》，《黔南民族师范学院学报》2015 年第 6 期；彭志坚：《“正统”神明双忠公在泉台的地方化：以农业神职演变为视角的考察》，《农业考古》2018 年第 1 期等。

莹甘洌，水旱不加盈缩，祷雨辄应”①。《嘉靖青州府志》载，圣水祠“在城东，建置无考，殿前有泉二泓，至甘洌，水旱不加盈缩。元元统初，治中撒的迷识祈雨此祠，有应；国朝布政使徐铎亦如之，俱修辑有碑记”②。《康熙青州府志》载，圣水祠“在城东，建置无考，殿前有水二泓，至甘洌，水旱不加盈缩”③。《康熙益都县志》载，圣水“在县东十里圣水庙前，有泉二泓，清莹见底”④。《光绪益都县图志》记载得较为详细：“圣水龙祠，在城东九里圣水庄。有泉二浤，自平地涌出，祈雨辄应，因立祠泉上，不知所始。元至正十四年，大司农元哲溥化因其旧而新之。明洪武十七年，万历十一年、四十六年，国朝康熙三十年，乾隆五十九年相继修。”⑤

“文革”期间，圣水祠被拆除，“圣水娘娘”金身被砸碎，其祠址改为学校。人们怀念圣水娘娘，为保住“圣泉”，便将“马踏泉”用大石碑盖住，上面铺砖改为地面，此地便成了两个校舍之间的过道。1994 年，圣水小学迁出，圣水祠开始修复。当地先后重修了碧霞殿、观音殿、马踏泉、祈雨池、圣水泉、圣水池及石桥，并在原祈雨亭的位置修六角凉亭，更名为“沁泉亭”；按原样重建了阁楼式的山门，修整了二门，并镌刻圣水娘娘事迹于墙壁之上；新建游廊，重修大殿，塑圣水娘娘金身，绘制大殿壁画，圣水祠基本恢复原貌。2013 年，东圣水村搬迁，圣水祠得以保留。

圣水祠中不但保存有大量碑刻，还流传着富有浓厚地域特色的“圣水娘娘”传说。⑥

> 相传唐武德年间，此地(按：青州城东)有个四户人家的无名小村。村有一户康姓人家，有老夫妇俩及一个体弱多病的儿子。为给儿子治病冲喜，在其十一岁时，收养了城北范王村十四岁的范氏女子为童养媳。然而未及成婚其子夭亡。康老汉老年丧子痛不欲生，数月后也一命归西。康老太……因伤心痛苦过度，不几日双目失明。……范氏邻居有一恶少，早对范氏美貌垂涎三尺……以……有意毒杀其母为由将范氏告上县衙。……县官无奈，只好判范氏女死刑。临刑……范氏曰：“民妇实在

① 陆釴等纂修：《嘉靖山东通志》卷二十一《秩祀志》，明嘉靖十二年刻本。

② 杜思修，冯惟讷纂：《嘉靖青州府志》卷十《祀典》，明嘉靖刻本。

③ 陶锦修，王昌学、王桱纂：《康熙青州府志》卷八《祀典》，清康熙六十年刻本。

④ 陈食花修，钟锷等纂：《康熙益都县志》卷一，清康熙十一年刊本。

⑤ 张承燮修，法伟堂等纂：《光绪益都县图志》，《中国地方志集成·山东府县志辑》，南京：凤凰出版社，2004 年，第 115 页。

⑥ 据说圣水娘娘实有其人，其娘家为青州东夏镇范王村，后嫁给圣水村康姓人家做童养媳。据圣水社区居民介绍，解放前，圣水村仍有康姓居民居住。现今范王村已无范姓居民，但每年农历七月初二庙会，范王村村民仍会自发组织前往圣水祠朝拜进香。(此说来自被访谈人：杨广文，66 岁，青州圣水社区居民，现负责圣水祠的管理工作。访谈时间：2021 年 1 月 19 日。)

冤枉，奴死后将尸不倒地，血不流出，此地将大旱三年。"刑后，果如其言，县官方信确系错判。立令拘捕恶少……县官立判恶少斩决……在小村西建一小庙供奉范氏，以彰其节孝，并亲题"孝女祠"三字。

唐贞观年间，唐皇李世民东征高丽，统率大军路过山东。……大军来到青州城东一小村边，人困马乏，饥渴难耐……恰在此时尉迟敬德来报，前有小庙一座，请太宗前去察看。……这是一座单间小庙，门楣上书"孝女祠"三字。……唐太宗等见状忙虔诚拜曰："愿孝女神显灵，助我大唐东征成功，尔后将重修庙宇，再塑全身！"话音未落，但见随征御马四蹄猛蹬，不时，一注清流由蹄窝喷出。……太宗方信真是神女显灵……唐军凯旋……来到青州城西，忽见一群黄蜂，遮天蔽日，迎面扑来，兵马寸步难行。……唐太宗猛醒……令……前往青州府宣旨，敕命重建"孝女祠"。封"孝女"为"圣水娘娘"，将"孝女祠"改为"圣水祠"……一年四季香火不断。……到农历七月初二"圣水娘娘"生日这天，庙会更是人山人海……此风俗一直延续至今。①

关于圣水村和圣水祠的由来，还有另外一个版本：

相传很久以前，山东大地上到处都是茫茫大海。后来由于尧王与海龙王打赌，海龙王输了，一气之下将海水退下去，大地才逐渐出现。但海龙王记恨在心，经常使山东大旱，植物都干死了，民不聊生。这年又有敌寇入侵，秦王李世民东征路过青州，烈日似火，人困马乏，口渴难忍。……此时如再找不到水源，就会全军覆没。……立在他身边的宝驹逍遥千里马……低头用前蹄刨地，不一会便刨了个二尺来深的坑，从坑底冒出一股清凉的泉水来。……李世民知这一定是圣上派神人相救，慌忙跪下，面对苍天叩首相拜……东征胜利归来……有一群黄马蜂挡住去路……李世民才恍然大悟，心想可能得罪了圣上。……招呼部下……在这荒郊野外平地立起了一庙宇，因为水是圣上赐给的，所以取名为圣水……不几年后，有几个逃荒的人来这里安了家。……所以人们把这个村庄随着庙宇名字叫做圣水村。②

两个传说的情节略有不同，前者侧重描绘范氏之节孝，表达了民众对范氏的同情和钦佩；而后者则强调圣水娘娘赐水救人之事迹，带有一定的神话色彩。作为地方历史文

① 谭锷等编：《潍坊地名故事》，北京：方志出版社，2007年，第238~240页；《青州民间传说》一书亦对该传说进行了收录，详见崔照忠主编：《青州民间传说》，青岛：青岛出版社，2010年，第226~227页。

② 崔照忠主编：《青州民间传说》，第226~227页。

化的重要组成内容,民间传说是我们了解地域文化的途径,也是反映当地百姓情感的精神载体。“这种地方知识是意识形态化的,包含着人们的地方观念、思想倾向、审美趣味。”①传说有其现实的和历史的根源,但更是一种艺术创造,是用想象的手段把历史、传说人物与地方古迹、风物、特产等联系在一起,体现了地方风俗和地方民众的历史观。“地方民众通过创作和讲述历史人物传说,及不断修改其内容来表述自己对历史人物的感情和评价,显示出其复杂感情和矛盾心理。”②因此,通过民间传说可以追溯地方历史人物和地方风物的演变轨迹和地方认同,揭示地方民众的思想观念和社会风尚。

对于民间传说,我们不应只是简单地考证其是否真实,而应更多地关注传说出现的背景和原因。通过对以上两个传说的分析,我们可以看出,第一个传说的情节与流传同山东郯城、江苏连云港一带的“东海孝妇”传说有些类似。东海孝妇,本名周青,出自《列女传》和《汉书·于定国传》。孝妇很早死了丈夫,又没有儿子,但赡养婆婆非常周到。婆婆因不想拖累她,上吊自缢,孝妇却由此入狱,并屈打成招,最终被太守杀死。孝妇被斩时,许下三宗愿,如系冤杀,血将倒流、六月飞雪、大旱三年。孝妇被杀后的三年,郡中果然大旱,直至新太守亲自祭奠孝妇之墓并表彰其德行,天才下起雨来。③“东海孝妇”的故事对后世影响深远,关汉卿在此基础上创作出了中国十大悲剧之一的《窦娥冤》。④笔者认为,青州“圣水娘娘”传说很有可能借鉴了“东海孝妇”故事的部分情节,又加以了“本土化”改造,添加了与地方风物有关的人名、地名,最终创造出带有强烈儒家色彩的“孝女”形象。英国人类学家莫里斯·弗里德曼(Maurice Freedman)在其论文《论中国宗教的社会学研究》中断言存在一个中国宗教(A Chinese Religion Exists),认为中国宗教尤其是民间宗教具有“整体性”和“关联性”的取向。“在表面杂乱的现象背后,存在着某种秩序。这种秩序,或许可以用我们常说的‘中国宗教体系’,即观念层面的信仰、呈现、教义区分等,以及那些实践和组织层面的仪式、团体、教阶制度等等两方面来表述。”⑤“圣

① 苗广娜等:《中国民俗文化》,成都:电子科技大学出版社,2014年,第171页。

② 徐赣丽:《民间传说与地方认同——以广西博白绿珠传说为例》,《广西师范学院学报(哲学社会科学版)》2011年第2期。

③ 有关“东海孝妇”故事的流传与演变,详见:李传江《东海孝妇故事主题功能的演变》,《名作欣赏》2012年第7期;史灿方《“东海孝妇传说”之历史流变考》,《重庆第二师范学院学报》2016年第6期。

④ 《窦娥冤》并非直接取材于元代社会现实生活,而是取材于民间传说“东海孝妇”,二者有明显的渊源关系和相同之处。当然,《窦娥冤》杂剧的创作也并不是照搬“东海孝妇”的故事,而是做了许多独创性改造。有关关汉卿《窦娥冤》与“东海孝妇”故事的关系,详见尤屹峰、贺凤娜《〈窦娥冤〉与“东海孝妇”》,《中学语文(下旬刊)》2011年第10期。

⑤ 李天纲:《金泽:江南民间祭祀探源》,北京:生活·读书·新知三联书店,2017年,第241~242页。

水娘娘”信仰作为一种文化现象，同样与其他民间信仰有着密切的关联。一定程度上，我们可以将其视为一种文化符号的“创造”和“借鉴”。在这一过程中，既有对东海孝妇、李世民东征等民间传说的“借鉴”，也有建立在地方文化传统基础上的自我“创造”，如范氏孝女、马踏泉、海龙王、黄马蜂等文化因子。这种“创造”和“借鉴”体现了人群在文化整合或者嫁接过程中的主动性。这种“主动性”首先在于凝聚力量与寄托情感，但其更大的价值在于通过“制造”不同来强化自我。① 值得注意的是，“圣水娘娘”传说所体现的儒家文化色彩。在中国古代社会，儒家思想占据统治地位，民间信仰要想生存和发展，就必须积极向儒家思想靠拢。青州“圣水娘娘”传说将范氏孝女塑造为“烈妇”和“孝女”，无疑极大符合儒家“孝道”“贞洁”等道德规范的要求，在减少发展阻力的同时，无形中增强了信仰的正统性和合法性。

与东汉光武帝刘秀等人类似，唐太宗李世民也是民间传说中的重要人物，中国北方各地有关他的传说可谓数不胜数。唐宋史书对于李世民的记载已颇为详细，但缺乏情节性和生动性。同一时期的笔记、传奇、话本中，不乏对李世民故事的记载。元杂剧、话本及明清小说、曲剧中更是留下了大量与李世民相关的隋唐故事。② 随着与李世民有关的戏剧、小说、评书在民间广泛传播，李世民英明君主的形象可谓深入人心。李世民在青州遇险、敕封范氏“孝女”为“圣水娘娘”等，这些故事本身是否真实并不重要，重要的是民众借助李世民的敕封来增强神灵的合法性和正统性。两则传说的故事情节虽然略有不同，但其目的和功能基本相同，即通过编造相关传说，增强神灵信仰的正统性和合法性。至于“圣水娘娘”传说出现的大致时间，我们将在下文详细展开论述。

二、由祈雨禳灾到社会教化：元明时期的圣水祠

圣水祠中现存明清至民国时期的碑刻十余块，其中字迹较为清晰的有明万历二十五年（1597）《重修圣水祠记碑》、明天启四年（1624）《十王醮题名记碑》、清顺治三年（1646）《圣水庙修醮三年记碑》、清康熙二十四年（1685）《圣水庙修醮记碑》、清乾隆二十年（1755）《重修圣水祠记碑》、清光绪八年（1882）《重修圣水祠桥记碑》、民国九年（1920）《重修圣水庙桥记碑》等，这些碑刻为我们了解圣水祠的历史变迁提供了重要资料。

据笔者目力所及，史料中所载圣水祠中最早的一块碑刻为元至正十四年（1354）四月

---

① 有关民间信仰中“文化符号的创造与借鉴”，详见吴欣《“奶奶”的庙：女神信仰的世变与势变——以鲁西区域社会为中心的研究》（《民俗研究》2016 年第 6 期）一文的相关论述。

② 有关隋唐故事中李世民形象的历史演变，详见刘雪《论隋唐故事中李世民形象的演变》，福建师范大学 2018 年硕士学位论文。

所立的《重新圣水龙祠之记碑》。该碑由赐进士出身、应奉翰林文字、文林郎、同知制诰兼国史院编修官杜翱撰文，正议大夫、益都路总管兼管本路诸军奥鲁管内劝农事王思齐书丹，海岱逸民李璋篆。清人毕沅、阮元《山左金石志》载，此碑“至正十四年四月立，行书，篆额。碑高五尺二寸，广二尺五寸，在益都县城东圣水庄龙祠右。碑额题‘重新圣水龙祠之记’，四行，字径二寸八分。文二十四行，字径一寸，杜翱撰，王思齐书，李璋篆”①。清人段松苓《益都金石记》载，此碑“在城东八里圣水庄龙祠内，东向，高五尺四寸，阔二尺六寸，字径一寸，共二十四行，行书，书法瘦逸，额篆书，径二寸五分，亦颇不俗”②。此次重修圣水祠，缘于大司农元哲溥化祈雨“辄应”。碑文对此做了详细记载：

> 旧有龙神祠在泉之阳，里人有祷焉辄应。第规模隘陋，风雨震凌，不足以耸人观听。至正壬辰春王二月，光禄大夫大司农元哲溥化公肃将天命、率王师以镇山东。越明年，夏大旱，嘉谷用虞，民用焦劳，有司遍走群祠，冀获一应而莫遂。……因祷于密室，遣朝请大夫莱芜铁冶都提举柏吉帖木儿、从事锁住马持香币明水抵灵祠□祷，仍投之泉中，比使者回，甘霖大作，既沾既足。③

为了报答神灵，元哲溥化遂捐己俸用于增修祠宇，其属下官员亦纷纷捐资。于是，命益都路判官刘桂童、县达鲁花赤讷尔丁董其役。此碑题名为“重新圣水龙祠之记”，说明圣水祠中供奉的为龙神。碑文亦云“旧有龙神祠在泉之阳，里人有祷焉辄应”，说明这一时期的圣水祠供奉的主神为龙神，其功能主要为祈雨。

明万历初年，圣水祠再次重修。事成之后，邀请冯琦撰写碑文以记之。冯琦（1559—1603），字用韫，号琢庵，山东临朐人，冯惟重之孙、冯子履之子。明万历五年（1577）中进士，历任编修、侍讲、礼部右侍郎、礼部尚书等职，后卒于官，于《明史》卷二百一十六有传。冯琦在其所撰《重修圣水神祠记》中论述了重修圣水祠的经过：

> 郡城东偏七里许，地出泉曰圣水，池可盈丈，清冷可鉴。旧有龙神祠，不知起时，元司农元哲溥化实重建之。……丙子（按：万历四年，1576）夏，不佞某从叔咸过其地，临池而乐之，已而伏谒祠下，流尘凝榭，断碑委砌，惟时灵风肃然也。……且岁一不熟，我乡人比肩接迹，膝行蒲伏，闵闵焉仰膏雨之来也。□神庶几据我北者，岁数

① 毕沅、阮元：《山左金石志》卷二十四《元石》，清嘉庆二年小琅嬛仙馆自刻本。
② 段松苓：《益都金石记》卷四，清抄本。
③ 段松苓：《益都金石记》卷四，清抄本。

登，民得愉衣甘食，以乐有年，系神是赖，而祠废不治，则灵贶不答也。某于是新其殿庭，饰以藻绘，池上构亭，亭前建钟楼，而复为文谕乡父老，神启其心，不余违也。共建两庑，各数楹，以丁丑（万历五年，1577）七月始事，以十二月竣。①

由冯氏碑文可以看出，这一时期圣水祠的祈雨功能更加突出，俨然成为地方保护神，故其在民众心目中占据重要地位，神祠和地方社会的关系也更加密切。“民得愉衣甘食，以乐有年，系神是赖，而祠废不治，则灵贶不答也。”冯琦在祠记中只提及圣水祠“旧有龙神祠，不知起时，元司农元哲溥化实重建之”，并未言及祠中是否供奉有其他神灵。

圣水祠中现存明万历二十五年（1597）《重修圣水祠记碑》，该碑主要记载了当地民众重修青州圣水祠两廊神像之事，碑文由当地生员石愔题写。由于年代久远，风雨侵蚀，碑刻破损严重。碑文云：

圣水祠两廊神像半为风……之东南里中父老亦各捐……乡民曰：“盍记之以示于后?”余曰……复礼委上可以为师，保空名固不足以……记诸？余不能辞，仅识其岁，是为万历丁酉□……②

由碑文可知，庙宇因年久损坏，故“里中父老”捐资重修。事成之后，邀请在外任官的石愔撰写碑记，以示纪念。关于庙内主神及重修庙宇的经过，由于碑文残缺，我们无法得知。

明天启四年（1624），会首朱东水等，结集信众，修醮于青州圣水祠十王殿，岁时以礼告虔，功德圆满，立碑以记其事，并录信士姓名于后。该碑由郡人董可威撰文。董可威在所撰《十王醮题名碑记》中，详细论述了祭祀神灵的原因，尤其强调了神灵信仰在教化民众方面的作用：

夫人之于善，其常性也。善则福，而不善则祸，其常理也。然□□……而闻救捕追逮之说，目睹锉烧舂磨刑械之像，未有不悚然动……民咸惧罪，市之屠沽鱼肉者不集，夫孰使之然哉！则是冥冥之……善心实为之。心有启闭，而终未尝亡也。无地非心，无时非心，无……神明鉴照之所。是故一念而善，景星卿云；一念而不善，妖风

① 陶锦修，王昌学、王桎纂：《康熙青州府志》卷二十二《艺文上》，清康熙六十年刻本。
② 赵卫东、庄明军编：《山东道教碑刻集（青州、昌乐卷）》，济南：齐鲁书社，2010年，第222页。

厉鬼……修者几年所，岁时以礼告虔，是知所以事心者也，是知所以□……神明者也。①

这里的“十王”指的是“十殿阎罗王”。阎罗作为中国古代社会最为普遍的民间俗神信仰之一，在社会教化方面有着显著功效。阎罗形象的产生和发展既是中国古代冥界信仰在民间普及的体现，也表明了中国民间信仰神谱化和日渐丰富的历程。②“阎罗王虽然少有专庙祭祀，到阎王殿里祭拜的人，也无不是战战兢兢、来去匆匆，它既没有象东岳大帝那样受到统治者的青睐，庙前也没有其它神明那么风光。但是，地狱的恐怖可怕和阎王爷的传说故事，却是民间流传最广的。谁都不愿下地狱，谁都想来世好命，那么你就必须在今生循规蹈矩、行善积德，于是阎罗王信仰就对社会产生着一种整合与稳定的作用。”③董氏在其所撰碑记中极力宣扬因果循环、善恶有报等思想，以此达到警醒世人、教化民众的目的。

三、由天仙圣母到圣水娘娘：清代至民国时期的圣水祠

圣水祠现存最早的一块清代碑刻立于顺治三年（1646）。该碑由信士孙奉景、刘九常等人所立，碑阴还列有三十六位信士的姓名。碑文用大量篇幅论述了神灵信仰在社会教化方面的作用：

大道冲虚，原无功证；浮生幻孽，当宜洗涤。故必诚敬于上天，斯得默消其罪戾，能洁诚已尽于三载，而功绩始达于九霄。伏惟圣水神庙，乃天仙圣母，职秉公正，掌持甄陶，福善祸淫，毫发不爽。古往今来，谁得逃其鉴察也。但人不知向善，始不得蒙其庇覆。④

值得注意的是，碑文中提到了“伏惟圣水神庙，乃天仙圣母，职秉公正，掌持甄陶，福善祸淫，毫发不爽”，说明最晚在顺治三年（1646）圣水祠已供奉女性神灵“天仙圣母”，但究竟何时开始供奉，碑文没有记载，具体情况不得而知。

“天仙圣母”是明清时期民间对道教女神碧霞元君的别称。碧霞元君，又称泰山娘

① 赵卫东、庄明军编：《山东道教碑刻集（青州、昌乐卷）》，第223页。
② 参见马丽君：《〈子不语〉中的阎罗信仰与佛教伦理》，《沧桑》2014年第2期。
③ 陈小冲：《台湾民间信仰》，厦门：鹭江出版社，1993年，第90页。
④ 赵卫东、庄明军编：《山东道教碑刻集（青州、昌乐卷）》，第224页。

娘，全称为“东岳泰山天仙玉女碧霞元君”，是华北地区最具代表性的女性神灵之一。[①]根据学者叶涛研究，元代末期，道教信徒开始把泰山玉女纳入道教神灵体系；到明代，皇帝和后妃们崇奉泰山女神，道教信徒趋炎附势而给泰山女神加上了封号。大约在明代前期，泰山女神有“天仙玉女碧霞元君”的封号。到明中期的弘治、正德年间，碧霞元君信仰已经非常普及，并通过民间宗教利用宝卷的形式广为传播，而为广大民众所熟知。[②] 明刻本《灵应泰山娘娘宝卷》记载：“夫泰山娘娘者，天仙圣母碧霞元君，镇守泰山，感动天下，善男信女进香。”[③]泰山女神之号“天仙玉女碧霞元君”，传统的说法是宋真宗所封。但根据学者的研究，这一封号很有可能是道士所伪造。[④] 这里提到的“天仙圣母”是否指的就是泰山女神碧霞元君，尚有待进一步考证。

康熙二十四年（1685），信士丁国乐等结会修醮，三年圆满，遂立碑为记。该碑由郇瑜撰文，李凤仪书丹，正文后录男女信士姓名。碑文提到“郡东圣水旧有娘娘殿宇，感灵为一方庇，水旱疾苦，凡有求无不应焉”[⑤]。从此则史料我们可以看出，这一时期，圣水祠中的女性神灵已经取代龙神成为祠中供奉的主要神灵，并扮演了地方保护神和祈雨神的角色。值得一提的是，这里的“娘娘”究竟指的是“圣水娘娘”，还是“碧霞元君”，碑记中亦没有加以说明。

乾隆二十年（1755），圣水祠再次得以重修。祠内碑记提到，每遇旱灾，“父老子弟祷于敕封圣母，相率竭其泉，泉涸而甘霖立降”[⑥]。这里提到的“敕封圣母”，究竟是指被明清朝廷敕封的“碧霞元君”（或称“天仙圣母”），还是指民间传说中被唐太宗李世民敕封的“圣水娘娘”，我们同样不得而知。

清人段松苓《益都金石记》中元代《元圣水龙祠碑》碑阴载：“去泉西丈余，泉北为龙神祠，后殿塑女郎冠披像，土人呼为‘圣水娘娘’，谓唐太宗征辽时所封。据此碑像乃元以后所增，好事者之言，不足信也。”[⑦]虽然按照段氏的说法，该神像为元以后所增，“不足信也”，但为我们了解“圣水娘娘”称谓的由来提供了重要依据。

---

① 有关明清时期碧霞元君信仰的兴起及发展，详见：叶涛《论碧霞元君信仰的起源》，《民俗研究》2007 年第 3 期；叶涛《碧霞元君信仰与华北乡村社会——明清时期泰山香社考论》，《文史哲》2009 年第 2 期；孟昭锋、王元林《明清时期碧霞元君信仰的地域扩展》，《贵州文史丛刊》2012 年第 3 期；周郢《从庙堂到民间：明清时期泰山文化之转变》，《民俗研究》2013 年第 6 期等。

② 参见叶涛：《论碧霞元君信仰的起源》，《民俗研究》2007 年第 3 期。

③ 佚名：《灵应泰山娘娘宝卷》，明刻本。

④ 参见郑丽航：《天妃附会碧霞元君封号考》，《莆田学院学报》2005 年第 6 期。

⑤ 赵卫东、庄明军编：《山东道教碑刻集（青州、昌乐卷）》，第 226 页。

⑥ 赵卫东、庄明军编：《山东道教碑刻集（青州、昌乐卷）》，第 229 页。

⑦ 段松苓：《益都金石记》卷四，清抄本。

段松苓，字劲伯，一字赤亭，又号玉华子，益都（今山东青州）人，与朱文藻同以诸生专治金石之学见知于士林。段氏生活于乾隆、嘉庆年间，说明最晚在乾隆、嘉庆年间当地民众就已称呼圣水祠中的女神为“圣水娘娘”，并出现了相关传说。

民国九年（1920），青州圣水祠周围各村信士重修圣水庙桥，事后刻碑立石以记之，详细论述了此次重修圣水庙桥的原因和经过：

> 适值是岁夏间旱□太甚，祷诸山川则不□，祷诸五祀亦无效，邀同吾乡父老齐集于圣水祠中，竭□灵池，泉涸而甘霖沛降，槁苗赖以复苏，□人咸曰有秋。既蒙点水之恩，仰答涌泉之报，于□公□陈德重等，广请善信，各捐资财，督工办料，经营数月而始成。行人颂乐土之章，庙貌□轮奂之美。□□告峻，勒碑刻□，□□后世，永垂不朽。①

值得注意的是，碑文提到圣水祠“建自贞观，由来久矣”②。因年代久远，圣水祠的创建时间，元明以来的碑刻大多言之不详。而清人段松苓在其《益都金石记》中记载“圣水娘娘”为唐太宗征辽时所封，故圣水祠“建自贞观”这一说法极有可能是受到“圣水娘娘”传说的影响。从中我们可以看出，时至民国初年，“圣水娘娘”传说已经被当地民众广泛接受，并深入人心，进而对祠庙的发展以及信仰的传播产生重要影响。

四、结语

自宋代以后，随着社会的变化以及政府对民间祠神管理态度的转变，民间信仰的发展进入新的历史阶段。其中，“正统化”与“地方化”可以说一直是同步进行的。③“在地方祠神信仰中，不仅体现出国家礼仪自上而下的渗透与推行，更是地方精英迎合国家大一统观念的主动援引并化为己用。”④青州圣水祠主神的更替与“圣水娘娘”传说的建构，有助于加深我们对古代中国国家祭祀政策与地方文化传统二者之间关系的理解。

---

① 赵卫东、庄明军编：《山东道教碑刻集（青州、昌乐卷）》，第233页。

② 赵卫东、庄明军编：《山东道教碑刻集（青州、昌乐卷）》，第233页。

③ 参见范纯武：《明清江南都天信仰的发展及其异说》，高致华编：《探寻民间诸神与信仰文化》，合肥：黄山书社，2006年。

④ 李海云：《孙膑崇拜的正统化脉络与地方化过程——以山东潍北地区瓦城大庙为个案》，《华中师范大学学报（人文社会科学版）》2017年第1期。

青州“圣水娘娘”传说带有明显的地域文化特色，这首先与信仰及传说的“地方化”密切相关。“地方化是指一种文化在地方社会的传播与渗透，与地方社会的接触、融合与深化，进而完成地方性建构的过程。”①神灵信仰的“地方化”现象，可以说是中国民间信仰的一个重要特点。例如，中国神话与信仰中声威显赫的女神女娲，有关她的信仰，在甘肃天水地区的表现，就与河南、河北一些地区的存在着明显的差异。无论是通过富有地域特色的有关其来历的传说，还是通过对于其神性的不同描绘，总之，这一神祇也带上了明显的地方特征。②“任何一种民间信仰的生成，都是特定的文化主体在具体生境中的文化应对与历史表述；而民间信仰的变迁与演化，也有其内在的文化逻辑，与文化主体所处生境的变迁密切关联。”③从民间信仰的建构与演化机制来看，其在生成与演化的进程中，信仰群体一般都能根据外部生境的变化，自觉运用原有的文化经验和民间智慧，对原生文化所建构的信仰象征符号及权力话语予以巧妙地调适，使其成为新的生境中民众接受和认同的地方性知识，并且基于本群体以往的集体记忆和对原来信仰事实的理解，重新建构起一种具有地方性和本族群文化属性的民间信仰话语体系，而创造具有浓厚地域特色的民间传说，无疑是其中较为有效的一种方式。

在圣水祠的“地方化”过程中，民间传说发挥了重要作用，其内容往往来自于现实生活中的事例。随着时代的变迁，人们口耳相传的故事内容也不断地发生着变化，不断地进行改编，原本真实发生的故事被加入一些虚构的情节，形成带有奇幻色彩的民间传奇故事，青州“圣水娘娘”传说亦如此。通过对青州圣水祠的考察，我们可以看出，“圣水娘娘”传说从产生到定型经历了漫长的发展过程。虽然其庙宇创建较早，但有关“圣水娘娘”的传说很有可能在清代前期才出现。伴随传说而来的是祠庙主神的变化，由最初的龙神到“圣水娘娘”，当地民众之所以不断对庙宇进行“改造”，是因为“圣水娘娘”传说的出现在一定程度上拉近了当地民众与神灵信仰的距离，更能满足当地人的口味，迎合当地人的心理需要。这种“地方化”处理或“本土化”改造，在民间信仰形成及发展过程中极为常见，尤其针对那些与民众生产生活关系密切的禳灾神，如各种治水神、祈雨神、驱蝗神等。这种处理或改造反映了人们力图借助于同神灵之间较密切的地缘关系，来更加

① 参见陈文元：《民间信仰的地方化与苗族移民家族社会构建的关系——基于鄂西南官坝苗寨的历史人类学考察》，梁文清主编：《贵州少数民族民俗文化研究》，武汉：华中科技大学出版社，2018年，第15页。

② 参见安德明：《从农事禳灾仪式看民间信仰中的地方神》，中国民俗学会编：《中国民俗学年刊(1999年)》，上海：上海文艺出版社，1999年，第280~281页。

③ 江帆：《从神灵“移民”看民间信仰的传承动力与演化逻辑》，《中原文化研究》2016年第6期。

亲近神灵，更加直接、更加容易地祈求神灵，以更顺利地达到目的的一种愿望。① 青州圣水祠的"地方化"改造直接使祠庙所奉主神发生转变，本身由全国通祀的龙神庙宇最终演变为祭祀圣水娘娘的乡土神庙。值得注意的是，其中虽然地方精英阶层发挥了重要作用，但起主导作用的仍然是普通民众。

当然，地方精英阶层及普通民众对圣水祠的"正统化"改造均不能忽视。为了增强信仰的合法性，地方精英阶层在其所撰碑文中极力宣扬神灵之"灵应"及保障地方社会之功，以此寻找祭祀神灵的正当性。针对"圣水娘娘"传说本身，大多数地方精英持否认态度，认为其为"好事者之言，不足信也"，此举虽然看似与信仰的地方化背道而驰，但实际上是从另一方面增强信仰的正统性。地方士绅之所以否定"圣水娘娘"传说的存在，是为了剥离民间传说中"荒诞不经"的成分，以此达到改造和控制民间信仰的目的。为了提高传说的可信性，普通民众还编造了李世民敕封"圣水娘娘"的传说，通过构建与封建帝王的关系，为其传说及信仰活动的开展提供一套合法的"外衣"；同时，在传说中加入了众多符合儒家"孝道""贞洁"等道德规范的内容，在减少发展阻力的同时，无形中增强了信仰的正统性和合法性。总而言之，元明清时期，青州圣水祠的"正统化"和"地方化"可谓同时进行，并行不悖，地方社会的"改造"无疑是成功的，这也是"圣水娘娘"传说能够一直延续至今的主要原因。

① 参见安德明：《从农事禳灾仪式看民间信仰中的地方神》，中国民俗学会编：《中国民俗学年刊(1999年)》，第281页。

商王南庚、阳甲、盘庚迁建之奄都的地望在古卞地今泗水考

卞玉山

摘要：商朝国都五迁是商史研究的大事件。史界主流学派除对商都五迁首尾之地有共识外，对于中间迁建都之地望，颇有争议。商王南庚、阳甲、盘庚所居之地虽明确为奄都，但奄都的地望史上事涉曲阜、兖州、泗水三地之争。此争议曾引起李学勤先生的困惑，终未得其解。作者对商王迁建之奄都地望研究的几种说法做出辩证分析，最终得出商王奄都的地望在古卞地今泗水。

关键词：商王　奄都　地望　考证

作者：卞玉山，山东省水利厅研究员，山东大学研究生导师，享受国务院政府特殊津贴专家。主要从事上古夏商周历史文化和鲧禹治水历史文化研究。

纵观商王朝建都及迁都的历史，五百余年，十七世帝王，数择国都，可以说，都无定处。据《史记·殷本纪》载，商王有十七世三十位帝王：汤、外丙、中壬、太甲、沃丁、太庚、小甲、雍己、太戊、仲(中)丁、外壬、河亶甲、祖乙、祖辛、沃甲、祖丁、南庚、阳甲、盘庚、小辛、小乙、武丁、祖庚、祖甲、廪辛、庚丁、武乙、太丁、帝乙、帝辛。①

张守节说："汤自南亳迁西亳，仲丁迁隞，河亶甲居相，祖乙居耿，盘庚渡河，南居西亳，是五迁也。"②据《史记·殷本纪》《竹书纪年》之记载，析出商朝五迁国都相应的商王名单如下：汤、外丙、中壬、太甲、沃丁、太庚、小甲、雍己、太戊、仲丁居亳，仲丁自亳迁隞，为商都一迁也；仲丁、外壬、河亶甲居隞，河亶甲自隞迁于相，为商都二迁也；河亶甲、祖乙居相，祖乙自相迁于耿，又自耿迁于庇，为商都三迁也；祖乙、祖辛、沃甲、祖丁、南庚居庇，南庚自庇迁奄，为商都四迁也；南庚、阳甲、盘庚居奄，盘庚自奄迁殷，为商都五迁也。盘庚、小辛、小乙、武丁、祖庚、祖甲、廪辛、庚丁、武乙、太丁、帝乙、帝辛居殷。

笔者认为，汤居之亳不论是根据《尚书》《史记》《竹书纪年》的记载，还是后世文献的佐证，都似可说明在今山东曹县南。《皇览》曰："汤冢在济阴亳县北东郭，去县三里。冢四方，方各十步，高七尺，上平，处平地。"孙星衍曾作《汤陵考》，力主曹县汤陵为真，并为曹县重修之汤陵撰写碑文。学者王国维、顾颉刚、郭沫若、史念海、王玉哲、杨向奎、田昌五等论文确凿。傅斯年在其《民族与古代中国史》一书中说："王国维君证汤之亳为汉之山阳郡薄县(今山东曹县境)，以《左传》哀十四年，'宋景公曰，薄宗邑也'为证，其说至确。"③更有，甲骨文学者罗琨先生用甲骨卜辞研究成果，提出亳作为通行的地名应只有一个，即近曹县的北亳，在商丘之北、定陶之南，为亳在曹县奠定了坚实基础，此达到古文献研究与地下文物考证相结合的双重标准。

商都五迁之尾——殷的地望在今河南安阳，1928 年安阳殷墟发掘的甲骨文及其他古文物，使得史界对此皆无异议。

下面，谨将商王迁建奄都的地望考察如下：

据《今本竹书纪年》载："(商王南庚)三年，迁于奄。六年，陟。阳甲名和。元年壬

① 参见司马迁：《史记》，北京：中华书局，1959 年，第 98~105 页。

② 司马迁：《史记》，第 102 页。

③ 傅斯年：《民族与古代中国史》，石家庄：河北教育出版社，2002 年，第 19 页。

戌,王即位,居奄。……四年,陟。盘庚名旬。元年丙寅,王即位,居奄。……十四年,自奄迁于北蒙,曰殷。"①

一、史界关于商王奄都地望的几种说法及评议

主要有"曲阜商王奄都说""兖州商王奄都说""泗水商王奄都说"三种。

(一)曲阜商王奄都说

李学勤先生在其《夏商周与山东》一文中说:"古书记载鲁封于奄。""许多年来,我们一直希望能够找到奄的遗址。如果能够发现,我们就可以对商的考古历史有新的认识。不过,在曲阜一带没有什么发现,特别在今天曲阜市区的范围之内是没有的,甚至连商代地层都找不到。那么古书记载奄在鲁国究竟可靠与否?"②

笔者对李学勤先生的史学研究能力和贡献是非常敬佩的。从学术探讨求真的观点出发,现谨就李学勤先生提出的"古书记载鲁封于奄"究竟可靠与否发表自己的看法。笔者认为,虽然在曲阜市区内没有找到奄的遗址,甚至连商代的地层都找不到,但这并不能构成"鲁封于奄"不可靠。其理由是奄国的国土面积很大,其地跨今平邑、泗水、新泰、曲阜、兖州、邹城等地。据《诗·鲁颂·閟宫》:"奄有龟蒙,遂荒大东。……保有凫绎,遂荒徐宅。""龟"即"龟山","蒙"即蒙山,分别在今新泰西南和蒙阴南,统称"龟蒙"。"凫"即凫山;"绎"即"绎山",又称"峄山",皆在今邹城境。"徐宅",指商末周初徐国之地,其位置在今徐州一带。据此,可以肯定,古籍记载的周之鲁国封于奄是可靠的。曲阜市区没有找到奄的遗址,就不要专在曲阜一带找了,放眼奄的其他国土,也许是可以找到的。

(二)兖州商王奄都说

1973年,兖州的李宫村出土了一组青铜器,青铜器上有铭文"索"。大家一致认为,这就是伯禽获封时所有的殷民六族中的索氏。因鲁国是在奄国基础上建立的,当时的遗民就是奄人,是没有问题的。如此,索氏就应该是奄民遗留下的一部分,而索氏就在李宫村。可见,殷民六族的分布范围就在兖州这一带。换句话说,也就在曲阜附近。这一点应该可以说是研究商代的一个非常重要的问题。③

① 王国维撰,黄永年校点:《古本竹本纪年辑校·今本竹书纪年疏证》,沈阳:辽宁教育出版社,1997年,第68~69页。

② 李学勤:《中国古代文明研究》,上海:华东师范大学出版社,2005年,第376~377页。

③ 参见李学勤:《中国古代文明研究》,第377页。

笔者认为仅据殷民六族之一的索氏器在兖州发现,还不足以证明奄国的遗址就在兖州。兖州虽有商代遗址30余处,但无一处为够得上或接近国都资格的遗址。① 且历代君王建国都要综合考虑山、水、林、田等自然环境。兖州缺山,或山很小,大禹治水后此地虽"降丘宅土",但仍存在黄河泛滥的潜在威胁,城址欠稳,不是建都的首选,所以"兖州商王奄都说"难以成立。

(三)泗水商王奄都说

《泗志钩沉》云:"奄山……在(泗水县)治南十里。"②商奄古国的国都在古卞地今泗水。据王献唐《炎黄氏族文化考》云:"汤伐有卞,存其祀,别分卞地,封伯益之裔费昌,为奄国,兼有今县西及曲阜、邹、费之境。国虽改称,地仍卞名。"③事情还得从帝尧时说起,时黄河下游洪水泛滥成灾,帝尧命鲧治水,鲧治水九载,积用弗成,更主要的是鲧反对帝尧传位于舜,所以掌握了权力的舜察觉到鲧有反志,便殛鲧于羽山。舜是一代明君,不因殛鲧而罪连鲧族老小,用鲧之子禹继续治水。大禹治水十三载,功成名就,曾荐佐己治水的伯益任之政。禹死后,禹子启植党营私,杀害了伯益,建立了中国第一个奴隶制国家——夏。到夏王朝最后一个王——桀时,佐禹治水的商部落首领契的第十四代孙汤养精蓄锐,势力很大,起兵讨伐夏桀。两军对阵之际,伯益的后裔费昌毅然叛夏投商,做了商汤的车御,为其驾车冲锋陷阵,立下了汗马功劳。后商汤在讨伐夏桀的征程中,发生了王献唐先生讲的"汤伐有卞"之事。商汤伐卞的战争是相当残酷的,有殷墟甲骨卜辞"八日辛亥……伐二千六百五十人在……"④为证。商汤对卞国的残酷镇压,遭到当地民众的强烈谴责,镇压行动不得不有所收敛,"存其祀""别分卞地""国虽改称,地仍卞名"。商汤伐卞后鉴于费昌叛夏投商功高,不但将卞国的国土划归费昌之奄国管理,同时将今曲阜、兖州、邹城、平邑、费县等地的大片区域划归其管理。

笔者认为,泗水有奄山,有古奄国国都,对商王奄都在泗水是有利依据,但奄国的国都与商王奄都毕竟不是一回事,其地址也不一定是同一个地方,但也不能排除泗水是商王奄都。

总之,曲阜、兖州、泗水三说呈三足鼎立状态,最关键的是要有令人信服的地下文物支持,才能下历史定论。

---

① 参见山东省兖州市地方史志编纂委员会编:《兖州市志》,济南:山东人民出版社,1997年,第740~741页。

② 王廷赞:《泗志钩沉》,手抄本。

③ 王献唐:《炎黄氏族文化考》,青岛:青岛出版社,2006年,第327页。

④ 徐中舒主编:《甲骨文字典》,成都:四川辞书出版社,1989年,第219页。

二、古卞地今泗水是曲阜、兖州、泗水三地中最优之地，是商王迁建都的首选

明于慎行《兖州府志》赞曰："泗水，古之卞国也，邑在山水之间，其北为蒙，其南为费，岱宗之东南，鲁之灵气所由，萃矣邑之左右，以泉名者几五十，以溪名者几三十，夹而入于泗水，其中水石之胜、林木之美，穷巧极幽，不能尽述，皆绝境也。"①这样优美的自然地理环境，遂造就了卞明国，费昌之奄国，南庚、阳甲、盘庚之商等建都所选之地。

另，此地生态环境优美，在曲阜、兖州、泗水三地中是商王建国都的首选。

三、商王奄都旧名庚宗之地考证

王廷赞《泗志钩沉》云："徐文靖笺云：'南庚迁奄'，旧未有言奄地所在者。《郡国志》'奄国'，《春秋·昭四年传》祝鮀曰：'因商奄之民命以伯禽。'其曰'商奄'者，以商尝迁此故也。计三世都奄，凡二十二年，今治地旧名庚宗。殆南庚尝立宗庙于此，迁后遂以为名乎？当王都此。"②

此徐文靖笺提出了商王都奄前后奄都所在地的地名问题，这是需要认真研究的问题。一是"'南庚迁奄'，旧未有言奄地所在者"。商王奄都所在地旧时何名？笔者认为，此问题王献唐先生在其《炎黄氏族文化考》中所说"汤伐有卞，存其祀，别分卞地，封伯益之裔费昌，为奄国……国虽改称，地仍卞名"，已非常准确地回答了南庚迁奄、奄都所在地旧时为"卞名"的问题。再，笔者通过甲骨卜辞检索，发现了诸多关于商王居奄期间在卞地的甲骨符号及文字，这毫无悬念地证明，卞地就是商王居奄前及期间的奄都所在地。同时，验证了王献唐先生《炎黄氏族文化考》中"汤伐有卞……国虽改称，地仍卞名"记载的可靠性。二是商王奄都迁后有旧名庚宗的问题。此庚宗在什么地方？与古卞地有何联系？与古卞地是一地还是两地？

据《左传·哀公八年》："三月，吴伐我，子泄率，故道险，从武城。……吴师克东阳而进，舍于五梧，明日，舍于蚕室。……明日，舍于庚宗，遂次于泗上。"③东阳今属费县，五梧在东阳西北，蚕室今属平邑县，庚宗在县城之东约一舍（一舍 30 里至 40 里）之地，恰是古

---

① 于慎行编：《万历兖州府志》卷三，济南：齐鲁书社，1985 年。

② 王廷赞：《泗志钩沉》，手抄本。

③ 李梦生：《左传译注》，上海：上海古籍出版社，2004 年，第 1320 页。

卞地今泗水泉林。

王廷赞《泗志钩沉》引郦道元《水经注》云:"泗水,发源于卞城东南、桃墟西北,曰庚宗。"①可见,奄都旧名庚宗,同卞城、卞地是同一地。

又,《左传·襄公二十九年》:"季武子取卞。"②是年,鲁国的季武子私取鲁公室卞邑。《左传·哀公八年》载吴国伐鲁经过的"庚宗"和《左传·襄公二十九年》载鲁国季武子私取的卞邑,都在卞地,此概可说明卞地、庚宗、卞邑为同一地之名,即现在的泗水泉林。

① 王廷赞:《泗志钩沉》,手抄本。

② 李梦生:《左传译注》,第 863 页。

稷下地望新考*

于 焱

摘要:稷下地望的落实是解决稷下学宫具体地理位置这一课题的关键点之一,学界对稷下地望多有考证,稷门所在为考证稷下地望的关键。稷门和稷山之得名可能源于齐都临淄城的"社稷"礼制建筑。春秋中晚期,临淄城向西扩建并设稷门,此稷门或因姜氏之"社稷"礼制建筑得名,稷下始为地名,其地望在春秋临淄郭城外西南。战国时,田氏在春秋"稷下"地域新建宫城并新设"社稷",小城西门为稷门,稷下之地望在战国小城西门外西南区域。春秋稷下与战国稷下之地望在地理位置上部分重叠。

关键词:社 社稷 稷 稷门 稷下 稷山

作者:于焱,临淄区文物保护中心文博馆员,主要从事齐国故城文物研究、遗址保护利用和考古研究工作。

* 本文为山东省人文社会科学课题"齐文化传承创新视域下的稷下学宫遗址保护与开发利用研究"(2022ZXLC51)阶段性研究成果。

“稷下”一词在古今文献中多为地名，学界对“稷下”地望多有考证，说法不一，但对于其在东周时期齐都临淄城附近，无异议。“稷下”在齐都临淄城的哪一具体方位或具体范围，众说纷纭，笔者近期对“稷下”地望做了新的考证和溯源，供学者参考。

一、稷下之名

“稷下”最早作为一个代词，代指当今所说的“稷下学宫”或“稷下先生”，最早见于《韩非子·外储说左上》：“兒说，宋人，善辩者也，持‘白马非马也’服齐稷下之辩者。”《韩非子》为战国晚期韩非所著，约成书于公元前3世纪末。也就是说，在战国晚期，“稷下”已经成为一个众所周知的代指“稷下学宫”的主要词语。《太平寰宇记》曰：“刘向《别录》云：‘齐有稷门，齐之城西门也。’外有学堂，即齐宣王立学所也，故称为稷下之学。又莒子如齐，盟于稷门。又《史记》云：‘谈说之士会于稷下。’皆此地也。”北魏地理学家郦道元在《水经注·淄水》说：“系水傍城北流，径阳门西。水次有故封处，所谓齐之稷下也。”将“稷下”作为一处地理名称来表述。

关于“稷下”之得名，古今学者多数认为和齐都临淄城之“稷门”有关。在古代，“下”一般表示地势高低或者地理方位，从地势高低上说，一般高为上、低为下。关于临淄齐国故城的地势趋势，笔者在此列举几处关键点海拔高程：齐故城东南角（今齐都镇蒋王村南）海拔约50.4米，齐故城东北角（今齐都镇河崖村北）海拔约39.6米，齐故城西北角（今齐都镇粉庄村南）海拔约37.7米，齐故城西南角（今齐都镇小徐村南）海拔约49.2米，齐故城大城西门外（今齐都镇长胡村北）海拔约41.9米。[①] 依据此地理高程数据分析齐故城地势为东高西低、南高北低，这一点也与古代临淄城东淄河和城西系水自南向北的水流走向一致。城东淄河水由鲁中南部山脉泄流而下因而河水湍急。城西系水源头是临淄城西南洼地的寒泉、申池，既为泉，则地势必不会高（水源地海拔47.4~48.2米，河道海拔44.1~36米[②]），因此水势舒缓，甚至有漫延之势。由此可知，古代临淄城西为“下”。从地

① 参见山东省文物考古研究所编制：《中国临淄文物考古遥感影像图集》，济南：山东省地图出版社，2000年。德国波鸿鲁尔大学历史系史前史教研室提供航空遥感考古技术方法，山东省地质测绘院提供1975年测绘数据。

② 参见山东省文物考古研究所编制：《中国临淄文物考古遥感影像图集》。

理位置上说，古代对于地理方位有北上南下、东上西下的称呼成例，今人在表述地理位置时仍有沿用。因此，"稷下"可以理解为稷门以西以南的区域，或者稷门外侧的区域。

稷门，《史记·田敬仲完世家·集解》引刘向《别录》曰："齐有稷门，城门也。谈说之士期会于稷下也。"司马贞《索隐》："刘向《别录》曰'齐有稷门，齐城门也。谈说之士期会于其下'。《齐地记》曰'齐城西门侧，系水左右有讲室，趾往往存焉'。盖因侧系水出，故曰稷门，古侧稷音相近耳。"又《史记·孟子荀卿列传·索隐》："稷下，齐之城门也。或云稷下，山名。谓齐之学士集于稷门之下。"除齐国外的诸侯国中，目前仅知曲阜鲁故城也有稷门，据《左传》载："新作南门。"杜预注："鲁城南门也。本名稷门，僖公更高大之，今犹不与诸门同，改名高门也。"鲁稷门为鲁城南门。曲英杰先生认为可能是南垣西门。①从以上文献记载来看，临淄的稷门所在成为考证稷下地望的关键。

稷门究竟是齐都临淄城的哪一城门，多年来学界多有讨论但众说纷纭，主要有齐国国都西门说②、齐城西门说③、齐故城小城南门说④、春秋临淄城郭城南垣西门说⑤、临淄城西南首门说⑥、齐故城大城西垣北门说⑦、临淄城郭城西垣南门说⑧等。有学者认为，我国古代多有以所面向的山、川、台、丘来命名城门之例，由此得出稷门因南向临淄西南郊的稷山而得名。笔者经研究认为，稷门得名应与稷山无关，而且稷门和稷山之得名可能

① 参见曲英杰：《史记都城考》，北京：商务印书馆，2007年，第216页。

② 郭沫若：《稷下黄老学派的批判》，《郭沫若全集·历史编》第2卷，北京：人民出版社，1982年，第156页。

③ 郭墨兰、吕世忠：《齐文化研究》，济南：齐鲁书社，2006年，第182页。按：该书称，"不管因山得名，还是因水得名，稷门是齐城西门，史无异说"。其问题在于，战国临淄城大城和小城均有西向之门，并且大城有两座西门，但不知这里所说之"齐城西门"究竟是大城的西门还是小城的西门。

④ 刘敦愿：《春秋时期齐国故城的复原与城市布局》，《刘敦愿文集》下卷，北京：科学出版社，2012年，第510页。按：将稷门推定为小城南门的主要根据是临淄城南有稷山，稷门因通向或面向稷山而得名。又据考古勘探，齐故城小城南墙有两座城门，但该文未确指稷门究竟是哪一座，而同时推定另一座南门是"扬门"。问题在于，齐故城小城系战国时期所增建，春秋时尚无此小城，而"稷门"之称早在《左传·昭公二十二年》就已出现。

⑤ 曲英杰：《史记都城考》，第189、198页（图二〇·3）。按：该书第189页称，春秋临淄城郭城"南垣西门极有可能设于大城南垣西向延伸线与小城南垣东门大道北向延伸线交接处。……此门面对稷山，当称稷门"。又，第201页称，田氏齐国增筑小城之后，"原大城南垣西门即稷门被移设至与之相对应的小城南垣东部（东门），是否沿称稷门已无法推知"。同时，曲氏根据《左传·文公十八年》杜预注，推定齐故城小城南垣西门为"申门"，即《水经注·淄水》："申门，即齐城南面西第一门矣。"

⑥ 李玉洁：《齐国史》，北京：新华出版社，2007年，第427页。按：该书在论及稷下学宫时称，"稷下，是齐都临淄的稷门，即临淄城的西南首门"，"稷门在临淄的城西南"，"稷门是临淄西南首之门"，但并未指明是大城还是小城，如果是小城也未指明是其南门还是西门，何况小城南墙有两座城门。文中的"西南首门"，或可理解为战国临淄城小城南垣的西门。

⑦ 李剑、宋玉顺：《稷下学宫遗址新探》，《管子学刊》1989年第2期。

⑧ 方辉、田钟灵：《稷下学宫考》，《中国文化研究》2021年第4期。

都与齐都临淄城的"社稷"建筑有关。

二、社稷之祀

社稷之祀主要祭祀土地、五谷之神，是古代神圣严肃的国家活动，文献中多有记述。《周礼·春官·大宗伯》："以血祭祭社稷、五祀、五岳。"《周礼·地官·鼓人》："以灵鼓鼓社祭。"郑玄注："社祭，祭地祇也。"《左传·成公十三年》："国之大事，在祀与戎，祀有执膰，戎有受脤，神之大节也。"《风俗通义》引《孝经援神契》曰："社者，土地之主。土地广博，不可遍敬，故封土以为社而祀之，报功也。……五谷众多，不可遍祭，故立稷而祭之。"《白虎通疏证·社稷》还说："王者所以有社稷何？为天下求福报功。人非土不立，非谷不食，土地广博，不可遍敬也。五谷众多，不可一一祭也。故封土立社，示有土也。稷，五谷之长，故立稷而祭之也。"①古代地貌学认为，土地分山林、川泽、丘陵、坟衍、原隰五类（又称"五土"），而社则为五土总神。

稷是古代中国北方地区重要的农作物。《诗经》中记载稷的篇章很多，例如，《黍离》"彼黍离离，彼稷之苗"，《七月》"黍稷重穋，禾麻菽麦"，《甫田》"今适南亩，或耘或耔，黍稷薿薿"，《鸨羽》"王事靡盬，不能艺稷黍。父母何怙"等。"稷"是北方先民主要的种植作物和赖以生存的主食，所以诗人才会不断地吟诵。《诗经·生民》曰："载震载夙，载生载育，时维后稷。"周人甚至把先祖"弃"称之为"后稷"。

对于甲骨文中的"土"就是典籍中的"社"，学界几乎已成定论。甲骨文有"𠔃"字，吴匡、蔡哲茂在《释稷》一文中较早提出"𠔃"即稷说，多数学者赞同此说。《墨子·明鬼》："且惟昔者虞夏商周三代之圣王，其始建国营都，曰必择国之正坛，置以为宗庙；必择木之修茂者，立以为菆位。"清孙诒让认为，"菆位"又作"从位""从社"，社稷也。"从"虽然不是"稷"，但"从社"常可以指代"社稷"。《左传·昭公二十九年》："共工氏有子曰句龙，为后土，此其二祀也。后土为社，稷，田正也。有烈山氏之子曰柱为稷，自夏以上祀之。周弃亦为稷，自商以来祀之。"社祀以句龙为配，稷祀以柱、弃为配，是自然神人化的结果，各部族为纪念其先祖的伟大功绩，将自然崇拜与祖先崇拜结合起来，说明祭祀社、稷有着悠久的历史。

社稷之祀最早可追溯至夏商时期，西周时期社稷之祀已经发展为较成熟的国家典礼。周王分封诸侯之时，以诸侯封地所在方位为依据，从周王室稷坛中取出对应颜色的土赐予诸侯，受封者要将此土置于受封地的社稷坛中进行供奉与祭祀。

---

① 陈立撰，吴则虞点校：《白虎通疏证》，北京：中华书局，1994年，第83页。

社稷之祀在中国古代具有很高的地位，社稷坛是为祭祀社稷神而修建的建筑，是重要的国家祭祀建筑形式。《周礼·春官·小宗伯》曰："掌建国之神位，右社稷，左宗庙。"《周礼·考工记》："匠人营国，方九里，旁三门。国中九经九纬，经涂九轨，左祖右社，面朝后市，市朝一夫。"社稷之祀是对与人们生产、生活有密切关系的土、谷、金、木、水、火等神祇的祭祀，其中土、谷神是古代最重要的生产部门的神祇，后由此演变成了象征国家的守护神。①

在春秋战国时期，社稷最终演变为国家政权的象征，多代指国家政权。《礼记·曲礼下》："国君去其国，止之曰：'奈何去社稷也！'"又曰："国君死社稷。"《礼记·礼运》："故国有患，君死社稷，谓之义。"《仪礼·聘礼》："君以社稷故，在寡小君，拜。"《左传·宣公十二年》："郑之从楚，社稷之故也。"《左传·昭公元年》："诸侯之会，卫社稷也。"《左传·襄公十三年》："楚子疾，告大夫曰：'不穀不德，少主社稷。'"以上皆是用"社稷"代指国家政权。建国以宗庙社稷为先，"社稷"一词也成为中国古代国家的代称，从原初的神祇崇拜转变为国家、国土、政权、江山的象征。对帝王而言，祭祀社稷之神对维护君主四海之尊的地位具有重要的象征意义。社稷坛与宗庙同为国家重要礼制建筑，历代帝王建国之初，都必按照右社稷而左宗庙的古礼原则建造本王朝的社稷与宗庙。

南朝人宗懔记录古楚地岁时节令风俗的《荆楚岁时记》中有这样的描述："社日，四邻并结宗会社，宰牲牢，为屋于树下，先祭神，然后飨其胙。"可以说对"土神"和"谷神"的祭祀流行至民间演变成了遍布全国乡村的土地庙并一直延续至今。

三、社稷建筑选址及考古发现

单就社稷礼制建筑的选址，从周代至明、清，必遵循《周礼·考工记》中"左祖右社"，即宗庙处东方、社稷处西方的选址原则。在古代中国，以大地比母。西南方的坤卦代表五行中的"土"，坤为母，为阴，因此，社稷坛是带有阴性的。《周礼注疏》曰："宗庙是阳，故在左；社稷是阴，故在右。"《周礼正义》云："宗庙属阳，故在左，左为阳也；社稷属阴，故在右，右为阴也。"按照"左阳右阴"的观念形成左宗庙右社稷的都城布局。汉代蔡邕所撰《独断》载："社稷二神，功同，故同堂别坛，俱在未位。"《风俗通义·稷神》载："未之神为稷，故以癸未日祠稷于西南，水胜火为金相也。"《后汉书·祭祀志》载："立太社稷于雒阳，在宗庙之右，方坛，无屋，有墙门而已。"《南齐书·礼志》载："魏权汉社，社稷同营共门，稷坛在社坛北，皆非古制。后移宫南，自当如礼。如静此言，乃是显汉社失周法，见汉

① 参见郭守信：《周代祭祀初论》，《中国史研究》1986年第2期。

世旧事。尔时祭社南向,未审出何史籍。就如议者静所言是祭社位向仍汉旧法,汉又袭周成规,因而不改者,则社稷三座,并应南向,今何改帝社南向,泰社及稷并东向邪?”从以上古籍及文献中可知,古代中国以阴阳五行理论为选址理论基础,制定了“左阳右阴”“左祖右社”的礼制建筑选址法则,各代虽略有不同,但不会违反基本原则。

2014 年,陕西省考古研究院、北京大学考古文博学院、中国社会科学院考古研究所组成联合考古队,在周原遗址凤雏建筑基址发现了迄今为止规模最大的一处西周时期单体建筑,并在此回字形基址的院落中发掘出一处社祀遗存。此处遗存上残存的亚字形社主石基座超过 1.68 米,社主石的正南方是一方形石坛,东西宽 4.2 米、南北长 4.6 米,系用自然石块垒砌而成。在社主石和石坛的东侧则发现多座祭祀坑,两建筑从西周早期一直使用到西周中期,这也是考古历史上首次发现西周社稷建筑遗存。发掘者认为:“三号基址已经显示出重要的学术意义。一方面,三号基址是西周时期已知规模最大的单体建筑,它‘回’字形的布局在同时期建筑中属首次发现,为本已形式多样的西周建筑又增一新例。另一方面,如果判断不误,三号基址庭院中的立石和铺石遗迹分别为社主和社坛。我国古代的社祀有民间和国家两种形态,后者是国家产生后社祀被纳入政权体系的产物。三号基址整座建筑是和社一起统一规划建造的,它的规模宏大,需有效组织大量劳力方可完成。因此,凤雏三号基址是目前所见商周时期国家形态社祀最明确的实物证据。”①

20 世纪 50 年代西安汉长安城考古发掘中,发现了 F13“影山楼遗址”和 F14“曹家堡遗址”两处建筑基址遗存(或称西组礼制建筑群)。② F13 遗址主体是一座横向长方形的夯土台基,东西残长 240 米,南北宽 60~70 米,高出周围地面 5~10 米;F14 遗址外围墙南北长 600 米,东西长 570 米,四面围墙正中各辟一门,内围墙在外围墙正中稍偏南,平面方形,每边长 273 米,四面围墙正中各辟一门。③ 1992 年,王恩田先生在其《“王莽九庙”再议》一文中认为:“西组建筑群是汉‘社稷’遗址,其说可信”;“‘汉兴’时已经兴建的‘官社’遗址,可能就是西组建筑群东北面的那座‘始建于秦或汉初’的长方形建筑台基。台基之上无主体建筑,可能像估计的那样‘已毁没’。但更大的可能是其上原来就根本没有任何建筑”。《西汉礼制建筑遗址》一书中初步认为,第十三号遗址可能是利用秦旧址修建的汉初社稷,第十四号遗址可能是王莽修建的新社稷。2007 年,刘瑞先生在其《汉长安

---

① 周原考古队:《周原遗址凤雏三号基址 2014 年发掘简报》,《中国国家博物馆馆刊》2015 年第 7 期。

② 参见考古研究所汉城发掘队:《汉长安城南郊礼制建筑遗址学发掘简报》,《考古》1960 年第 7 期。

③ 参见中国社会科学院考古研究所编著:《西汉礼制建筑遗址》,北京:文物出版社,2003 年。

城南郊西汉社稷建筑初探》一文中认为："F13 应是一座宫殿类的建筑而非官社或官稷"；"F14 是包含了'高祖官社'和'元始官稷'在内的汉代祭祀社、稷的国家级礼制建筑"。

国家社稷建筑和社稷祭祀典礼一直延续至清朝，《元史》卷七十六记载："至元七年十二月，有诏岁祀太社太稷。三十年正月，始用御史中丞崔彧言，于和义门(明代改西直门)内少南，得地四十亩。"明中都社稷建筑遗存①和明清紫禁城的社稷坛建筑也都遵循了《周礼》规制。据有关史料来看，从汉代至清代，社稷坛的选址及建制几乎都以周代礼制为依据，数千年来几无变化。

从已知的考古资料来看，周原遗址凤雏三号基址的选址在凤雏甲组建筑以南以西的位置②；汉长安城的社稷建筑遗址选址在汉长安城南郊、西安门外大道西侧的位置，与古礼所言的"左祖右社"适相吻合③；明清紫禁城的社稷坛，在紫禁城午门外以西以南的位置。由此可以落实的是，古代中国的"社稷"礼制建筑一般位于"中门之外，外门之内"，即宫城(或郭城)外，(或内)西南方向的"未"位，也就是八卦中的坤位。

四、社稷建筑形制及布局

关于社稷建筑的形制，古代文献多有记载，本文从以下几个方面分述。

(一)建筑形式

《周礼·地官·大司徒》："设其社稷之壝而树之田主。"《白虎通疏证·社稷》："社无屋何？达天地气。……社稷所以有树何？尊而识之，使民望见即敬之，又所以表功也。故《周官》曰：'司徒班社而树之，各以土地所宜。'"《独断》："亡国之社，古者天子亦取亡国之社以分诸侯，使为社，以自儆戒。屋之奄其上，使不通天；柴其下，使不通地，自与天地绝也；面北向阴，示灭亡也。"《汉书·王莽传》记载："臣闻古者畔逆之国，既以诛讨，则猪其宫室以为污池……四墙其社，覆上栈下，示不得通。辨社诸侯，出门见之，著以为戒。"由以上文献基本可以确定，社稷建筑是没有屋顶的，祭社、祭稷要通达天地、历四时变化、经风雨雷电方可。明洪武以后，为方便天子在遇到风雨的情况下进行祭祀，"请于斋宫望祭"，在社坛的北部建造了五间拜殿。此后，社稷坛内外围出现了以"拜殿"为代表的带屋顶的附属建筑。另外，社稷坛外围有一周矮墙，称之为"壝"。《吕氏春秋·慎势》

① 参见贺业钜：《考工记营国制度研究》，北京：中国建筑工业出版社，1985 年。

② 参见周原考古队：《周原遗址凤雏三号基址 2014 年发掘简报》，《中国国家博物馆馆刊》2015 年第 7 期。

③ 参见姜波：《汉唐都城礼制建筑研究》，北京：文物出版社，2003 年，第 23 页。

曰："古之王者，择天下之中而立国，择国之中而立宫，择宫之中而立庙。"古人的"择中"观念对建筑位置的选定有极大影响，社稷建筑群中的主体建筑都位于院落的中央。在古文献中多有对建筑中心选择的强调，明确了中心作为建筑尤其是礼制建筑组织的原则。这种定位原则有利于建筑、建筑群乃至城市在发展过程中自然地形成均衡统一的构图。

（二）建筑尺寸

《白虎通疏证·社稷》："其坛大如何？《春秋文义》曰：'天子之社、稷广五丈，诸侯半之。'"《宋史·礼志》："太社坛广五丈，高五尺，五色土为之。稷坛在西，如其制。"由以上文献记载基本可以推测，社坛和稷坛均为边长五丈的方坛。方坛，广五丈，高五尺，按周代一尺约合今 23 厘米、一丈十尺来计算，社稷坛长宽均为 11.5 米，高为 1.15 米。为了保持坛的稳定性，祭坛一般都有侧脚。同时，受到阴阳五行理论的影响，坛上东南西北中五方位分别铺有相应颜色的土。

（三）祭坛设置

关于社稷的设立情况，学者多有研究，有"一社一稷"①"二社一稷"②"二社二稷""社稷共坛"等说法。依《礼记·祭法》所云，古之天子有三社：一曰太社（大社），即"王为群姓立社，曰大社"；二曰帝社（王社、官社），即"王自为立社，曰王社"；三曰亳社，为殷商之亡社，立之以示其戒。周灭商，所以存亳社，但后世一般不再立亳社。统观古代的社稷制度，有立一社（太社）一稷（太稷）的，有立二社（太社、官社）一稷（太稷）的，也有立二社（太社、官社）二稷（太稷、官稷）的。③

大多数学者认为，西汉时期有"二社一稷"，二社即汉高祖设立的太社、官社，一稷即王莽在平帝元始三年设立的官稷。笔者倾向西汉时期未立官稷之前，采取"一社一稷"的形式，从周到汉，社稷坛的形制一直恪守传统，后世也没有重大的变化。《条牒论》云："稷坛在社坛西，俱北向，营并坛共门；或曰在社坛北。"周代至西汉为社南稷北，主要原因可能是社坛、稷坛不是同时建立的，为显示社坛尊于稷坛，在其后即北面设立了稷坛。后世社稷坛形制自汉之后并没有太大变化，唐、宋、元及明初均采取"异坛同壝"、社东稷西之

① 王柏中在《神灵世界：秩序的构建与仪式的象征——两汉国家祭祀制度研究》一书中通过分析《续汉书·祭祀志下》刘昭注引孔晁和《通典》卷四十五注引孔晁的说法，认为西汉时期仅立"一社一稷"，社即汉高祖在长安立的太社，稷即王莽立的官稷。

② 曹书杰在《后稷传说与稷祀文化研究》一文中认为，前汉就已经立有"二社一稷"，在平帝元始三年至王莽时代的西汉末期，实行过"二社二稷"。

③ 参见姜波：《郊坛、明堂与宗庙——西汉长安城的祭祀设施》，中国社会科学院考古研究所等编：《汉长安城考古与汉文化》，北京：科学出版社，2008 年，第 169 页。

制。《大明集礼》中载有明初社稷分坛图,可见明代的太社太稷,最初也是二坛分祀。洪武十年(1377),朱元璋认为这样做不宜,礼部尚书张筹引元陈皓注说:“稷非土无以生,土非稷无以见生生之效,故祭社必及稷。”又引《山堂考索》云,“社为九土之尊,稷为五谷之长,稷生于土,则社与稷固不可分”,因此二者“宜合祭,古有明证。请社稷共为一坛”。自此后,社稷合祭。

(四)外围环境

《白虎通疏证·社稷》:“社稷所以有树何？尊而识之,使民望见即敬之,又所以表功也。故《周官》曰:‘司徒班社而树之,各以土地所宜。’”《尚书·逸篇》曰:“大社唯松,东社唯柏,南社唯梓,西社唯栗,北社唯槐。”蔡邕《独断》中指出:“土地广博,不可遍覆,故封社稷,露之者必受霜露以达天地之气,树之者尊而表之,使人望见则加畏敬也。”从上述文献看,社坛和稷坛外有大面积的植树,是为了“尊而表之,使人望见则加畏敬”。目前仍可见的南京社稷坛和北京社稷坛外围的大片区域内广植松柏等树木,可以验证以上说法。

综上,古代社稷礼制建筑由社坛、稷坛和壝组成。壝即围绕祭坛一周的矮墙,古代各类祭坛大多采用这种建筑布局,因而又称“壝坛”。明洪武以前的社稷礼制建筑中,社与稷分坛而设,不建房屋,只设祭坛,基础不相连,且稷坛或在社坛北侧(西汉以前为南社北稷),或在社坛西侧(唐至明初为东社西稷)。至明洪武后,社稷合坛同祭。社坛、稷坛同处一处大型院落,共用一重或多重围墙,围墙置有东、西、南、北四门。围墙(壝)及其内的建筑和地域可以称为“社稷建筑区”。按照古文献记载,社稷建筑区外围多空地且广植古树名木以示肃穆庄重。“社稷建筑区”和周边“绿化区”地域可称为“社稷区”,文献中称之为“社稷”,或以“稷”代称。“社稷建筑区”北门前东西大道西向直通城西墙的南门,且直线距离较近。

五、齐国之社稷和齐都临淄城之稷、稷门、稷下

“凡帝王徙都立邑,皆先定天地社稷之位,敬恭以奉之。将营宫室,则宗庙为先,厩库为次,居室为后。”①中国古代都城在作为国家政治中心的同时,也可以看作国家的祭祀中心。齐国作为周代分封下的诸侯大国,雄踞东方,春秋时期已经成为“五霸之首”,开启列国霸业先河。临淄作为齐国国都,城内必然有宗庙、社稷等礼制类的建筑。

按照周代礼制,天子与诸侯所设社稷都有严格的等级区分。《礼记·祭法》:“王为群

① 《三国志·魏书·高堂隆传》。

姓立社,曰大社;王自为立社,曰王社。诸侯为百姓立社,曰国社;诸侯自为立社,曰侯社。大夫以下成群立社,曰置社。"《周礼正义》引《春秋文义》曰:"天子之社稷,广五丈,诸侯半之。"《礼记·曲礼下》:"君子将营宫室,宗庙为先。"古者祖社皆在宗庙。周礼封建诸侯,则必须先祭后土。《周礼·春官·大宗伯》:"王大封,则先告后土。"《春官·大祝》:"建邦国,先告后土。"《史记·封禅书》:"自禹兴而修社祀……郊社所从来尚矣。"自然,齐国国都临淄城设置祭祀土地神和五谷神的社稷坛,不仅是遵循周代礼制的需要,也是现实政治的必然需要。

齐都营丘在何处本文暂且不论,从考古发现来看,临淄作为齐国都城,在城市发展上大体经过了以下三个阶段:

第一阶段:西周临淄城。即自齐献公元年(公元前 859 年)"治临淄"后、春秋时期扩建之前的临淄城。西周临淄城,历史文献少有记载。考古发掘表明,齐故城大城北墙东段第一期城墙的年代下限不晚于西周中期,可知其建造年代或为西周早期。"大城东北部的第二期城墙系在第一期城垣基础上的增建或扩建,并为春秋早中期的城垣所叠压,其上限不早于西周中期,下限不晚于春秋早期。"①齐故城内西周时期的遗存,主要发现于大城东北隅一带。据此推知,齐故城大城东北隅一带即西周临淄城之所在。

第二阶段:春秋临淄城。春秋临淄城,是指公元前 7 世纪中叶至战国前的齐都临淄。考古发掘表明,春秋时期的临淄城曾有一次大规模扩建,但具体扩建年代历史文献无载,尚难以准确判定,或在齐桓公时期(公元前 685 年至公元前 643 年)。春秋临淄城的总体格局大致呈"回"字形,中央偏东北为"宫城",宫城之外四周为郭城,并且郭城和宫城均由夯土墙垣环绕。

第三阶段:战国临淄城。公元前 386 年田氏代齐前后,临淄城经历了第二次大规模扩建。② 此次扩建在春秋临淄城的西南隅拆迁了部分城建设施,并向外增建一处小城,形成了今日所见临淄齐故城之"大城咬小城"的总体格局。考古勘探和发掘表明,小城城墙周长约 7275 米、大城城墙周长 14158 米③,这也是目前大众所熟知的临淄齐故城。

曲英杰先生认为:"太公营建临淄城时,当于城内建有宗庙、社稷之坛以及学宫。"④"临淄宫城南门内西侧建社稷坛。"⑤"齐宫城内国社之制当以四面围以墙垣,各设一门,

① 山东省文物考古研究所编著:《临淄齐故城》,北京:文物出版社,2013 年,第 533 页。

② 《春秋》记事迄于鲁哀公十四年(公元前 481 年),《左传》记事迄于鲁哀公二十七年(公元前 468 年),而两书中都未见任何有关临淄城增建和扩建的记述,这可作为战国临淄城改扩建时间不早于公元前 468 年之旁证。

③ 参见山东省文物考古研究所编著:《临淄齐故城》,第 20、38 页。

④ 曲英杰:《齐都临淄城》,《齐文化丛书》第 18 册,济南:齐鲁书社,1997 年,第 74 页。

⑤ 曲英杰:《齐都临淄城》,《齐文化丛书》第 18 册,第 79 页。

平面呈正方形。每边之长很可能与宗庙北垣至宫城南垣之长略同,在100米左右……中央东为社坛,西为稷坛。"①

文献中最早关于齐社的记述,见于《左传·庄公二十三年》所载"夏,公如齐观社"。《国语·曹刿谏庄公如齐观社》一文中曹刿谏曰:"不可。夫礼所以正民也……夫齐弃太公之法而观民于社,君为是举而往观之,非故业也,何以训民?……今齐社而往观旅,非先王之训也。"鲁庄公二十三年即齐桓公十五年(公元前671年),可见,这一年临淄城内就已存在社稷建筑区域,且社礼极为隆重并聚百姓而共观之。

《诗经·鄘风·桑中》:"爰采唐矣?沫之乡矣。云谁之思?美孟姜矣。期我乎桑中,要我乎上宫,送我乎淇之上矣。"郭沫若认为:"桑中即桑林所在之地,上宫即祀桑之祠,士女于此合欢。"②鲍昌解释郭老之说,认为:"初民们……以为人间的男女交合可以促进万物的繁殖,因此在许多祀奉农神的祭典中,都伴随有群婚性的男女欢会。"③也有学者认为"上宫"即"社",为"祭社"之地。④ 战国时期成书的《墨子·明鬼下》有:"燕之有祖,当齐之社稷,宋之有桑林,楚之有云梦也。此男女之所属而观也。"祖、社稷、桑林、云梦皆为各国祭祀之地,同时古俗中又似为男女幽会交游之地,不仅从侧面反映了齐国社稷的存在,也证实了齐国社稷区的外围确存在植被茂密的自然景观,方便青年男女的幽会。

出土文物方面,1958年在齐故城大城中部偏南的刘家寨的试掘中,T102出土有1枚"齐祠祀印"(T102:17)。⑤ 由此可知,齐国设有专门负责祠祀的官职,侧面反映了临淄城中有礼制性的专门祭祀的场所。

"稷"作为地名最早见于《左传·昭公十年》:"五月庚辰,战于稷,栾、高败,又败诸庄。国人追之,又败诸鹿门。"杜预注:"稷","祀后稷之处"。曲英杰先生认为,攻伐未入宫城内,似不可能征战于稷坛附近……稷当为道名,即连接稷门之道。⑥ 笔者认为,这里的"稷"或与彼时临淄城内的"社稷"建筑有直接关系,应指稷坛或稷坛外围地区,且社稷坛应在宫城外、郭城内。稷与庄皆在郭城内,因而陈、鲍与栾、高之战就发生在郭城。《左传·昭公二十二年》:"莒子如齐莅盟,盟于稷门之外。"《左传》为春秋末年鲁国左丘明所著。左丘明,约公元前502年生,约公元前422年去世。据此推算,《左传》约成书于公元前5世纪。由以上文献可知,临淄城内最早在春秋中晚期已经有明确的以"稷"为代称的

---

① 曲英杰:《齐都临淄城》,《齐文化丛书》第18册,第80页。
② 郭沫若:《甲骨文字研究》,北京:人民出版社,1952年。
③ 鲍昌:《风诗名篇新解》,郑州:中州书画社,1982年,第133页。
④ 陈晓:《先秦时期妇女的婚姻与恋爱》,《商丘师专学报》1999年第3期。
⑤ 参见山东省文物考古研究所编著:《临淄齐故城》,第522页,图四四三。
⑥ 参见曲英杰:《齐都临淄城》,《齐文化丛书》第18册,第101页。

"社稷"区域。

"稷门"作为齐都临淄城的城门名,最早见于《左传·昭公二十二年》:"莒子如齐莅盟,盟于稷门之外。莒于是乎大恶其君。"据文献记载,齐都临淄城的城门有稷门、鹿门、扬门、雍门、东闾门等十三座,至目前考古勘探发现的城门有11处(考古试掘1处,战国时期小城南东门①;考古发掘1处,战国时期小城北门),且此11处城门均为战国临淄城的城门。公元前520年,即齐景公中期,齐莒盟于稷门外,说明最晚到春秋晚期已有稷门,可以说齐都临淄城在发展的第二阶段已设有稷门。

据《周礼·考工记》及贺业钜先生《考工记营国制度研究》一书中所绘《王城基本规划结构示意图》来看,社稷与宗庙相对,位于宫城前方。《白虎通义疏证·社稷》曰:"社稷在中门之外、外门之内何?尊而亲之,与先祖同也。不置中门内何?敬之,示不亵渎也。"《论语》曰:"譬之宫墙……不得其门而入,不见宗庙之美,百官之富。"由《国语·曹刿谏庄公如齐观社》"夫齐弃太公之法而观民于社"来看,民众不可能聚集于宫城之内,必于郭城内。齐国"社稷"应在临淄宫城外、郭城内,且距宫门不远。结合上述记载与已有考古发现可知,姜齐"社稷"或位于郭城内宫城前方西侧,与宗庙相对,即宫城以南偏西的位置。这样的布局方式既体现了礼制制度的影响,也彰显了尊崇和敬亲。

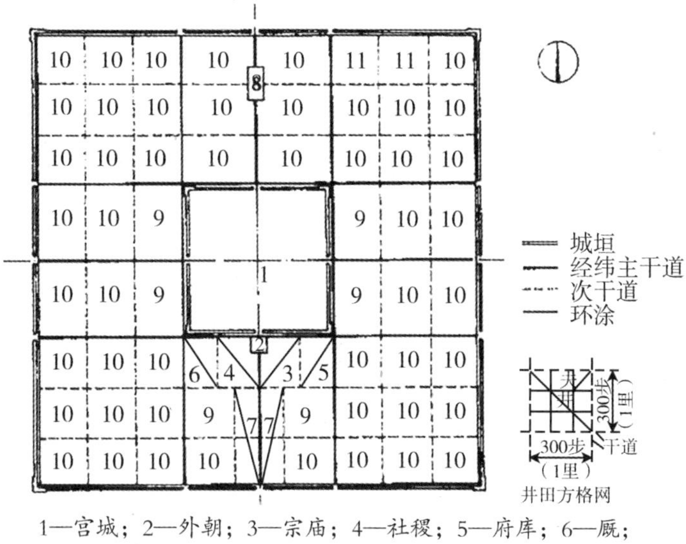

1—宫城;2—外朝;3—宗庙;4—社稷;5—府库;6—厩;7—官署;8—市;9—国宅;10—闾里;11—仓廪

王城基本规划结构示意图

资料来源:贺业钜《考工记营国制度研究》,北京:中国建筑工业出版社,1985年,第51页。

① 参见山东省文物考古研究所编著:《临淄齐故城》,第88页。

由于春秋时期临淄的城市布局尚未有定论，考古发现和证据也不完善，本文仅据以上文献推论，春秋临淄城内的"社稷"建筑与临淄城西墙南门处于东西向的同一纬线上，"社稷建筑区"门前的东西干道向西应直通临淄城西墙南门。因此，"稷门"很有可能因临近"稷"或因城门内干道通向"稷"而得名。再者，古代都城城门命名，大致遵循以下几种原则：一是根据方位命名；二是具有教化宣传的寓意；三是与祈求福祉相关；四是有特殊纪念意义。姜齐始用"稷"字命名都城西墙的南门，既能表述城门大致的地理位置与"社稷"直通或相近，又能表示对稷神的崇拜和对西方周王室的尊崇。再者"稷"本属阴，方位符合阴阳五行学说。由此，笔者认为"稷门"最初就是春秋晚期临淄城郭城（大城）西墙的南门。

"稷下"因稷门得名，可能在春秋晚期即已形成地理名称，指春秋临淄城郭城西墙南门外以西以南（系水源头及周边地区），大致位于今临淄区齐都镇北至长胡村南、南至小徐村南、覆盖西关村的区域。

田氏代齐之后，桓公在春秋临淄城郭城西南隅拆除了西墙南段和南墙西段（含西墙南门和南墙西门），新建了田氏宫城（小城）。小城作为田氏治齐的宫城和政治核心所在，包含政治性建筑、礼仪性建筑和田氏王室的生活性建筑等，这些无疑是小城内建筑的主体，且田氏必不与姜氏共享"社稷"。2012 年，山东省文物考古研究所和临淄区文物管理局在战国田氏宫城东偏北的位置考古发掘齐故城 10 号宫殿建筑遗址，基本掌握了该遗址的大致情况：遗址中央为战国时期修筑的夯土台基建筑，平面上总体南北长达 87.5 米、东西宽 113 米，可谓规模宏大；台基虽仅一层，但高度在 3 米以上，且周围壁面立柱镶板，装饰完善；台上建筑已无法复原，但出土的高大华美的彩绘木门及纹饰繁复的铜构件，反映了此建筑具有相当高的规格。发掘者认为："该建筑台基形状独特，体量大，外壁还采用木板装饰，性质非同一般，特别是其位于战国时期齐国宫城内，应属于大型宫殿或宗庙类的重要建筑。"①笔者认为，齐故城 10 号宫殿遗址应为田氏宗庙建筑遗存，且选址基本符合礼制。战国时期，礼崩乐坏，田氏治齐后，在建立新王朝时必要先毁弃前朝之社，立本朝之社。社稷者，国家之命脉。田氏为获得治齐的合法性、神圣性、合理性，极有可能既要满足田氏宫室、社稷及宗庙的需要，又要避免在大城内营建造成与民争地等，而在宫城内按照礼制设置了"左祖右社"。根据 1964 年 10 月至 1965 年 7 月山东省文化局临淄文物工作队对齐故城小城内遗存勘探的结果来看，桓公台西南部至小城西门的大片

① 山东省文物考古研究所、淄博市临淄区文物管理局：《山东临淄齐国故城 10 号建筑遗址发掘简报》，《文物》2016 年第 8 期；山东省文物考古研究所编著：《临淄齐故城》，第 543 页："10 号宫殿基址……在功能上可能与桓公台宫殿建筑群有别，或与田齐设立的宗庙礼制建筑有关。"

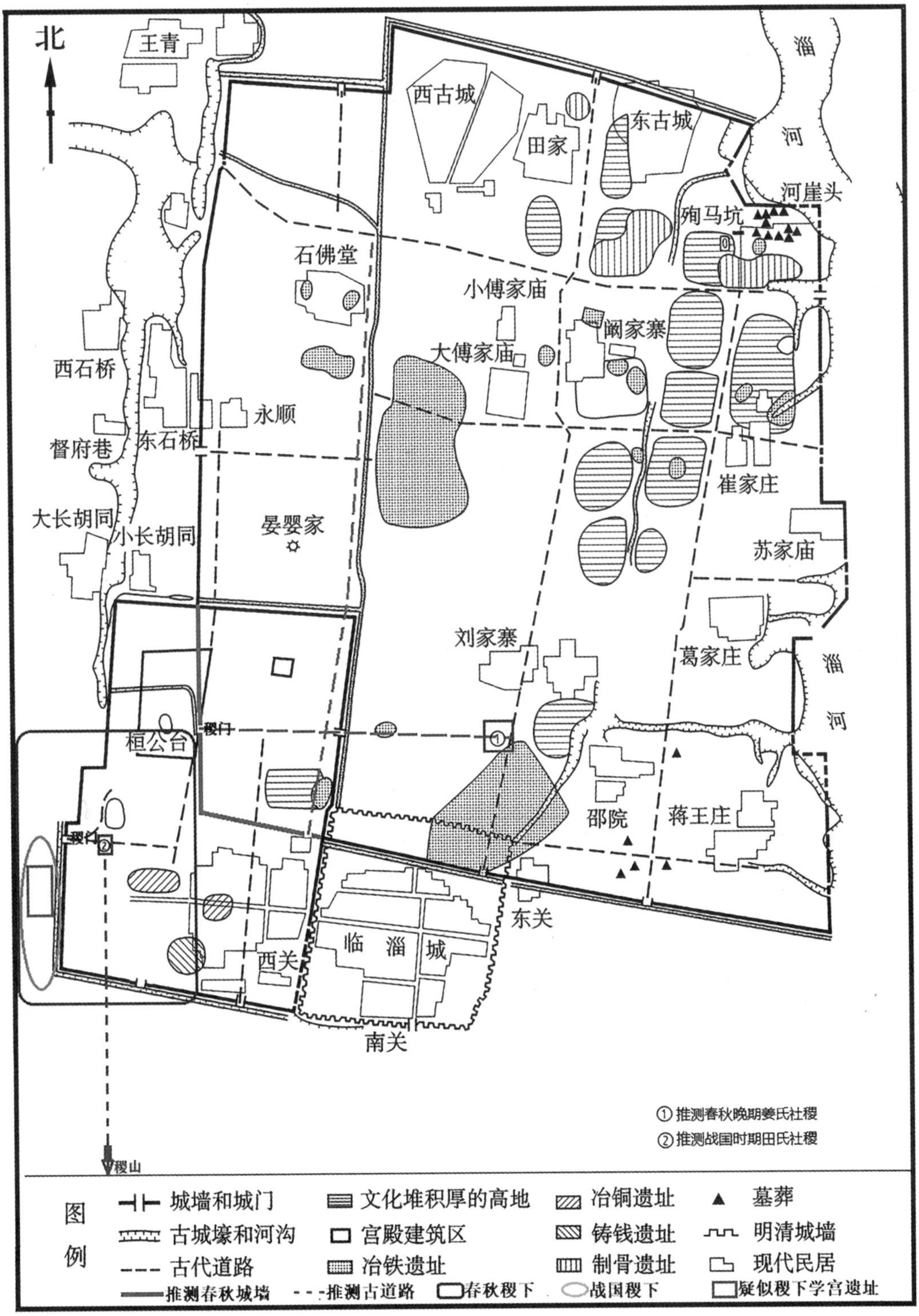
北
王青
西古城
东古城
田家
淄
河
河崖头
殉马坑
石佛堂
小傅家庙
阚家寨
大傅家庙
西石桥
永顺
督府巷
东石桥
崔家庄
大长胡同
小长胡同
晏婴冢
苏家庙
刘家寨
葛家庄
淄
河
稷门
桓公台
邵院
蒋王庄
东关
临淄城
西关
南关
①推测春秋晚期姜氏社稷
②推测战国时期田氏社稷
稷山
图例
城墙和城门
文化堆积厚的高地
冶铜遗址
墓葬
古城壕和河沟
宫殿建筑区
铸钱遗址
明清城墙
古代道路
冶铁遗址
制骨遗址
现代民居
推测春秋城墙
推测古道路
春秋稷下
战国稷下
疑似稷下学宫遗址

区域内存在大量体量不等的夯土建筑基址。① 其中,小城中部建筑基址"第9探区内发现夯土遗迹约占全区面积的50%。其中有12处集中分布在大区的中部和西部靠近城墙处,最大的一处为第14号重点保护区,位于小城西门东南通向西门干道的南面,小徐村西北一带"②。小城中部建筑基址第10探区内发现的面积在100平方米以上的夯土遗迹多达30处。③ 在齐故城小城第14号重点保护区"第14探区内共发现大小不等的夯土遗迹7处,其中最大的1处在遗址中部……东西长115、南北宽110米,范围比较清楚,其北部还探出呈直角的拐角。……夯土建筑基址的年代应不晚于战国时期"④。战国田氏"社稷"建筑很可能位于桓公台以西以南的位置(即齐故城小城勘探第9探区、第10探区西部、第14探区中北部⑤),而此位置也临近小城的西门,且考古发现战国临淄城小城西墙仅有1门⑥。所以说,田氏在营建小城时极有可能遵循已有的地理称谓,同时遵循旧制将小城西门命名为稷门。春秋时期"稷下"之地理范围一部分划归战国田氏宫城内,战国时期之"稷下"大致覆盖今临淄区齐都镇小徐村西至刘家庄村的范围。

综上所述,笔者认为,稷门(春秋临淄城郭城西墙南门)或因姜氏齐都之"社稷"得名,春秋晚期"稷下"之地望在春秋临淄城郭城西墙南门外西南区域;战国时,田氏在"稷下"地域重设"社稷",小城西门为稷门,"稷下"之地望在战国小城西门外西南区域。因地域部分重叠,甚至可以说,战国时期田齐的社稷、稷门、稷下皆在春秋临淄城"稷下"范围内。

据山东省文物考古研究院齐故城遗址考古队近年来的考古工作显示,在齐故城小城西门外发现了大规模的夯土建筑基址群,此与历史记载的稷下学宫可能有极大的关联。方辉先生认为:"考古工作者在临淄齐故城战国小城西门外南部区域发现了较大规模的战国时期排房建筑遗址,并且有围墙和壕沟环绕,结合史书记载和学者们的考证,基本可以认定该遗址即为战国时期的稷下学宫遗址。"⑦这一考古新发现及学者初断与笔者本文论述恰相吻合。

---

① 参见山东省文物考古研究所编著:《临淄齐故城》,第19页,图八。

② 山东省文物考古研究所编著:《临淄齐故城》,第34页。

③ 参见山东省文物考古研究所编著:《临淄齐故城》,第35页。

④ 山东省文物考古研究所编著:《临淄齐故城》,第34页。

⑤ 参见山东省文物考古研究所编著:《临淄齐故城》,第18页,图七。

⑥ 参见山东省文物考古研究所编著:《临淄齐故城》,第87页。

⑦ 参见方辉、田钟灵:《稷下学宫考》,《中国文化研究》2021年第4期。

六、稷山之名

至于稷山一名,最早见于唐代司马贞《史记索隐》中引东晋虞喜之语:"齐有稷山,立馆其下以待游士。"元代于钦《齐乘》卷一:"《齐记补》曰:山旧有后稷祠,故名。又齐宣王尝立孔子庙,亦名孔父山也。"由以上文献可知,稷山得名较晚。而当代考古也发现稷山和相毗连的井山上有十几座汉墓,构成了庞大的汉代洞石墓群,为"稷山墓群"。1983 年 9 月,当地村民开山采石,在石崖上发现一座古墓,出土了铜鼎、鎏金编钟、鎏金熊足饰、石磬等随葬品。① 1986 年,山东省文物考古研究所组织对山顶 2 号、3 号洞石墓进行了发掘,在 2 号洞石墓中发现一套排列整齐的汉代小型车马器,证明山顶石池实为汉墓下陷而成的方池。② 约在南北朝后,山顶石池北壁上出现两组石龛造像与"孔大夫"三字,并建庙宇。

从地理位置来看,稷山位于临淄故城南 10 公里处,海拔 171 米,为泰沂山脉的北界,亦是临淄城南海拔相对较高之山,南向多为丘陵,北向几无更高之山丘,可俯瞰齐城。稷山正北恰指向战国时期齐故城小城西墙以东(从航拍影像图分析稷山正北指向小城西墙北段第一处向西拐角处③)、小城城内偏西的位置,即战国田氏"社稷"正南恰指稷山。通过中国国家测绘地理信息局制定的地理信息系统 GCJ-02 坐标定位核实:稷山山顶的 GCJ-02 坐标为 E118. 3292°,N36. 7687°;小城西拐角处的 GCJ-02 坐标为 E118. 3292°,N36. 8601°。两地处于同一经线。笔者推测,稷山之得名及山上后稷祠之形成或在战国以后,且可能都与战国临淄城内"社稷"建筑方位指向有某种关联。或者可以说,先有田齐"社稷",后世将其正南指向之山命名为稷山。

结　语

稷下学宫是中国历史上重大的文化奇观,也是中华文明史上有据可考的第一次文化高峰发生地,开启了诸子百家的学术繁荣和当时社会思想的大解放,在学术史上有着举足轻重的地位。但从古至今,稷下学宫的地理位置一直未有定论,稷下之地望成为"稷下学宫"这一课题的关键点之一。本文在前人研究的基础上结合古代文献与考古学资料研

① 参见淄博市临淄区文物管理局编著:《临淄文物志》,北京:文物出版社,2015 年,第 89 页。

② 参见淄博市临淄区文物管理局编著:《临淄文物志》,第 89 页。

③ 分析《中国临淄文物考古遥感影像图集》得出此方位关系,航片为山东省地质测绘院 1975 年测绘成果。

究认为,因春秋时期临淄城的扩建和郭城内姜齐社稷建筑的空间联系而有稷门,稷下的地理名词从此形成;田氏代齐后,在稷下地区兴建小城而毁稷门,同时为巩固新政权因循礼制新立田氏社稷并复设稷门于宫城西门,又于小城兴建时在稷门外规划建设"稷下学宫";战国后期或将田氏社稷正南指向之山命名为稷山抑或后世于此时代建后稷祠。文献的论证尚需考古的实证,春秋时期临淄城宫殿区的考古发现目前尚未形成系统性实证,对于战国时期临淄城小城内宫殿建筑的考古发掘中遗址性质比较明确的是 10 号宫殿建筑遗址和 12 号宫殿建筑。临淄齐故城战国时期小城南区(张皇路以南)的勘探和发掘,因遗址上大面积村居聚居的现状尚不具备大规模考古条件,缺少考古证据。目前临淄齐故城小城西门西侧夯土建筑基址群的考古发掘仍在继续,而关于齐国"社稷"建筑遗存的考古实证尚待考古机构的进一步工作。关于齐国"社稷"与稷门、稷下,乃至稷下学宫之渊源,本文仅做引玉之砖,望各方学者指正、赐教,同时热切期待临淄齐故城考古工作有新的突破。

后　记

本文成稿得到了中国社会科学院考古研究所白云翔先生,山东省文物考古研究院孙波先生、董文斌先生,山东理工大学齐文化研究院宣兆琦先生、张杰先生等诸位学者的指导和中国社会科学院考古研究所汉长安城工作队徐龙国先生的帮助。在此,向诸位先生深表谢意。

庄僖"小霸"与春秋早期的齐国政局

李秀亮

摘要：学界习称的庄僖"小霸"的观点值得商榷。齐庄公和齐僖公治理齐国虽颇有成绩，却并未称霸诸侯。但齐庄公和齐僖公的精心治理奠定了春秋时期齐国的发展格局，并为后来的齐桓公称霸打下了坚实基础。

关键词：齐庄公　齐僖公　齐国政局

作者：李秀亮，山东师范大学齐鲁文化研究院讲师，研究方向为出土文献与先秦史、齐鲁文化与山东古国史研究。

学界在研究齐国史事时,对春秋早期齐庄公和齐僖公的政治功绩一般给予高度评价,认为在他们统治时期齐国一度强盛于其他诸侯国,史称"庄僖小霸"。以笔者愚见,此种观点颇值得商榷。齐庄公和齐僖公对齐国的治理虽然颇有成绩,但远未达到称霸他国的程度,称其为"小霸"有明显的夸大溢美之嫌。但不可否认的是,齐庄公和齐僖公的精心谋划和有效治理,基本上奠定了齐国在春秋时期的发展格局,更为后来的齐桓公称霸打下了坚实基础。可以说,齐庄公和齐僖公的统治为春秋时期齐国的发展开创了崭新局面,他们治齐的功绩值得特别肯定。现在前人工作的基础上,对此略做考证。

一、学界关于庄僖"小霸"的认识

据司马迁《史记·齐太公世家》记载,齐庄公名购,是齐国的第十二位国君。公元前795年,其父齐成公去世后,齐庄公正式即位,此时正值周宣王统治的晚期。齐庄公在位二十四年时,西周灭亡,历史的车轮步入春秋时代。直到公元前731年,在执政六十四年之后,齐庄公最终离开人世,其子禄甫即位,即后来的齐僖公。公元前698年,在执政三十三年后,齐僖公去世,其子诸儿即位,是为齐襄公。据此可知,齐庄公和齐僖公二人治理齐国的时间接近百年,而且横跨了西周和春秋两个时代。

对于齐庄公和齐僖公在这一百年间的治齐成绩,学界历来给予高度评价,并多次以"小霸"誉之。只是由于传世文献中对齐庄公的史事保存较少,故在表述时多以"齐僖公小霸"称之。如,《国语·郑语》即直接称:"齐庄、僖于是乎小伯。"韦昭注:"小伯,小主诸侯盟会。"说明已用盟主称之。清代马骕在《左传事纬》的《文姜之乱》篇中,也认为"齐僖小霸,雄长东方"。而且,马骕还以《春秋》《左传》所载史料为依据,对此观点做了简要论证:"考之隐、桓之世,中国之壤地甲兵,无如齐者,瓦屋之会,则参盟矣,伐宋之役,则连诸侯矣。参盟者,主盟之渐,连诸侯者,搂诸侯以伐诸侯之渐,桓、文之事实权舆焉。"①在他看来,齐僖公治齐时所参与的瓦屋会盟和伐宋之役,已具有后世齐桓公、晋文公等春秋霸主会盟的色彩,称其为霸主是实至名归。

对古人的这一观点,近代学者多予以认可。如,著名历史学家童书业先生在其名著

① 马骕著,徐连城校点:《左传事纬》,济南:齐鲁书社,1992年,第30页。

《春秋左传研究》中曾对齐僖公的霸业予以高度评价,并强调:“齐僖屡主盟,且有灭纪之志,又能使诸侯之兵戍其国,此非‘小伯’之证乎?”①在他看来,齐僖公在当时俨然已成为名副其实的东方诸侯霸主。王阁森、唐致卿主编的《齐国史》专设有“齐庄、僖小霸”②一节,李玉洁的《齐史稿》专设有“齐僖公‘小伯’”③一节,集中总结了齐庄公和齐僖公的称霸经历。

由此可知,古今学界对齐庄公、齐僖公的治齐功绩皆给予高度评价,对其“小霸”的身份也普遍予以认可。

二、庄僖“小霸”考辨

对上述观点,笔者认为尚有讨论的余地。《国语·郑语》所说的齐庄公、齐僖公的“小伯”,与后来齐桓公时期的“霸主”内涵并不同,且之所以用“小伯”称之,显然是为特意区别于后来真正的霸主而言。“小伯”之称,应该是后人的一种比拟之辞,是深受齐桓公和晋文公称霸影响之后的用语。而且,经过仔细分析相关文献资料可知,在齐庄公和齐僖公时期,齐国的整体实力远未达到称霸诸侯的程度,它与周边的郑、宋、鲁等国相比,并没有绝对的优势,甚至还经常处于下风,故称它为霸主实在是有很大的溢美之嫌。下面即在前人研究的基础上,利用相关资料对此问题再做详细辩证。

1. 由列国关系看齐庄僖“小霸”

从现有文献记载来看,用“霸”来指称诸侯身份,最早始于齐桓公。《左传·庄公十五年》:“春,复会焉,齐始霸也。”这次鄄地会盟,是齐国首次称霸诸侯。在此之前,齐国并不是真正意义上的霸主。

详细梳理《春秋》《左传》的记载可知,在齐庄公和齐僖公时期,齐国与其周边邻国相比,在实力上并不占绝对优势,在军事对抗中反而时常处于下风。这不但与后来齐桓公称霸之时的国际地位无法比拟,即使与同时期的郑国和鲁国相比,也完全不在同一个层级之上。

在齐国的北面,有北戎和山戎两支戎族,它们都曾强盛一时,并时常侵犯齐国边境。《左传》记载,齐僖公二十五年时,“北戎伐齐,齐侯使乞师于郑”。二十九年时又提到,“北戎病齐,诸侯救之”。《史记·匈奴列传》载:“山戎越燕而伐齐,齐釐公与战于齐郊。”

① 童书业:《春秋左传研究》,上海:上海人民出版社,2019年,第44页。

② 王阁森、唐致卿主编:《齐国史》,济南:山东人民出版社,1992年,第174~178页。

③ 李玉洁:《齐史稿》,《齐文化丛书》第13册,济南:齐鲁书社,1997年,第342~348页。

说明面对戎族的入侵和掠夺，齐庄公和齐僖公都无力与之对抗，只能进行消极防御，有时还要依靠诸侯的联军戍守才能成功避祸。直到齐桓公时，齐国才有主动出击攻伐戎族的实力："齐桓公北伐山戎，山戎走"（《史记·匈奴列传》），"齐人伐山戎"（《春秋·庄公三十年》），从而彻底解决了戎患。

在齐国的西南面，隔泰山相望的有实力可与之匹敌的鲁国。齐庄公时期的齐鲁关系因资料缺载而不能详知，但直到齐僖公晚期时，齐国在与鲁国的数次交锋中仍然屡屡失利，说明它并没有战胜鲁国的绝对实力。如，公元前 707 年，齐僖公二十四年时，僖公欲全力吞并纪国之际，纪君求救于鲁，鲁国出面干预，最终成功挫败了齐国的灭纪大业。对鲁国的阻挠，齐僖公无力反抗，只能使灭纪计划胎死腹中。公元前 699 年，在齐僖公执政的第三十二年时，鲁桓公联合纪侯和郑伯一举击败了以齐为首的宋、卫、燕等国联军，从而迫使齐国退兵求和。这说明与鲁国相比，齐国在综合实力上并没有绝对的优势，更没有直接号令鲁国的能力。

在齐国的东面，有顽强的纪国阻挠其东扩。两国虽同为姜姓，但自西周中期时便世为仇敌，齐国为灭亡纪国先后做了上百年的准备，但始终无法成功。齐僖公统治时期，曾多次想攻伐纪国，但都在鲁国和周王室的强力干预之下无法如愿。尤其是在前文提到的齐僖公二十五年时，齐国虽然做好了吞并纪国的充分准备，并取得了郑庄公的大力支持，但最终还是因鲁国的干预没有成功。齐人灭纪的夙愿，直到齐僖公的儿子齐襄公之时才最终实现。

在齐国的西面，有实力强大的郑国。凭借协助周平王东迁的巨大功绩，郑国的桓公、武公和庄公都是王朝卿士，可以王命号令诸侯。到郑庄公时，郑国已经非常强盛。在与宋国的多次交战中，郑国始终处于上风，而且还以勤王的名义，先后攻略宋、卫、许等周边诸国。齐僖公执政期间，曾与郑国长期结盟，并多次配合郑国讨伐宋、卫、许等国，还曾借助郑国的力量对抗北戎入侵。郑庄公去世于公元前 701 年，齐僖公去世于公元前 698 年，前后相差三年。在郑庄公的强势执政期间，齐僖公只能长期处于附属地位，而没有号令诸侯的机会。

除与周边邻国相比不占绝对优势外，齐国在春秋早期与周王室的关系亦非常松散。虽然在建国之初凭借齐太公和齐丁公的丰功伟绩，齐国前五世国君颇受周天子倚重，皆可享受"反葬于周"的隆礼，齐周之间也往来频繁，但自周夷王烹杀齐哀公并引发了齐胡公、齐献公的君位之争后，齐周之间的交往便日渐稀少。从 2011 年新公布的清华简《系年》资料来看，西周末期的"二王并立"及平王东迁之时，齐国并未参与其中，很可能已日渐淡出周天子的视线。直到公元前 715 年，在执政的第十六年时，齐僖公才在郑庄公的引荐之下，重新赢得了朝见周天子的机会。这说明在此之前，齐周之间已经很长时间没有往来了。

与齐国不同,据《春秋》《左传》《史记》等典籍交代,春秋初期的周王室先后倚重于郑国和鲁国,并多次派遣朝中重臣到两国出使和聘问。如,鲁隐公元年时周平王先后派大夫宰咺和祭伯聘鲁,并为去世的鲁惠公赠送助葬物品;鲁隐公七年时,凡伯聘鲁;鲁隐公九年时,南季聘鲁。鲁桓公四年时,渠伯纠聘鲁;五年时,仍叔之子聘鲁;八年时,家父聘鲁等。而且,周人有难时,首先想到的也是向鲁国求救。如,鲁隐公三年时,周平王去世后,周大夫武氏子来请鲁国提供助葬的财物;鲁隐公六年时,王室大饥,周天子便遣使来鲁国求救,鲁隐公为其购粮渡灾;鲁桓公八年时,又为周天子聘王后于纪国等。郑国也多次奉王命讨伐不庭方,为周王室排忧解难。鲁隐公九年时,宋国国君不按时朝见天子,郑庄公便以王命讨之;鲁隐公十年时,郑国又出兵讨伐不奉王命的郕国,从而迫使其定期朝王。这些都与齐僖公还需要在别人的引荐下才能朝见周天子的现状有天壤之别。

所以,无论是从与周边诸国的实力对比,还是与周王室的往来程度上看,齐国都不具备称霸诸侯、号令各国的条件。齐庄公、齐僖公时期的齐国,仍处于快速发展的初期,与后来的齐桓公称霸不可同日而语。

2. 由列国会盟看齐庄僖"小霸"

在王室衰微、诸侯坐大的春秋时期,会盟、结盟是各诸侯国邦交关系的重要内容。不同诸侯国间为了共同的利益追求,彼此往往结成攻守联盟,并且时常以不同的方式举行会盟活动。在会盟过程中,负责召集和主持此次会盟活动的,一般都是其中实力最为强大的诸侯国。因此,通过梳理历次诸侯会盟时的召集者和会盟者,可以很形象地反映出各诸侯国之间的实力差异。

从《春秋》《左传》的记载来看,齐庄公和齐僖公在执政时期参加过的诸侯会盟活动详情如下表:

序号	齐国国君	会盟时间	会盟地点	与盟国家	会盟目的	主盟者/召集者	备　注
1	不详	不详	卢	齐、郑	不详	不详	杨伯峻《春秋左传注》:卢盟在春秋前
2	僖公	公元前 720 年	石门	齐、郑	寻卢之盟	齐	石门位于齐地,郑伯前来会盟,故主盟者应为齐僖公
3	僖公	公元前 717 年	艾	齐、鲁	讲和	不详	春秋以来,齐、郑联盟,共同对抗鲁、宋。本年春,郑、鲁修好;五月时,鲁与齐盟于艾,但召集者不详

（续表）

序号	齐国国君	会盟时间	会盟地点	与盟国家	会盟目的	主盟者/召集者	备注
4	僖公	公元前715年	温、瓦屋	齐、宋、卫、郑	平宋、卫于郑	齐	齐僖公想使宋、卫两国与郑交好，故发动诸国先会于温，再于瓦屋会盟
5	僖公	公元前714年	防	齐、鲁	谋伐宋	郑	郑国欲联合鲁国伐宋，故三国在防地会盟，但郑国因故未参加
6	僖公	公元前713年	中丘	齐、鲁、郑	伐宋	郑	因去岁郑国未参与防地会盟，故召集三国再会于中丘
7			不详	齐、鲁、郑	伐宋	郑	鲁公子羽父在鲁隐公之前先与齐侯、郑伯相会
8			老桃	齐、鲁、郑	伐宋	郑	在公子羽父之后，鲁隐公与齐侯、郑伯相会
9			不详	齐、郑	伐郕	郑	郕违王命，故郑联合齐伐之
10	僖公	公元前712年	许	齐、鲁、郑	伐许	郑	郑国联合二国共同伐许
11	僖公	公元前710年	稷	齐、鲁、陈、郑	平宋乱	郑	宋国内乱，郑联合诸国平定宋乱
12	僖公	公元前709年	嬴	齐、鲁	文姜嫁鲁	鲁	嬴为鲁地，且会盟是为了迎娶文姜，故会盟当是鲁国发起
13			蒲	齐、卫	胥命	卫	胥命，指两国国君友好会见，但不结盟。蒲为卫地，故当以卫为主，齐为客
14			讙	齐、鲁	文姜嫁鲁	鲁	这是鲁桓公亲迎文姜时的会盟，且讙为鲁地，当以鲁为主

（续表）

序号	齐国国君	会盟时间	会盟地点	与盟国家	会盟目的	主盟者/召集者	备注
15	僖公	公元前 707 年	不详	齐、郑	齐国灭纪	齐	齐欲灭纪，联合郑庄公如纪，故当以齐为主
16	僖公	公元前 705 年	不详	齐、郑、卫	伐盟、向	郑	盟、向两邑先求成于郑，但既而背之，故郑联合齐、卫伐之
17	僖公	公元前 702 年	不详	齐、郑、卫	伐鲁	郑	鲁人得罪于郑公子忽，故郑联合齐、卫伐鲁郎地
18	僖公	公元前 701 年	恶曹	齐、郑、卫、宋	不详	郑	会盟时在正月，五月郑庄公便去世，因此此次会盟很可能是为了安排郑国的后嗣问题
19	僖公	公元前 699 年	不详	齐、宋、卫、燕	伐郑	宋	郑国不堪宋国勒索，故联合纪国、鲁国伐宋，宋也联合齐、卫、燕等国予以反击
20	僖公	公元前 698 年	不详	齐、宋、蔡、卫、陈	伐郑	宋	宋国为报复郑国的攻略，联合诸国伐郑

据上表可知，在齐僖公参加的 20 次诸侯会盟活动中，本人作为主盟者或召集者的只有 3 次。在其余的 17 次诸侯会盟活动中，齐国都是作为参与者和被召集者而存在。在齐国参加的诸侯会盟中，郑国主持和召集了 10 次、宋国 2 次、鲁国 2 次。在数量上，郑国远远多于齐国，宋国、鲁国则与齐国相近。

另外，据《春秋》《左传》记载，在齐僖公执政时期，没有齐国参加的诸侯会盟活动还有很多，现列表总结如下：

序号	会盟时间	会盟国家	会盟地点	会盟目的	主盟者/召集者
1	鲁隐公元年	鲁、邾	蔑	修好	鲁
2		鲁、宋	宿	修好	鲁
3		郑、周、虢	不详	伐卫	郑
4		鲁、邾、郑	翼	伐卫	郑
5	鲁隐公二年	鲁、戎	潜	修好	鲁
6		鲁、戎	唐	修好	鲁
7		纪、莒	密	修好于鲁	纪
8	鲁隐公四年	鲁、宋	清	寻盟	鲁
9		鲁、宋、陈、蔡、卫	不详	伐郑	宋
10	鲁隐公五年	邾、周、郑	不详	伐宋	郑
11	鲁隐公六年	鲁、郑	不详	渝平	鲁
12	鲁隐公七年	宋、郑	宿	修好	宋
13		陈、郑	郑都	修好	郑
14	鲁隐公八年	宋、卫	垂	修好	宋
15		鲁、郑	曲阜	归祊田	鲁
16		鲁、莒	浮来	修好	鲁
17	鲁隐公十年	宋、卫、蔡	不详	伐郑、戴	宋
18	鲁隐公十一年	鲁、滕、薛	曲阜	朝鲁	鲁
19		鲁、郑	时来	伐许	郑
20		郑、虢	不详	伐宋	郑
21	鲁桓公元年	鲁、郑	垂	易许田	郑
22		鲁、郑	越	易许田	郑
23		鲁、郑	曲阜	拜盟	鲁
24	鲁桓公二年	鲁、滕	曲阜	朝鲁	鲁
25		鲁、杞	曲阜	朝鲁	鲁
26		蔡、郑	邓	拒楚	郑
27		鲁、戎	唐	修好	鲁
28	鲁桓公三年	鲁、杞	郕	修好	鲁
29	鲁桓公六年	鲁、纪	成	谋齐难	鲁
30		鲁、纪	曲阜	朝鲁	鲁
31	鲁桓公七年	鲁、穀、邓	曲阜	朝鲁	鲁

（续表）

序号	会盟时间	会盟国家	会盟地点	会盟目的	主盟者/召集者
32	鲁桓公九年	鲁、曹	曲阜	朝鲁	鲁
33	鲁桓公十年	鲁、卫	桃丘	修好	鲁
34	鲁桓公十一年	鲁、宋、陈、蔡	折	修好	宋
35		鲁、宋	夫钟	修好	宋
36		鲁、宋	阚	修好	鲁
37	鲁桓公十二年	鲁、杞、莒	曲池	平杞、莒	鲁
38		鲁、宋、燕	榖丘	平宋、郑	鲁
39		鲁、宋	虚	平宋、郑	鲁
40		鲁、宋	龟	平宋、郑	鲁
41		鲁、郑	武父	伐宋	鲁
42	鲁桓公十三年	鲁、纪、郑	不详	伐宋	郑
43	鲁桓公十四年	鲁、郑	曹	修好	鲁
44		鲁、郑	曲阜	修好	鲁

其中，郑国主持和召集了至少10次，鲁国主持和召集了至少27次，宋国则主持和召集了至少6次，在数量上都远远多于齐国。这说明郑、鲁、宋三国当时在诸侯国中的地位要远远高于齐国。

尤值得一提的是鲁国，它除主持会盟外，还时常受到郑、纪、杞、莒、滕、薛、榖、邓、曹等周边小国的朝见和拜会，并经常以主持者的身份为各国调解纠纷，排解患难，俨然成为各国最依赖和信任的重要诸侯国。著名历史学家童书业先生曾精确地指出："春秋初年鲁常侵杞、郑、戎、莒等小国，而小国……亦常朝鲁，纪且一度成为鲁之保护国。据此以观，鲁诚春秋初年一强国矣。"①但在现有文献资料中，没有见到一例诸侯国君臣主动朝见齐庄公和齐僖公的记载。这说明当时的齐国并没有在各诸侯国之中树立足够的威信，资历不高。

还值得特别说明的是，在齐国参加的20次会盟活动中，围绕着齐国的利益和诉求而开展的仅有6次，包括时间不详的卢之盟、公元前720年的石门之盟、公元前717年的艾之盟、公元前715年的平宋卫之争、公元前709年与鲁国联姻及公元前707年欲灭纪国。剩下的14次会盟活动，均是为满足郑、宋等国的利益追求，而与齐国关系不大。这说明

① 童书业：《春秋左传研究》，第45页。

在此过程中，齐国仅是众多与会国家中的一员，并没有特别突出的政治地位。

3. 从文姜出嫁看齐庄僖"小霸"

政治联姻是春秋时期不同诸侯国之间政治交往的重要方式，是一种功利性很强的政治手段，更是一种扩大本国势力的政治行为。双方在判断是否该与对方联姻时，"起决定作用的是家世的利益，而决不是个人的意愿"①。因此，通过分析不同诸侯国之间的政治联姻，可以直观地了解双方的政治地位、实力差异和利益诉求。依此，齐僖公之女文姜的出嫁经历，颇能反映此时期齐国与其他诸侯国之间的实力对比情况。

根据《左传》记载，齐僖公先后两次想把女儿嫁于郑庄公的太子忽，以达到与强郑联姻的目的，却均被郑太子忽拒绝。齐僖公第一次想把文姜许配给他时，郑忽婉拒道："人各有耦，齐大，非吾耦也。《诗》云：'自求多福。'在我而已，大国何为？"数年之后，北戎伐齐，齐求救于郑，郑庄公便派太子忽将兵救齐。在大败戎兵之后，齐僖公又提出了联姻的请求，没想到再一次遭到了太子忽的拒绝。他委婉地向齐僖公解释道："无事于齐，吾犹不敢。今以君命奔齐之急，而受室以归，是以师昏也。民其谓我何？"太子忽两次拒婚的理由：前者是"齐大，非吾耦"，即齐国太过强大，非郑国所能攀附；后者是不敢"师昏"，即不敢以军功谋私利。两者明显属于托辞。因为当时郑国的综合实力远远高于齐国，作为周王卿士的郑庄公的"国际"影响力也远远高于齐僖公，并不存在"齐大，非吾耦"的情况。据《左传》记载，郑太子忽在第二次婉拒了齐僖公之后，紧接着便"辞诸郑伯"，即又特意向郑庄公解释了辞婚的缘由。仔细玩味郑太子忽的举动可知，很可能郑庄公其实是同意他"师昏"的，是太子忽本人不愿意与齐国联姻，而不是不敢。

很明显，郑太子忽之所以两次拒婚齐国，是因为在他看来，齐国尚没有强大到可以倚重和依赖的程度。纵观《左传》记载可知，与霸主联盟一直是春秋时期各诸侯国的共同政治追求，且每每是积极主动地与之联姻，一般不会拒绝与霸主国家的联姻行为。如齐桓公时期，与其联姻的至少有卫、蔡、郑、徐、郑、密、葛、宋、鲁等十余个国家。而所有积极要求联姻的，一般都是小国、弱国，且多为主动向大国、强国发出请求。如鲁桓公八年时，纪国为免于被齐所灭，曾通过鲁国主动嫁女于周王室；鲁昭公三年时，齐国为结交霸主晋国，曾主动要求嫁女于晋平公等。由此可知，郑太子忽之所以两次拒绝齐僖公的嫁女请求，只能说明在他内心深处并不想与齐国联姻，更没有想倚重齐国的打算和意愿。

在与强郑联姻失败后，齐僖公又将目光转移到了邻邦鲁国的身上。当时的鲁国，不仅时常受到纪、郕、曹等众多国家的朝见，而且颇受周王室倚重，是当时炙手可热的一等

① 中共中央马克思恩格斯列宁斯大林著作编译局译：《恩格斯　家庭、私有制和国家的起源》，北京：人民出版社，1972 年，第 76 页。

大国。恰逢此时鲁桓公继位不久,也急需结交他国来巩固自身的政治地位。在《左传·哀公二十四年》中,宗人衅夏曾对鲁国公室的婚姻传统做了概述和总结,他说:“周公及武公娶于薛,孝、惠娶于商,自桓以下娶于齐,此礼也则有。”说明自鲁立国以来,薛国和宋国一直都是历代鲁国国君婚姻与国的主要对象,娶于齐的机会并不是很多。但到鲁桓公时,为了维护自己暴力夺权的政治成果,便毅然改变了鲁国固有的婚姻传统,另择通婚与国。而这也正好给意欲结交鲁国的齐僖公提供了机会。于是,两者一拍即合。公元前709年,在鲁桓公杀隐公、夺权三年之后,齐鲁两国正式联姻。齐僖公之女文姜出嫁至鲁国,成为鲁桓公夫人。

据《左传·桓公三年》记载,齐国对此次与鲁国的联姻行为高度重视。齐僖公亲自护送文姜至鲁国的讙地,而鲁桓公也亲自到讙地来迎接,双方都公然违背了周礼,超规格地完成了此次婚姻流程。因为据周礼规定:“凡公女嫁于敌国,姊妹则上卿送之,以礼于先君;公子则下卿送之。于大国,虽公子亦上卿送之;于天子,则诸卿皆行,公不自送。”说明即使国君的女儿出嫁给周天子,国君本人也不需亲自护送。但文姜嫁鲁时,齐僖公不但亲自护送,而且一直送到鲁国境内。这足以说明他对此次与鲁国的联姻是非常重视的。

从文姜出嫁过程中齐僖公对所嫁之国的积极选择和深远谋划看,当时的齐国与郑、鲁相比并不具有绝对的优势,更不具备“小霸诸侯”的强大实力。

4. 从伐戎灭纪看齐庄僖“小霸”

除诸侯联盟和政治联姻外,与敌国斗争的成效和交往方式也是一个诸侯国综合实力的重要反映。

前文已交代,对齐国而言,自西周起,东边的纪国便是最大的敌国。对历代齐君而言,攻略和吞并纪国成为最大的政治夙愿。自春秋初期始,齐国西北方的戎族又逐渐兴起,它们不时攻略齐国边境,侵犯齐国领地,从而使齐国长期疲于应付。

从现有资料来看,齐庄公和齐僖公执政时期,在吞并纪国和对抗戎族两方面都没有取得实质性进展。齐虽早有亡纪之心,但纪国长期与鲁国通婚。鲁隐公二年时,鲁伯姬嫁于纪。鲁隐公七年时,鲁叔姬又嫁至纪国。两国通过政治联姻的方式结成了坚固的同盟。为表示友好,纪国屡次协助鲁国治理东部边境。如鲁隐公二年时,纪国为了调解鲁国与莒国的冲突,专程与莒国国君在密地会盟,从而彻底解决了鲁国的东部隐患。作为回报,鲁国在齐国灭纪之时,也多次出面阻止,从而力保纪国安宁。鲁桓公五年,齐僖公联合郑庄公欲大举灭纪时,纪国及时求救于鲁,鲁桓公后来便积极促成了纪国与周王室的政治联姻,从而借助周天子的权威成功打消了齐僖公亡纪的念头。于是,在鲁国的强力干预之下,齐僖公在执政时期始终未能完成灭纪大计。

在对抗戎族方面亦是如此。齐庄公和齐僖公执政时期,面对戎族的屡次入侵,齐国基本上长期处于守势。齐僖公二十五年时,北戎大举伐齐,齐僖公不能抵抗,只能向强大的郑国求救。于是,郑国统率诸侯国军队前来戍卫,这才帮齐国化解了危难。

可以说,齐庄公和齐僖公时期,齐国无论是在吞并纪国还是在对抗戎族上,都没有足够的实力,反而需要借助于友邦的协助才能确保国家稳定。这与后来成功灭纪的齐襄公时期和帮助燕国战败山戎的齐桓公时期都不可相比。

据以上四点可知,在齐庄公和齐僖公执政时期,齐国在军事实力上比不了郑国,在国际威望上比不了鲁国,更没有号令诸侯、统率友邦的政治实践,说他们当时已能"小霸"诸侯,并不符合历史实际。

顾颉刚先生在《齐桓公的霸业》一文中敏锐地指出,在春秋初期,郑国是中原诸国的历史核心,只有郑庄公才"有做霸主的资格",在郑庄公死去之后,由于诸子争立、内乱不断,中原诸国的统治重心才逐渐转移到齐国身上。① 此论较为符合历史事实。据《史记·十二诸侯年表》记载,郑庄公继位于齐庄公五十二年(公元前743年),齐僖公继位于郑庄公十四年(公元前730年)。公元前701年,当齐僖公在位三十年时,郑庄公去世。三年之后,即公元前698年,齐僖公本人也离开了人世。可以说,在郑庄公雄霸中原各国之时,齐僖公是没有机会"小霸"诸侯的。虽然郑庄公去世之后,郑国因内乱无暇顾及诸国时,齐僖公有了统率诸侯的机会,但他又很快去世,从而失去了可能称霸的机会。所以说,齐僖公在执政期间是先没有能力后没有机会号令诸侯的,说其"小霸",有明显的溢美之嫌。

三、齐庄公和齐僖公时期的齐国政局

前文已指出,齐庄公在位六十四年,齐僖公在位三十三年,两人治理齐国的时间接近百年之久,而且横跨了西周和春秋两个时代。在这期间,中国历史由西周时期的王政时代过渡到了春秋时期的霸政时代,旧有的统治秩序虽已全面崩溃,但新的统治秩序并没有建立起来,甚至没有成形。因此,在春秋初期,面对周王室的迅速衰落,各个诸侯国应该走什么样的发展道路,实施怎样的发展策略,彼此之间都处于积极探寻摸索之中。在这种社会大环境下,各诸侯国由于最高统治者治国才能的差异,彼此便逐渐走上了不同的发展道路,并因此出现了不同的国运前途。

据现有资料可知,在两周之际,齐庄公和齐僖公凭借各自敏锐的政治预判和高超的治国才华,逐渐为齐国找到了一条快速发展的康庄大道,从而保证了齐国在外部政局极

① 参见顾颉刚:《齐桓公的霸业》,《文史杂志》1944年第3卷。

度动荡的情况之下，仍然开创了崭新的发展格局。他们还通过一系列行之有效的政治举措的实施和推广，使齐国的整体实力和“国际”影响力得到快速发展。在他们的带领下，齐国的综合国力日益提升，并逐步在各诸侯国中脱颖而出，成为备受他国倚重的重要诸侯国，从而为其后齐桓公的首霸诸侯奠定了坚实的基础，打下了丰厚的基业。

齐庄公和齐僖公为开创齐国的新局面而采取的诸种有效措施，可简单归结为以下三个方面。

1. 开展灵活多样的外交政策，广泛结交周边诸侯国，积极提升齐国的国际形象

首先，重新恢复与周王室的友好关系，努力提升齐国在周王室系统中的政治地位。前文已指出，两周之际，齐国并未参与周王室内部的争斗，也未在平王东迁和东周王室成立过程中提供过实质性的帮助，故春秋伊始，齐国与周王室之间并未能延续双方在西周时期建立的友好关系，反而逐渐失去了与周天子直接沟通的机会。到齐僖公时，为恢复与周王室的联络，做了大量的努力。最终，在执政的第十六年（公元前 715 年）时，在王室卿士郑庄公的积极引荐之下，齐僖公成功获取了朝见周天子的机会。自此之后，齐、周之间的联系逐渐增多。公元前 713 年，当郕国违背王命时，齐僖公便联合郑庄公共同讨伐之。公元前 693 年时，齐襄公更是迎娶了周王姬为后，双方正式结成了姻亲关系。齐桓公时期，齐周继续联姻，彼此交往日益密切，齐国最终重新成为周王室倚重的主要诸侯国。

其次，通过政治会盟，与实力最为强大的郑国建立盟友关系。春秋初期，郑国凭借匡扶王室的辉煌经历和周王卿士的高贵身份率先强盛起来，郑庄公数次举王命讨伐诸侯，成为当时最有资格做霸主的国君。为了提升本国的国际地位，齐国坚持与郑结盟，多次积极参与郑庄公组织的会盟活动，并全力协助郑国讨伐敌国。鲁隐公三年时，齐郑两国在石门会盟，《左传》特意交代此次会盟的目的是“寻卢之盟也”。寻，温也。寻盟，指修旧好。杨伯峻先生据此认为两国于卢地会盟的时间当在春秋之前。① 这说明齐国早在春秋伊始便开始有意识地结交强大的郑国了。除此之外，齐僖公执政的第十六年、十七年、十八年时，齐国连续数次出兵协助郑国讨伐宋国；第十九年时，协助郑国讨伐许国；第二十一年时，再次参加郑国的伐宋之战；第二十六年时，协助郑国讨伐盟、向二邑；第二十九年时，又协助郑国伐鲁。作为回报，郑庄公在齐僖公二十四年时曾协助齐国伐纪，在齐僖公二十五年时又派兵帮助齐国讨伐北戎。可以说，在郑庄公称霸诸侯期间，齐国始终与郑国保持着友好同盟关系。

最后，通过政治联姻积极结交鲁国。除郑国之外，鲁国在春秋初期最受周王室倚重，

① 参见杨伯峻编著：《春秋左传注》（修订本），北京：中华书局，1990 年，第 30 页。

是当时的一等大国。它曾“四败宋、两败齐，一败卫、燕”，并经常侵“杞、邾、戎、莒等小国”，周边的“曹、滕、薛、杞、纪、谷、邓、郑、郳、牟、葛、萧、鄣、州等亦常朝鲁，纪且一度成为鲁之保护国”，故“鲁诚春秋初年一强国矣”①。因此，结交鲁国便成为齐国的重要政治夙愿。但之前由于鲁国与宋国互通婚姻，宋国又与郑国连年作战，鲁隐公为公子时也曾攻打过郑国，故郑国和鲁国在春秋初期的关系一直非常冷淡。作为郑国的忠实盟友，齐国也一直无法越过郑国与鲁国直接联姻。直到执政二十二年（公元前709年）时，随着鲁桓公的继位，郑国与鲁国的关系逐渐缓和，齐僖公才将女儿文姜成功嫁至鲁国，齐鲁之间也得以正式联姻。此后，“齐与鲁世为昏姻，鲁公屡娶齐女，齐与鲁为舅甥之国，遣使申好，故曰好舅甥”②。直到春秋末期，齐鲁之间还在互相通婚。这说明齐僖公在执政时期的努力，切实开启了齐鲁两国间政治交往的新篇章。

2. 联合诸侯，北抗山戎，东窥纪国，积极拓展齐国发展的外部空间

据《孟子》等文献记载，齐国在受封之初，仅有百里见方的土地。终西周之世，领土虽有拓展，但“齐之东境，不逾百里”③。且齐国北有戎族，东有纪、莱，西有强郑，南有泰山，其发展步伐长期受到极大限制。因此，为了实现发展空间的快速扩大，齐庄公和齐僖公便开始为北伐山戎、东灭纪国积蓄力量。

对于戎族的屡次攻伐，齐庄公和齐僖公时期虽然一直处于守势，但已经在为反攻做各种准备。在齐僖公二十五年时，面对北戎的再次入侵，齐僖公力邀郑国率诸侯相助，从而借助郑、鲁等强国的兵力有效击溃了戎族的侵犯。此次诸侯成齐之后，直至齐桓公称霸之时，再未见过一次戎族侵犯齐境的记录，说明齐僖公用诸侯联军共同作战的策略是正确的。

为了瓦解纪国与鲁国的政治联盟，齐僖公积极改善与鲁国的邦交关系。公元前717年，当齐僖公执政十四年时，与鲁国在艾地会盟。齐鲁两国于公元前714年、公元前713年、公元前712年、公元前710年频繁会盟。公元前709年，齐僖公更是将女儿文姜嫁于鲁桓公，两国正式联姻。公元前707年，在与鲁国的同盟关系相对稳定后，齐僖公便准备联合郑庄公共同伐纪，以实现灭亡纪国的宏愿。后来虽然由于鲁国和周王室的干涉，齐僖公的亡纪计划搁浅，但齐国在破坏纪鲁联盟、瓦解鲁国的反齐情绪上已取得了实质性进展。公元前706年，齐僖公欲实施灭纪计划，当纪国向鲁国求救时，鲁桓公曾明确地“告不能”（《左传·桓公六年》）。后来虽然鲁国还是暗地里瓦解了僖公的灭纪计划，但

---

① 童书业：《春秋左传研究》，第45页。
② 杨伯峻编著：《春秋左传注》（修订本），第526页。
③ 陈槃：《春秋大事表列国爵姓及存灭表撰异》，上海：上海古籍出版社，2009年。

从鲁国“告不能”的回复来看,其已经在抗齐和助纪之间有所摇摆。这为后来齐僖公之子齐襄公完成灭纪之业,迈出了关键的一步。

3. 广纳贤臣,为齐国的发展广泛储备人才

齐庄公、齐僖公执政之时,周代的世卿世禄制度仍然非常盛行,各国的卿相基本上由世家大族长期把持。如鲁国、郑国、宋国、楚国等,直到春秋晚期,仍然由国君的同姓宗亲把持朝政,他人没有机会染指。但齐国自太公立国时便确立了任人唯贤、唯才是举的治国方针,不断给予异姓贤能之士从政入仕的机会。到齐庄公和齐僖公时期,此传统更是得到了有效延续。他们先后招揽了一批足以成就齐国霸业的贤臣良辅,从而为齐国的长远发展储备了大量人才。

在齐庄公和齐僖公招纳的贤才之中,最具代表性的便是管仲和鲍叔牙。管仲生于今安徽颍上,本非齐国人,且出身微贱,贫困无以养家。管仲到齐国之后,因结交了鲍叔牙才重新安顿下来。而且,从司马迁在《管晏列传》中所记载的管鲍之交、管鲍分金的典故来看,管仲到齐国之后并没有展现出很高的政治才华,反而还因贪财好利、怯战抢功等行为受到时人的不屑。但齐僖公没有受到时人的影响,反而独具慧眼,敏锐地发现了管仲身上潜藏的特殊才华,选拔他做儿子公子纠的授业师傅,从而给管仲提供了接触和了解齐国政治核心的机会。

与管仲一样,鲍叔牙也非齐国公族。他的父亲鲍敬叔曾经是姒姓杞国的公子,后因躲避国内的政治斗争才移居到齐国。对鲍叔牙出生的年代,学者或定在公元前 723 年,或定在公元前 716 年,彼此虽相隔较远,但都属于齐僖公执政时期。据此,鲍叔牙之父鲍敬叔从杞国搬迁到齐国的时间,也正好处在齐庄公、齐僖公统治时期。鲍叔牙成年之后,齐僖公不但未因其异姓身份而忽视他,反而发现了他身上潜在的政治才华,举荐他做儿子公子小白的授业师傅。而公子小白,便是后来的春秋首霸齐桓公。

事实证明,正是管仲和鲍叔牙的被举入仕,才成就了后来齐国称霸诸侯的丰功伟业。鲍叔牙的大力举荐和勇于让贤,才使齐桓公拥有了管仲这位千古名相。而管仲的政治改革,又最终成就了齐桓公的宏伟霸业。管鲍二人功业的奠定是在齐桓公时期,但其被举荐和储备,则是齐僖公的英明卓识。

据载,后来成为秦国名相的百里奚,在年轻时也曾到齐国游学,后受到知己蹇叔的劝谏才从齐国前往虞国入仕。百里奚的生年,学者认为是在公元前 725 年,当时已是齐僖公执政六年之时。其到齐国游学时即使在 20 岁左右,也已经是齐僖公执政晚年了。百里奚后来虽未能在齐国入仕,但他在年轻时为求仕途而专程跑到齐国的经历已足以昭示广纳贤才、唯贤是举、唯才是用的风气在齐僖公执政时期已广泛存在,并且已成为当时各诸侯国贤能之士的共同认识。而齐庄公和齐僖公所全力打造的招纳贤才、重用贤才的优

良社会环境,最终促成了管仲和鲍叔牙等名臣贤相的出现。

综上可知,齐庄公和齐僖公时期,虽然尚不具备称霸诸侯的能力,但他们治理齐国的政绩还是非常值得称道的。经过齐庄公六十四年和齐僖公三十三年的精心治理,齐国的整体实力已得到极大提升。他们不但使齐国平稳渡过了两周之际的社会乱局,而且敏锐地抓住了王室衰微、诸侯坐大的历史契机,为齐国的发展做了长远谋划,并采取了一系列行之有效的政治举措,切实提升了齐国的综合国力。他们不但为齐国当时的发展营造了良好的社会环境,而且为后来齐桓公的称霸诸侯打下了坚实的政治基础。

据《左传》《史记》等典籍记载,齐僖公之子襄公执政时期,虽然弊政连连,“杀诛数不当,淫于妇人,数欺大臣”(《史记·齐太公世家》),广受时人诟病,但他自继位伊始,就已经能够号令诸侯,并频频干涉他国内政,甚至在公然戕害了鲁桓公的性命之后,鲁国也不敢过度追究,只能隐忍不发。这些都说明,襄公时期的齐国已经非常强大,有足够的实力威慑诸侯了。著名历史学家顾颉刚先生曾指出,齐襄公本人“着实有些霸主的作风,而且齐国在中原各国中最为强大,也已取得了领袖的资格”①。但现有文献资料中既见不到襄公治齐时所采取的任何值得称道的治国良策,更见不到他有任何特殊的政治才华和政治技能,这似乎与其执政期间齐国的强盛程度不相匹配。对此最好的解释只能是,齐襄公执政时所凭借和挥霍的,其实都是之前齐僖公和齐庄公在执政时期为齐国积淀的丰厚基业。正是得益于齐庄公和齐僖公近百年间打造的雄厚基础,齐襄公执政时期的辉煌政绩才最终成就,并间接促成了齐桓公霸业的出现。

① 顾颉刚:《齐桓公的霸业》,《文史杂志》1944年第3卷。

试论明清时期士大夫与山东书院建设*

武振伟

摘要：明清时期，以地方官员为代表的士大夫是山东书院建设的主力军。以明代山东巡抚陈凤梧、提学副使邹善与清代山东巡抚琦善、按察使李文耕兴建书院的事例，分析得出省级高级官员的提倡和亲力亲为对山东书院建设有很强的示范效应和推动作用。明清时期，致仕官员和州县官员是兴办书院的力量中不容忽视的存在。士大夫积极参与书院创建，原因主要是兴学重教的职责所在、社会教化的需要和儒生本色的体现。

关键词：明清时期　山东　士大夫　书院

作者：武振伟，齐文化研究院副研究员，研究方向为齐文化、先秦思想史与古代书院史。

* 本文系山东省人文社会科学课题“山东历代书院资料整理研究”(2021JCLS09)阶段性成果。

从中国书院发展史看,明代是书院大发展的时期,而明代书院的大量创建是从明中期开始的,这一时期也是书院发展的高峰期,如明人沈德符所说:"当正德间,书院遍宇内",到嘉靖年间,书院兴建已成燎原之势,"虽世宗力禁,而终不能止"①。明清时期,以地方官员为代表的士大夫是山东书院建设的主要力量,省一级高级官员的提倡和亲力亲为对山东书院建设有很强的示范效应和推动作用。明嘉靖时期的山东巡抚陈凤梧和隆庆时期的提督学政邹善及清道光初年的山东巡抚琦善、按察使李文耕在山东书院建设中发挥了重要的作用。而州县官员作为基层地方官员,是皇朝统治的最低一层,更肩负了治民安民的重任。作为社会教化的重要组成部分,兴办书院成为州县官员的重要施政措施之一,在他们的积极倡办下,山东书院建设在清代达到了顶峰,几乎每个县级行政区都有了自己的书院。正是在清代,学子可以通过选拔进入更高层级的书院学习,从县级书院到府级书院,再到省级书院,实现了书院层级良性互动的实践。各级书院在培养人才、学术研究等方面发挥了应有的作用。

据武振伟、王锋《山东书院志》②中的书院资料统计,明代可以确定为由地方官员倡办的书院有 67 所,约占明代山东 109 所书院的 61%,官办与民办的比例较之元代发生显著变化,官方已经成为书院创建的主导力量。而清代山东共新建、修复 223 所书院,其中可以明确为非官员创建的书院只有 24 所,约占总数的 10. 8%,官办比例较之明代,有更大幅度的提升。

在明清士大夫与书院建设研究方面,国内学者已经做了一些基础性的研究,如朱汉民《书院历史变迁与士大夫价值取向》③,肖永明《儒学 · 书院 · 社会——社会文化史视野中的书院》④,王元林、林杏容《明代西樵四书院与南海士大夫集团》⑤等论文或专著,特别是赵连稳《士大夫和书院互动关系研究》⑥以专著形式系统梳理了书院产生以来士大夫与书院之间的互动关系,但因着眼于全国,对于山东书院涉及较少,对于山东士大夫与

---

① 沈德符:《万历野获编》,北京:中华书局,1959 年,第 608 页。
② 武振伟、王锋:《山东书院志》,北京:线装书局,2021 年。
③ 朱汉民:《书院历史变迁与士大夫价值取向》,《湖南大学学报(社会科学版)》2007 年第 3 期。
④ 肖永明:《儒学 · 书院 · 社会——社会文化史视野中的书院》,北京:商务印书馆,2012 年。
⑤ 王元林、林杏容:《明代西樵四书院与南海士大夫集团》,《中国文化研究》2004 年第 2 期。
⑥ 赵连稳:《士大夫和书院互动关系研究》,北京:中国社会科学出版社,2018 年。

书院关系的特点论述也不充分。赵连稳认为:“书院的发展不仅得益于地方士大夫,更得益于上层士大夫的扶持。”①对此,笔者深为赞同,本文拟从山东士大夫特别是高级别官员推动山东书院建设的角度,探讨明清时期士大夫对于山东书院发展起到的作用,以及士大夫积极参与创建书院的原因。

一、明代山东高级官员与山东书院建设

1. 山东巡抚陈凤梧

嘉靖初年,山东地区依托先贤遗迹兴建了许多书院,这与曾任山东巡抚的江西泰和人陈凤梧之倡导是分不开的。

《嘉靖山东通志》卷十《职官》记载:“陈凤梧,文鸣,泰和人,丙辰(弘治九年,1496)进士,嘉靖元年以副都御史巡抚,至右都御史。”②据《明世宗实录》记载,实际上在武宗驾崩、世宗即位的当年(未改元),陈凤梧即被任命为山东左布政使和山东巡抚,正德十六年(1521)五月,“升河南按察使陈凤梧为山东左布政使”(《明世宗实录·卷二》);数月之后,正德十六年十一月,“升山东左布政使陈凤梧为都察院右副都御史巡抚山东”(《明世宗实录·卷八》),正式出任山东最高行政长官,未及两载,即升任南京右都御史;嘉靖二年八月,“命巡抚山东右副都御史陈凤梧惕理南京都院事”(《明世宗实录·卷三十》)。可见,陈凤梧任山东巡抚的时间不长,但在任职山东期间,对于山东省内先贤遗迹给予了高度关注,不仅要求各地进行先贤遗迹保护,而且对先贤祭祀也进行了整顿,使先贤祭祀更加规范,鼓励各地依托先贤遗迹建立书院。

任山东巡抚伊始,陈凤梧即表现出了“崇儒重道,兴废补敝,乃长民者之首务”的高度文化自觉。嘉靖元年(1522),陈凤梧扩建邹县孟母断机祠及中庸书院内的子思祠。中庸书院始建于元成宗元贞年间,相传为孟子故居,是子思和孟子授业之处。可见,在中庸书院发展史上,陈凤梧是其中的关键人物之一。嘉靖二年(1523),陈凤梧重修孔林洙水桥,建石坊,重建子贡庐墓堂,为孔子弟子子贡设祭。嘉靖初年,陈凤梧还命令泰安州知州张寰在尧陵所在地修建尧庙,并置祭田一顷二十亩。③ 诸如此类保护先贤遗迹的举动,带动时人形成了褒儒尊贤的习尚。

---

① 赵连稳:《士大夫和书院互动关系研究》,第7页。

② 陆釴等纂修:《嘉靖山东通志》,《山东省历代方志集成(省卷)》,济南:齐鲁书社,2016年,第288页。

③ 参见颜希深修,成城等纂:《乾隆泰安府志》(二),《中国地方志集成·山东府县志辑》,南京:凤凰出版社,2004年,第52页。

汶上县圣泽书院,旧为孔子讲堂,在汶上县城西南二十五里开河之东,相传是孔子为中都宰时,与群弟子讲习之地,荒废已久。嘉靖二年,在陈凤梧的要求下,汶上圣泽书院迁建于城中,以便祭祀。《万历汶上县志》卷二《学校》记载:"皇明嘉靖初,抚台陈公凤梧求遗址,县令吴公瀛请建于城内西南隅。"①《万历兖州府志》卷十六《学校志》记载:"国朝嘉靖二年,知县吴瀛移建城中。"②这在万历年间重修圣泽书院时周御所撰《圣泽书院碑》中也有记载:"世宗初,巡抚都御史陈公凤梧始下檄,移建今县治太仆寺之南际,旧制益拓,编役司守,严事有容,衿绅之士斌斌焉,居无害祀,省入庙,专为讲肄之所。"③正是陈凤梧的直接要求,促成了汶上圣泽书院迁建城中之举。

嘉靖二年,陈凤梧还亲自为邹平伏生书院置办祭田。伏生书院创自元代天历年间,是祭祀以传授《尚书》著名的西汉大儒伏生的书院。伏生书院建于伏生祠中,祠后有伏生墓。《嘉靖山东通志》卷十六《学校》记载:"伏生书院,在县东十八里,有墓。元天历间,乡耆葺祠塑像,继而主簿杨温构讲堂四楹及东西斋。国朝嘉靖三年,巡抚都御史陈凤梧置田八十亩以备春秋二祭。"④《民国邹平县志》卷五《建置考下》记载与之略有不同:"嘉靖二年,山东巡抚陈凤梧增置五十七亩四分。"⑤无论置办祭田亩数究竟是多少,都是伏生书院祭田中最大的一笔进项,保证了此后伏生书院春秋二祭的正常举行。

东阿县东流书院的创建也得到了陈凤梧的支持。《道光东阿县志》卷七《学校》记载:"东流书院,在城南十五里东流泉上,即故洪福寺也。嘉靖中,拆毁淫祠,改为书院。"⑥苏祐《东流书院记》记载得更为详细:"嘉靖改元,诏毁淫祠,大中丞陈公凤梧奉命惟谨,乃毁东流寺为乡社。公(刘隅)与吾西公尚为贡士,上书抚台,欲将其先大夫所筑精舍并野刹废址改名东流书院,愿与访博士弦诵其中。陈公嘉纳之,明年癸未……手书'东流书院'四大字,扁之山舍。"⑦嘉靖二年,书院建成之时,陈凤梧题匾以示鼓励。《康熙山东通志》卷十四《学校》直接将创建东流书院的功绩记在陈凤梧身上,记载:"东流书院,在县东南十五里东流泉上,旧为洪福寺,倚山临水,清幽绝尘。嘉靖壬午(嘉靖元年,

① 栗可仕修,王命新纂:《万历汶上县志》,《中国地方志集成·山东府县志辑》,南京:凤凰出版社,2004年,第155页。

② 于慎行编:《万历兖州府志》,济南:齐鲁书社,1985年。

③ 栗可仕修,王命新纂:《万历汶上县志》,《中国地方志集成·山东府县志辑》,第217页。

④ 陆釴等纂修:《嘉靖山东通志》,《山东省历代方志集成(省卷)》,第368~369页。

⑤ 栾钟垚、赵咸庆修,赵仁山纂:《民国邹平县志》,《中国地方志集成·山东府县志辑》,南京:凤凰出版社,2004年,第97页。

⑥ 李贤书修,吴怡等纂:《道光东阿县志》,《中国地方志集成·山东府县志辑》,南京:凤凰出版社,2004年,第77页。

⑦ 李贤书修,吴怡等纂:《道光东阿县志》,《中国地方志集成·山东府县志辑》,第226页。

1522),都御史陈凤梧改为东流书院。"①无疑,东流书院并非陈凤梧亲建,但他在东流书院创建过程中发挥了重要的作用。

陈凤梧重视先贤遗迹、建设书院的政策为其后任所继承。《道光沂水县志》卷四《学校》记载,明嘉靖十二年(1533),时任山东巡抚袁宗儒要求,"一各所属公署、山川、亭檄、寺观、碑刻,凡有关系山东地方名贤古迹等项,俱要汇写成集,依限解报"②。这直接促成了沂水闵仲书院(二贤祠,祀闵子骞和仲由)的重建。闵子书院所在地相传是闵子骞避季氏隐居处,后来沂水知县李汝楫又在附近发现了子路依栖岩,因而建祠并祀之,并将先贤祭祀费用纳入编徭,保证了祭祀活动的开展。袁宗儒于嘉靖十年(1531)出任山东巡抚,延续了陈凤梧重视先贤遗迹的政策,促进了嘉靖年间山东先贤遗迹的保护与书院的迅速发展。

2. 山东提学副使邹善

邹善是江右王门承前启后的重要人物,据《明世宗实录》卷五百六十三记载:嘉靖四十五年(1566)十月,"郎中邹善为山东副使,提调学校"。同年十二月,明穆宗即位,改元隆庆。可知,邹善是在嘉靖末年任职山东的。在提学山东期间,邹善以"变齐变鲁"为使命,可见他持有乐观的态度,这与明代提学官的职责是分不开的。明代提学官的职责之一,即要巡历全省各州县学校,对应考士子进行考试。可以说,提学官的巡历,对于改变当地的文风可起到重要的作用。

邹善提学山东期间,积极在各地创建书院,讲学其中,促进了王学在山东的传播。除莱芜观礼书院之外,这一时期所创建的其他7所书院均与邹善有关。湖南书院是济南当时最为重要的书院,邹善到任后,改建湖南书院,并易名为"至道书院",其子邹德溥在《先考太常卿颖泉府君行状》中称:"已,又偕诸俊彦于湖南书院而日振策之,更名曰'至道',盖其志也。于是诸士始知大道之在我,而信圣人为必可学,瞿然奋立志,即街巷编氓、下及隶卒亦有感奋嗜义者。"③隆庆元年(1567),东昌府高唐州武城县知县金守谅移建旧弦歌书院于城中,并将书院更名为"学道书院"。邹善作为提学道,在金守谅求记后,欣然为学道书院作记文。隆庆二年(1568),莱州府昌邑县新建养志书院。书院旧为逄萌祠,县人孙梦豸感念汉代高士逄萌之人品,建逄萌祠以祀之,邹善称"宜为书院,以'养志'名",将书院改称养志书院。同年,青州府高苑县的王士行兄弟二人不忍战国时齐国高士鲁仲

① 赵祥星修,钱江等纂:《康熙山东通志》,《山东省历代方志集成(省卷)》,济南:齐鲁书社,2016年,第984页。

② 张夔修,刘承谦等纂:《道光沂水县志》,清道光七年刻本。

③ 张卫红:《〈澈源邹氏七修族谱〉所载邹守益子孙传记》,《广西大学学报(哲学社会科学版)》2017年第4期。

连墓之湮没,在其墓前修建高节祠,置祭田和奉祀生以祀,并招致乡里子弟于祠中就学,"督学宪使颖泉邹公闻而嘉之,扁其额曰'高节书院'"①。邹善题匾以示鼓励。济南府平原县旧有云龙寺,知县郑金将其改建为云龙书院,邹善又将其更名为"闲道书院"。短短数年之间,邹善致力于传播阳明心学,对山东影响很大,如他到青州府凝道书院讲良知之学,赵秉忠《云门书院记》记载:"隆庆丁卯(1567),督学者邹公善讲明良知,羽翼圣道,设皋比函丈于此,一时贤哲师济景从,造士作人之盛,学士先生迄今数能言。"②隆庆三年(1569),邹善为鼓励山东王学的代表人物张后觉讲学,积极为其创造条件,在济南府长清县王遇岭东创建愿学书院,《明史·儒林二》:"东昌知府罗汝芳、提学副使邹善皆宗守仁学,与后觉同志。善为建愿学书院,俾六郡士师事焉。"③《道光长清县志》卷八《学校志下》记载:"愿学书院,隆庆间,安福邹公善督学山东,相地王遇岭东建,捐银助工,邑侯柴宗义司其事……邹公往来驻临,各邑生儒鼓箧听讲。在平致仕教谕张后觉、恩县举人王牧、东阿贡生陈戒岁恒至焉。"④

从为书院创建、撰记、题匾、更名、设讲等活动看,邹善对山东书院建设倾注了许多心血,给予了很大支持。东至莱州府平度州,西至平原县、武城县,邹善的目光所及已到乡村书院,高苑高节书院虽僻处"县西五里",也得到了他的题匾褒奖,作为提学道,其行为无疑极大鼓励了书院和讲学的发展。

隆庆朝虽然只有六年,但创建书院数量达到8所,其每年书院创建的数量,超过了之前任何一朝,山东书院创建的成绩无疑要归功于时任提学副使的邹善。

3. 其他高级官员

弘治十二年(1499),巡抚都御史熊翀令济南府同知王从鼎创建德州董子书院;嘉靖十二年(1533),巡按御史方钝巡视临朐,对朐山书院重为嘉奖,"扁其门曰'朐山书院'"⑤;嘉靖十四年(1535),时任山东巡按监察御史张鹏创建济南湖南书院,其后巡抚蔡经增修;万历四十二年(1614),巡盐御史毕懋康创建济南历山书院,"遴六郡誉髦肄业其中,以广文二人督之,日有课,月有试"⑥;等等。

---

① 张耀璧纂修:《乾隆高苑县志》卷八《艺文志》,清乾隆二十三年刻本。

② 张承燮修,法伟堂等纂:《光绪益都县图志》,《中国地方志集成·山东府县志辑》,南京:凤凰出版社,2004年,第126页。

③ 张廷玉等:《明史》,北京:中华书局,1974年,第7287页。

④ 舒化民等修,徐德城等纂:《道光长清县志》,《中国地方志集成·山东府县志辑》,南京:凤凰出版社,2004年,第400页。

⑤ 杜思修,冯惟讷纂:《嘉靖青州府志》卷九《学校》,《天一阁藏明代方志选刊》,上海:上海古籍书店,1982年。

⑥ 宋祖法等修,叶承宗等纂:《崇祯历城县志》卷十三《艺文志二》,明崇祯十三年刻本。

有明一代,提学副使的兴学作用得到了充分发挥。自正德年间始,因为官学的衰弱,提学副使开始着意在地方创办书院以培养人才,在视学时对书院也有意进行检视,对创办书院的地方官给予嘉奖,此举极大鼓励了地方官绅创建书院的热情。如嘉靖年间,陆钦视学临朐朐山书院,为朐山书院撰记;吕高在湖南书院亲自讲学,制定《湖南书院训规》,进行考课。李开先《江峰吕提学高传》:"吕君名高,字山甫,号江峰……士有卓异者,拔入湖南书院,亲自督课,讲明正学,务得真才。"①隆庆年间,邹善分别为平原闲道书院、武城学道书院、昌邑养志书院题名、撰记,为高苑高节书院赐匾,在青州凝道书院、长清愿学书院等地讲学。王良臣、齐之鸾、邹善、高第等提学官还亲自创建书院,为山东书院发展做出了重要的贡献。

提学副使创建书院表

地域	书院	创建时间	创建人
莱州府昌邑县	四知书院	正德六年	提学副使王良臣
莱州府掖县	东莱书院	正德七年	提学副使王良臣
东昌府临清州	清源书院	嘉靖十一年	提学副使齐之鸾
青州府益都县	凝道书院	隆庆元年	提学副使邹善
莱州府昌邑县	养志书院	隆庆二年	提学副使邹善
济南府历城县	至道书院	隆庆初	提学副使邹善
济南府长清县	愿学书院	隆庆三年	提学副使邹善
青州府益都县	云门书院	万历四十年	提学副使高第、知府王家宾

4. 致仕官员

据史志记载,明代由致仕官员所创建的书院有 21 所,占明代全部书院数量的 19.4%,可谓占比极大。这些致仕的官员,大多为科举出身,有三分之二以上为进士出身。他们兼有儒生和官员的双重身份,在致仕之后,回到家乡成为乡村中知名的乡贤。他们服膺儒学,创办书院,教化乡里,体现了致仕官员的生平抱负和社会责任感。平度人官贤在创建太泉书院后,并没有仅仅将书院作为自己读书课子之所,而是扩大到了附近地区的读书人,"凡吾族之子孙、乡之俊髦,有能与吾游者,固共之矣"②;泰安人李汝桂在致仕后创建育英书院,成就人才甚多;潍县人刘应节在致仕后,创建麓台书院,开启了潍县三

① 焦竑:《国朝献征录》卷九十五,明万历四十四年刻本。

② 保忠、吴慈修,李图、王大钥纂:《道光重修平度州志》,《中国地方志集成·山东府县志辑》,南京:凤凰出版社,2004 年,第 151 页。

百年的办学先河，弦歌不辍。致仕官员在任期间，多有兴学、创建书院的经历，因而在致仕后，仍对创建书院情有独钟。益都人曹凯在任职江西南康知府、赣州知府时，曾修缮官学，在致仕后，于年少时读书之处创建白龙洞书院。值得注意的是，致仕官员所建书院大多不在城中，而是在乡下，这对于文化知识的普及、社会教化的实施都有积极的意义。

致仕官员创建书院表

地域	书院	创建时间	地点	创建人	身份
青州府益都县	白龙洞书院	一说成化十年	县西五十里公泉峪	参政曹凯	进士
莱州府即墨县	东崖书院	成化间	县治东一里	侍郎蓝章	进士
东昌府聊城县	东林书院	弘治	县东	参政耿明	进士
青州府蒙阴县	东山书院	成化、弘治年间	县东八里	推官李灿然	举人
莱州府平度州	太泉书院	正德六年	太泉南	陕西提学道官贤	进士
济南府历城县	白鹤书院	嘉靖	城北三里	知县周居岐	举人
济南府章丘县	中麓书院	嘉靖	县治西南隅	太常少卿、提督四夷馆李开先	进士
济南府德州	南湖书院	嘉靖	王从店	通判邹颐贤	举人
东昌府朝城县	南泉书院	嘉靖	武阳门外	御史王应初	举人
莱州府平度州	两山书院	嘉靖二年	城东北八里两髻山前	州人李慧	不详
兖州府东阿县	东流书院	嘉靖	城南十五里东流泉上	都御史刘隅	进士
青州府寿光县	清溪书院	嘉靖	城西门	刑部尚书赵鉴	进士
青州府蒙阴县	中山书院	嘉靖	县东六十里	副使公跻奎	进士
济南府泰安州	青岩书院	万历	城西灵芝街	侍御宋焘	进士
济南府泰安州	育英书院	万历	县东三十里崖下庄	教谕李汝桂	贡士
济南府肥城县	同川书院	万历	县西十里金牛山资圣院西	都御史李邦珍	进士
兖州府平阴县	兴文馆	万历	东门内街北	参政孙琉	进士
莱州府潍县	麓台书院	万历	城西南二十里	尚书刘应节	进士
济南府德州	崇仁书院	崇祯	东岳庙后	尚书程绍	进士
济南府历城县	闵子书院（讲孝堂）	崇祯	县东五里闵子墓前	知县刘敕	举人

二、清代山东高级官员与山东书院建设

1. 山东巡抚琦善

道光初，道光帝对书院的重视一如此前的乾隆帝、嘉庆帝。道光元年(1821)，满洲正黄旗人、世袭一等侯琦善出任山东巡抚，上任之初，即仰体圣意，着手整顿山东书院，“我皇上御极之元年，琦大中丞晋抚二东，毅然以学校为急务，饬令所属于有书院者，修举之，无书院者，创建之”。在接到巡抚的饬令后，全省各州县官员纷纷着手创建或修复所在地书院，陵县三泉书院因缺乏经费，知县黄代元、教谕王乃来等为此筹捐经费，得银一千二百八十五两，时人感叹道：“要非琦大中丞与人为善之心，有以启斯人乐善之志，又乌能若是耶？”①

道光二年(1822)，商河知县董锡龄创建麦丘书院，“道光二年，琦大中丞饬下府州县，各就地方劝立书院义学，以广风教，词严意笃”②；同年，因嘉祥县官员在宗圣书院设立义学，有人妄图侵占房产，琦善受理此案，兴复宗圣书院；道光三年(1823)，单县知县整顿鸣琴书院，尽黜僧徒，延师讲学，并详定条规，得到琦善的赞许。为了推动全省在书院兴建、修复方面的进度，琦善将鸣琴书院条规颁发全省，以示典型，“查东省书院废弛，前经本部院通饬各州县，劝谕该绅士等捐输修复在案，乃半年以来，各属禀报与修复者，甚属寥寥，惟尔单县王令实力劝导，董率有方，阖邑该绅士等好义急公，共襄盛事，而候选训导朱逢禧独捐银二千两，尤为乐善好施，除颁给‘宏施乐善’匾额以示旌异外，合将书院条规酌定数则，勒石以垂久远”③，“传谕通省，视为则效”④。淄川绅士陈士隆向济南景贤书院捐银二百余两，以助膏火，又在淄川县黉山郑康成祠中设立义学，建东西两学舍，捐地二百余亩以充经费，琦善特赐匾“好义可风”，学政何凌汉为书院题额“翼经书院”。

琦善后又于道光元年至道光九年三次任山东巡抚，在其任职山东期间，山东书院建设得到重视和发展。在琦善的提倡下，按察使、学政等官员纷纷大力支持全省书院的兴复。在单县知县王朝幹劝捐书院经费时，时任按察使程含章向鸣琴书院捐银五十两。自道光元年至道光九年，山东共创建17所书院，这与琦善任职山东及其后任执行的发展书院的政策是密切相关的。

---

① 沈淮修，李图纂，戴杰续纂：《光绪陵县志》，《中国地方志集成 · 山东府县志辑》，南京：凤凰出版社，2004年，第254页。

② 石毓嵩修，路程诲纂：《民国重修商河县志》，《中国地方志集成 · 山东府县志辑》，南京：凤凰出版社，2004年，第444页。

③ 项葆祯修，李经野纂：《民国单县志》，《中国地方志集成 · 山东府县志辑》，南京：凤凰出版社，2004年，第133~134页。

④ 项葆祯修，李经野纂：《民国单县志》，《中国地方志集成 · 山东府县志辑》，第505页。

2. 山东按察使李文耕

李文耕为时云南昆阳人,嘉庆七年(1802)进士,嘉庆十四年(1809)分发山东任邹平知县,不久即告归,嘉庆十九年(1814)补任邹平知县。在邹平的七年时间里,李文耕修缮伏生祠(伏生书院),在范文正公读书处立碑,恢复祭田百余亩,又重建长白先生祠(长白书院)。《宣统山东通志》卷七十四《职官志第四·宦迹一》记载:"其余表扬贞孝,不可胜数。"①《清史稿·循吏三》记载:"在邹平五年(应为七年),治尚教化。……课诸生,亲为指授,勉以为己之学,民呼李教官,又呼为李青天。"②《民国邹平县志》卷十四《宦迹考》评价其"好程朱之学,能立而复能权,非迂儒也"③。县人在其生祠中刊十二德政碑,如表彰前贤、培养士子、褒奖节孝等。

嘉庆二十五年(1820),李文耕调任冠县知县,又于当年代理蒲台知县。道光元年(1821),升任胶州知州,整饬胶西、灵山、珠山三书院,厚诸生膏火,设三义学。道光二年(1822),擢升济宁直隶州知州。因巡抚琦善的大力举荐,还未到任,即擢升泰安知府。道光四年(1824),调任沂州知州,李文耕仍按照在邹平的治理方式治理当地,"治一如邹",《道光济南府志》卷三十七《宦迹五》:"所至之处,被其恩泽,无不踊跃兴起。"④

道光四年(1824),李文耕升任兖沂曹济道,捐银一千两为兖州东鲁书院膏火之资。道光五年(1825),擢升浙江盐运使。道光六年(1826),调任山东盐运使。道光七年(1827),擢升湖北按察使,不久即调任山东按察使。可以看出,道光初年是李文耕官运亨通的时期,七年之间从知县一路升至省按察使,除很短时间在他省任职,都是在山东为官,对山东充满感情。

李文耕在任按察使期间,积极倡办书院。道光七年,捐修济南景贤书院,设立条规,按月课试。同年,又捐修泰安岱麓书院。道光八年(1828),为邹平县创建梁邹书院捐银一千五百两,"屡颁书籍贮书院中"⑤,又为蒲台县创建振英书院捐银。道光九年(1829),又为冠县创建清泉书院捐银一千二百两,"颁发所刻《朱子全书》各种,令诸生讲学立品"⑥,并为清泉书院撰记。东阿县廪生陈廉、附生于万安等捐修倾圮的东阿洪范书院,李文耕

① 张曜等修,孙葆田等纂:《宣统山东通志》,《山东省历代方志集成(省卷)》,济南:齐鲁书社,2016年,第5556页。

② 赵尔巽:《清史稿》,北京:中华书局,1977年,第13051页。

③ 栾钟垚、赵咸庆修,赵仁山纂:《民国邹平县志》,《中国地方志集成·山东府县志辑》,第308页。

④ 王赠芳、王镇修,成瓘、冷烜纂:《道光济南府志》(二),《中国地方志集成·山东府县志辑》,南京:凤凰出版社,2004年,第207页。

⑤ 栾钟垚、赵咸庆修,赵仁山纂:《民国邹平县志》,《中国地方志集成·山东府县志辑》,第308页。

⑥ 梁永康修,赵锡书纂:《道光冠县志》,《中国地方志集成·山东府县志辑》,南京:凤凰出版社,2004年,第46页。

欣然为之题匾。道光十年(1830),因兼署盐运使,将运学诸生并入济南景贤书院肄业。

道光十年(1830)冬,李文耕调任贵州按察使,临行之际,“又捐三百金以增(清泉)书院膏火,士林咸咏歌不衰”①。行至樊城时,又寄书给邹平县教谕孙益庭,叮嘱其尽心佐知县杨煃陶成书院诸生。《创建梁邹书院》中说:“(李文耕)擢观察,晋运使,升臬宪,位莅高矣,犹拳拳念邹人士。”②邹平是李文耕在山东为官时间最长的地方,也是最有感情的地方,他曾多次在诗中表达对邹平的感情,“去此忽兼稔,重过恍似归”(《辛巳十二月重过梁邹旧治慰谢邑人》)。实际上,在任职地方,李文耕都倾注了深厚的感情,虽然任冠县知县仅一年时间,任按察使后,他“犹惓惓以培植冠邑文风为念”③。虽然在代理蒲台知县期间,他倡建书院,但因在职短暂而没有建成。此后蒲台县欲建书院,士绅专门到济南谒见李文耕,李文耕非常同意,当年冬就将捐资送至蒲台,为蒲台振英书院的创建起到了至关重要的作用。《宣统山东通志》卷七十四《职官志第四·宦迹一》说,李文耕“盖陶成后进之意,未尝一日倦也”④。

对于李文耕在山东的为官事迹,《清史稿·循吏三》评价说:“文耕平生以崇正学、挽浇风为己任,在山东久,民感之尤深,殁祀名宦。”山东人也没有忘记李文耕的贡献,在李文耕调任贵州后,邹平人为其立生祠,以表纪念;其死后,胶州人为其立木主,择吉日祀于胶西书院,“不期来会者数百人”⑤。

3. 其他高级官员

济南泺源书院是经雍正皇帝下令而创建的省级书院,自创建以后,书院得到了历任巡抚的大力支持。雍正十一年(1733),山东巡抚岳濬在济南创建泺源书院;乾隆十三年(1748),巡抚准泰经理书院及讲学规条;嘉庆九年(1804),巡抚铁保重修;道光二十一年(1841),巡抚托浑布重修;光绪二十二年(1896),巡抚李秉衡再修。在书院经费方面,乾隆六年(1741),巡抚朱定元奏明捐银四千零六十余两;道光八年(1828),巡抚琦善又奏明历年积羡三千二百两,交商生息。泺源书院经费充裕,所得捐建银两至此共一万六千二百两,岁收息银两千八百余两。泺源书院的运转无疑与历任山东巡抚的高度重视有关。

除支持泺源书院发展外,山东巡抚还积极创办书院,如:康熙年间,巡抚李树德建济南龙章书院;嘉庆九年(1804),巡抚铁保改藩署西寿佛楼为济南书院;同治八年(1869),

① 梁永康修,赵锡书纂:《道光冠县志》,《中国地方志集成·山东府县志辑》,第46页。

② 栾钟垚、赵咸庆修,赵仁山纂:《民国邹平县志》,《中国地方志集成·山东府县志辑》,第113页。

③ 梁永康修,赵锡书纂:《道光冠县志》,《中国地方志集成·山东府县志辑》,第46页。

④ 张曜等修,孙葆田等纂:《宣统山东通志》,《山东省历代方志集成(省卷)》,第5556页。

⑤ 张同声修,李图等纂:《道光重修胶州志》,《中国地方志集成·山东府县志辑》,南京:凤凰出版社,2004年,第222页。

巡抚丁宝桢建济南尚志书院;光绪九年(1883),巡抚任道镕改定尚志书院章程,仿浙江诂经精舍,以经古课士;光绪十四年(1888),巡抚张曜建丁文诚公祠于书院内,号舍俱加修葺,并别建院长斋舍;光绪年间,巡抚张曜建青州海岱书院。

河道总督衙门对济宁直隶州书院建设有很大的促进作用。康熙年间,河道总督靳辅重建庙学;康熙年间,河道总督张鹏翮创建济阳书院;乾隆三十八年(1773),河道总督姚立德创建新任城书院;光绪十七年(1891),河道总督许振祎创建池楼书院。另外,还有运河道的贡献,乾隆二十八年(1763),运河道李清时建旧任城书院。河道总督衙门创建书院的数量占了济宁直隶州全部书院的三分之一多。

与明代不同的是,清代山东学政几乎没有单独创建过书院,多是以赐匾、撰记、嘉奖等方式推动山东书院建设。如,乾隆十一年(1746),福山县创建宾阳书院,学政于敏中额题"宾阳书院";乾隆四十八年(1783),新泰知县江乾达重整青云书院,学政赵佑易书院名为"敖山书院",并作《敖山记》;道光初,淄川绅士陈士隆创建篑山义学,学政何凌汉题额"翼经书院";道光三年(1823),商河县建成麦丘书院,学政何凌汉书题"敬业堂"额于书院讲堂;等等。

值得注意的是,清代山东按察使直接创建书院。康熙五十七年(1718),按察使黄炳建济南振英书院,置学田一顷三亩;乾隆四十一年(1776),按察使陆燿修,更名为蒿庵书院;道光二年(1822),按察使程含章重修,更名为景贤书院。按察使黄炳除创建济南振英书院外,还在康熙五十六年(1717),捐银五百两,委托兖州知府金一凤买地创建泰宁书院,又捐银五百两创建莱州北海书院。康熙间,黄炳捐俸,由青州知府陶锦督建青州宏远书院。道光初年,按察使李文耕积极促成州县创办书院,可谓其来有自。

4. 州县官员

清代山东书院中八成以上是州县书院,州县书院又基本由州县官员倡办。可以说,州县官员是清代山东书院创建的主力军。在这些地方官员中,有不少人不断地在各州县之间调动任职,所到之处,必兴学重教,兴办书院成为他们的重要政绩。兹选择部分官员与其山东书院建设事迹,胪列如下:

骆大俊,乾隆十一年(1746)任武城知县,于乾隆十三年(1748)重修弦歌书院;乾隆十四年(1749)调任峄县知县,于乾隆十六年(1751)重修峄阳书院。

李湖,乾隆十七年(1752)任郯城知县,于乾隆十九年(1754)创建一贯书院;调任宁海州知州后,于乾隆二十三年(1758)重修牟平书院。

普尔泰,乾隆二十一年(1756)任单县知县,于乾隆二十三年(1758)增修鸣琴书院;升任东平州知州后,于乾隆二十六年(1761)创建龙山书院,乾隆二十九年(1764)参与重建泰安泰山书院。

赵王槐，乾隆二十八年(1763)任淄川知县，于乾隆二十九年(1764)为般阳书院劝捐经费，“设法生息，为生童膏火，按月支给，书院规模于焉大备”①。又于乾隆三十一年(1766)向书院捐银三百两。后任陵县知县，乾隆四十六年(1781)建鲁公义学于颜公祠东。乾隆四十七年(1782)，知县杜安诗改为三泉书院。

张玉树，乾隆三十九年(1774)任清平知县，乾隆四十二年(1777)创建清阳书院；调任峄县知县后，于乾隆四十三年(1778)重修峄县峄阳书院，乾隆四十八年(1783)又在峄县台庄创建兰陵书院；乾隆四十九年(1784)调任胶州知州，于乾隆五十一年(1786)创建胶西、灵山两书院，“购书数千卷，分贮之，延名师主讲，择诸生肄业其中”②，为珠山书院延聘主讲。

纪淦，嘉庆二十一年(1816)任滕县知县，重修道一书院；道光元年(1821)任莱芜知县，于道光三年(1823)创建汶源书院。

彭斗山，道光十一年(1831)知邹平县，于道光十二年(1832)筹款增修梁邹书院学舍；道光十四年(1834)任寿张知县，整饬寿良书院；道光十六年(1836)任滕县知县，重修道一书院。

张同声，道光十一年(1831)任肥城知县，为鸾翔书院劝捐经费；道光二十三年(1843)任胶州知州，道光二十四年(1844)重建胶西书院、考院。

张朴，道光二十三年(1843)任平阴知县，于道光二十六年(1846)重修云门书院；调任章丘知县后，于道光二十九年(1849)重修绣江书院。

邱文藻，道光二十三年(1843)任博山知县，接续前任知县何家驹完成为范泉书院劝捐经费的综理善后工作；任恩县知县时，于道光三十年(1850)重修近圣书院。

赵敏功，咸丰三年(1853)任文登知县，于咸丰四年(1854)创建文山书院、试院；任招远知县时，于同治十年(1871)创建罗峰书院。

吴树声，任沂水知县时，于咸丰七年(1857)创建明志书院；同治五年(1866)任寿光知县，于同治六年(1867)率先捐银一千三百两，创建北海书院。

瑞森，汉军正白旗监生，光绪二年(1876)任郓城知县，创修岳云书院，并将城东沙淤地地租作为书院经费，每月捐廉课士，当地文风为之一振；任莱阳知县时，重修卢乡书院。

曾启埙，光绪八年(1882)任嘉祥知县，当年即重修嘉祥书院；光绪十一年(1885)任鱼台知县，光绪十二年(1886)创建湖陵书院；光绪十八年(1892)任乐安知县，光绪十九年(1893)因乐育书院院舍倾圮，乃拓大规模，重建书院。

---

① 张鸣铎修，张廷寀等纂：《乾隆淄川县志》，《中国地方志集成·山东府县志辑》，南京：凤凰出版社，2004年，第103页。

② 张同声修，李图等纂：《道光重修胶州志》，《中国地方志集成·山东府县志辑》，第221页。

三、士大夫积极参与创建书院原因

1. 士大夫兴学重教的职责所在

明正统元年(1436),明朝廷为加强对学校和科举的督导,设置专职提督学校的按察司副使,即提学官。正统九年(1444),明朝廷又规定,各省的士子要参加乡试,必须首先通过提学官主导的科考,只有中式后才能参加乡试。提学官的职责之一,即巡历全省各州县学校,对应考士子进行考试。可以说提学官的巡历,对于改变当地的文风起到重要的作用。邹善提学山东期间,积极在各地创建书院,讲学其中,致力于传播王学,改变齐鲁士风。邹善到青州府凝道书院讲良知之学,赵秉忠在《云门书院记》中记载:“隆庆丁卯(1567),督学者邹公善讲明良知,羽翼圣道,设皋比函丈于此,一时贤哲师济景从,造士作人之盛,学士先生迄今数能言。”①隆庆三年(1569),邹善为鼓励山东王学的代表人物张后觉讲学,积极为其创造条件,在济南府长清县王遇岭东创建愿学书院。《明史·儒林二》:“东昌知府罗汝芳、提学副使邹善皆宗守仁学,与后觉同志。善为建愿学书院,俾六郡士师事焉。”对于明代中期陈凤梧等高级别官员毁淫祠、兴书院的一系列举动,有学者指出,与明中期复兴正统、排斥异端的社会思潮有关,儒家士大夫极力反对异端陋俗,以体现自身的儒士价值。②

入清以后,清廷对于士大夫兴学重教的职责,态度更加明确。雍正十一年(1733),雍正皇帝谕:“封疆大臣等并有化导士子之职,各宜殚心奉行,黜浮崇实,以广国家菁莪棫朴之化。”③明确了督抚等地方大员在书院建设中的责任。乾隆元年(1736),乾隆皇帝谕:“该部即行文各省督抚学政,凡书院之长,必选经明行修、足为多士模范者,以礼聘请;负笈生徒,必择乡里秀异、沉潜学问者,肄业其中。其恃才放诞、佻达不羁之士,不得滥入书院中。酌仿朱子《白鹿洞规条》,立之仪节,以检束其身心;仿《分年读书法》,予之程课,使贯通乎经史。有不率教者,则摈斥勿留。学臣三年任满,谘访考核,如果教术可观,人材兴起,各加奖励。六年之后,著有成效,奏请酌量议叙。诸生中材器尤异者,准令荐举一二,以示鼓励。”④又赋予了督抚、学政及州县官员规范书院发展的责任。此后,嘉庆皇帝、道光皇帝屡次下诏,要求整顿书院,切实发挥书院培养人才的作用。

乾隆二十六年(1761),东平知州普尔泰创建龙山书院时认为:“学校者,政教所自出

① 张承燮修,法伟堂等纂:《光绪益都县图志》,《中国地方志集成·山东府县志辑》,第126页。
② 参见程肖力:《明嘉靖初广东毁淫祠的局限及其原因考析》,《民俗研究》2015年第5期。
③ 陈谷嘉、邓洪波主编:《中国书院史资料》中,杭州:浙江教育出版社,1998年,第855页。
④ 陈谷嘉、邓洪波主编:《中国书院史资料》中,第857页。

也,古循吏抚治一方,必广立黉舍,使邦人子弟循习其中,泽之以诗书礼乐,蔚为国华,用昭一代人文之盛……我皇上缵承列圣,崇儒重道,雅化作人,特饬各省大吏择名山胜地,缮治馆舍,聘延经明行修之士,用为矜式……书院听其敝而不举,非守土者之责欤?”①嘉庆九年(1804),山东巡抚铁保在创建济南书院时说:“兹当重熙累洽之年,文教昌明,人材蔚起,莫不争自磨濯,淬然日新,由是而鼓舞之,裁成之,以仰副圣天子作人至意,则守土者之责也。”②铁保创建济南书院正是落实嘉庆皇帝谕令的举措,也是落实督抚兴建书院责任的举措。乾隆三十八年(1773),泗水知县福明创建泗源书院时称:“为国家培植人材,为地方作养士气,有父母斯民之责者,自当尽心焉。”③

乾隆朝以后,地方官这种将兴学重教作为自己施政本职工作的思想已经非常普遍,极大推动了山东各地书院的兴建。许多州县学官往往直接参与书院的管理、讲学、考课等事宜。济南泺源书院的监院多为州县学官,如博兴县教谕李同、长山县训导桂馥、武定府教授薛桐、历城县训导赵步云等。邹县训导孙济奎兼任昌平书院山长、汶上县教谕戴金鼎主讲圣泽书院、鱼台县教谕张去病兼掌湖陵书院讲席、寿光县教谕陈介锡主讲同文书院、阳信县训导王德全主讲锄经书院等。

2. 社会教化的需要

自古及今,培养良好的士风民俗,必从兴学开始。明嘉靖末年,邹善提督山东学政,以“变齐变鲁”为使命,致力传播王学,改变齐鲁士风。邹善之子邹德溥在《先考太常卿颖泉府君行状》中称:“已而擢山东按察司副使,督学政,喜曰:‘变齐变鲁之机,其在我乎!’为条教数十,惓惓以劝学兴行为本务。每校士毕,辄集诸生,诲以圣人道大指,务密参性宗而显证于人伦庶物。已,又偕诸俊彦于湖南书院而日振策之,更名曰‘至道’,盖其志也。”④可以看出,邹善以书院为平台,致力于改变山东士风。万历初年,白栋履职东阿知县,“见其民瘠而教弛,则怃然曰:‘是其责在长吏矣。’”⑤他认为,兴学重教可以改变民风,遂创建柯亭书院。历城闵子书院在明崇祯年间改建为讲孝堂,即利用闵子骞之故事

① 左宜似等修,卢崟等纂:《光绪东平州志》,《中国地方志集成·山东府县志辑》,南京:凤凰出版社,2004年,第511页。

② 王赠芳、王镇修,成瓘、冷烜纂:《道光济南府志》(三),《中国地方志集成·山东府县志辑》,第393页。

③ 赵英祚修,黄承艭纂:《光绪泗水县志》,《中国地方志集成·山东府县志辑》,南京:凤凰出版社,2004年,第460页。

④ 张卫红:《〈澈源邹氏七修族谱〉所载邹守益子孙传记》,《广西大学学报(哲学社会科学版)》2017年第4期。

⑤ 周竹生修,靳维熙纂:《民国续修东阿县志》,《中国地方志集成·山东府县志辑》,南京:凤凰出版社,2004年,第358页。

为现世说教,“羽翼纲常,扶持世教”,“朔望讲于斯,以醒世人耳目”。① 其用世之意非常明显。

清代地方官员对于兴学重教作用的认识更加深刻,寿光知县吴树声在《创建北海书院记》中说:“予每莅一邑,留心人才,莫不尊贤友仁,推奖恐后,故敷政化民,亦略收得人之效。”②邹平知县李文耕上任伊始,“尤以整齐民风为急图,谓民风之整齐,必自端士习始”③。新城知县崔懋上任伊始,即着手创建义学,认为“礼让兴行而风俗纯美,未必不始于此”④,这所义学成为新城县最负盛名的崔公书院的前身。淄川知县周统创建般阳书院,清人李尧臣在《般阳书院诗》中对该书院的建立大加赞颂,认为般阳书院的建立挽救了当时社会上的颓风。因为当政者的苛暴,喝咤、鞭挞等无所不用,“苟免而无耻,浩气复何有。纵或能腾达,名节弃如帚”,世人无视名节,败坏了社会风气。“数极异人至,颓澜回只手。养民以致士,倒箧剔弊薮”,知县周统的到任,力挽颓风,于此时建立般阳书院,意义重大,“爰筑景濂堂,千载思尚友”,“从此汇泽学,儒生得世守”。⑤ 通过书院培养学子良好的品德,进而推动整个社会形成向学向善的氛围。在动乱之后,出于底定人心的目的,为政者多兴办书院,改善民风。同治十二年(1873),德平知县陈佐平带头为白麟书院倡捐经费,认为:“考县志风俗,人尚忠勇,家业农桑,惜其小民犹有顽梗好讼者,嗟乎!此教化之所宜亟讲也。夫忠勇而弗泽,以诗书则忠,而愚勇而乱,饱暖而弗加以教育,则礼节之不知,荣辱之不晓,无惑乎?顽梗争斗之风日炽,古今化民成俗,必由于学,而在斯邑尤当务之为急也。顾兴教必自书院始,民风端于士习也。”⑥同年,陵县知县戴杰重修三泉书院,认为:“时河北军事初定,窃念靖地方莫重于培人才;培人才,莫亟于修学校。而书院者,尤为学校人才之先务,是不可不为整饬者也。”⑦肖永明认为:“将书院教育与社会教化相联系,从而将推进书院教育的发展作为经世的重要内容的观念,在士人出身的官僚群体中颇具代表性。”⑧

---

① 宋祖法等修,叶承宗等纂:《崇祯历城县志》卷十三《艺文志二》,明崇祯十三年刻本。

② 宋宪章修,邹允中、崔亦文纂:《民国寿光县志》,《中国地方志集成·山东府县志辑》,南京:凤凰出版社,2004年,第117页。

③ 栾钟垚、赵咸庆修,赵仁山纂:《民国邹平县志》,《中国地方志集成·山东府县志辑》,第113页。

④ 崔懋修,严濂曾纂:《康熙新城县志》,《中国方志丛书·华北地方》,台湾:成文出版社,1976年,第524页。

⑤ 张鸣铎修,张廷寀等纂:《乾隆淄川县志》,《中国地方志集成·山东府县志辑》,第410页。

⑥ 凌锡祺修,李敬熙纂:《光绪德平县志》,《中国地方志集成·山东府县志辑》,南京:凤凰出版社,2004年,第449~450页。

⑦ 沈淮修,李图纂,戴杰续纂:《光绪陵县志》,《中国地方志集成·山东府县志辑》,第259页。

⑧ 肖永明:《儒学·书院·社会——社会文化史视野中的书院》,第99页。

3. 儒生本色的体现

作为熟读儒家经典的官员，儒家思想已经浸入其行为思想，传播儒家思想也就成为其为官后的自觉选择。儒生出身的官员，不改儒生本色，因出于书院，对于书院有天生的亲近感。明清时期，官学不能造就人才，有着文教自觉的官员开始大量参与创建书院，以培养人才，特别希望书院在培养人才上有所建树。

王守仁龙场悟道，着力以建书院讲学传道，"矫正旧风气，开出新风气"，得到士人的广泛接受。据王炳照先生统计，在王阳明、湛若水等人及其弟子门人讲学活动的主要地区，江西、浙江、广东三省建立书院之和达到600所，占全国书院的三分之一以上。① 明提学副使陆钎在视学临朐时，曾痛心地说："朐入国朝来，自马澹轩学士以文章行谊鸣一时，厥后寂寥无闻，黉校圮而不修，士风颓而不振，至有数十年不登荐书者。"②因而，对于知县褚宝创建朐山书院的行为大加赞赏，其后巡按御史又重加褒奖。

清平阴知县张朴对于县云门书院尤为关注，在任期间，重修书院，为书院捐资充作经费，核查旧有学田，置办新学田，他在《重修（云门）书院捐备膏火记》中对自己的儒生本色与初心解释得非常到位：

> 书院为国家培养人才之所，即为士子造就德业之基，三代后读书第一地，居官第一政，而论为政于读书人，尤第一乐事，何也？士君子学古入官，所以见诸措施者，无论才具大小、器量广狭，要惟初心不可负，本色不可失，而生平服习之地，其功能为素娴，其利弊尤深悉，则读书人任读书事，是只以本色全初心，而政之要得焉，此固责有难谢，而事所乐为者矣。余生质愚鲁，从学乡前辈，所由幸列科名者，大抵得力于书院者多，而其中所欲、所恶、何益、何损，至今犹历历如昨，夫学者出膺民社，即未克布远猷昭异治，若惟是读书之事责读书之人，此而不为，更何所为，此不足为，又何能为，为之而可遂初心，为之而仍率本色，此大可为，而又极易为者，莅任以来，所由惓惓也，顾责不可一日辞者，事亦未能一时成。……卯辰二载，先备奖赏，代膏火用，以鼓励诸生也，乃诸生自考课以来，鼓舞奋兴，日新月异，余公余亦乐以本色与初心相与孳孳讲贯而不已。③

很多地方官员为科举出身，或为进士，或为举人，在科举文章写作上有自己的成功见

① 参见王炳照：《中国书院史话》，北京：中国国际广播出版社，2020年，第119页。

② 杜思修，冯惟讷纂：《嘉靖青州府志》卷九《学校》，《天一阁藏明代方志选刊》。

③ 李敬修纂修：《光绪平阴县志》，《中国地方志集成·山东府县志辑》，南京：凤凰出版社，2004年，第428~429页。

解，乐于在书院讲学中传授。邹平知县彭斗山在梁邹书院，“每遇官课，必亲定甲乙，不自秘其点金之诀、琢玉之方”①，“官试月增一课，文字有可造就者，亲为改涂点窜，剀切陶成”②。寿光知县吴树声在北海书院，“劝课期予必与诸生童相见，请益问难，必以远且大者指授，不欲其安于小就”③。兖沂曹济道文彬在兖州东鲁书院，“留心文教，戎衣甫脱，辄扃户亲试其长，遇一佳构，喜形颜色，诱掖勤勤，虽父师训子弟，不过若是，盖天性然也”④。夏津知县赵尔萃在大同书院，“课之以经史，牖之以条规，述本身以作则，不就寝者十年，得佳士而论文，为快意者累日”⑤。肥城知县杨延俊在鸾翔书院，“每逢月课，必自拟数篇以为法程，刊有《鸾翔书院课艺》，远近风行，家有其书”⑥。武定府知府张鼎辅在敬业书院，“与诸多士讲艺不辍，书院官课以外，复益甓斋二课，亲自评点，积三四年，得《敬业书院课艺》若干篇，梓而行之”⑦。胶州知州张玉树亲自督学胶西书院，“公事毕，即亲诣讲论，每至夜分”⑧。正如寿张知县曹光栋所说：“凡读书人出仕，尤重学校。”⑨

有的地方官员并非科举出身，或捐纳，或军功，但对科举一往情深，为自己不能取得科举功名而感到遗憾，在为官后，通过兴办书院，希望任职地方的学子能够得到名师指点，博览群书，少承受自己的磨难，取得科举功名。清冠县知县韩光鼎在《增修乐育书院碑记》中说：“予浙西士也，屡困棘闱，勉登仕路，而于青毡之苦、白首之嗟，未尝一日去诸怀抱，以是历任二十年，绾符五邑，下车后，辄以兴学校、举书院为首政，此尊师崇道、嘉惠士林之至意也。”⑩对于兴办书院，加强人才培养，已经作为首要的政务来抓。很多官员上任伊始，即着手创建、整顿当地书院，如博山知县武亿于乾隆五十六年底到任，在乾隆五十七年初即创办范泉书院，入仕之初即有强烈的用世之志，正如孙星衍在《武亿传》中所

① 栾钟垚、赵咸庆修，赵仁山纂：《民国邹平县志》，《中国地方志集成·山东府县志辑》，第113页。

② 栾钟垚、赵咸庆修，赵仁山纂：《民国邹平县志》，《中国地方志集成·山东府县志辑》，第310页。

③ 宋宪章修，邹允中、崔亦文纂：《民国寿光县志》，《中国地方志集成·山东府县志辑》，第118页。

④ 黄恩彤纂，李兆霖等续修，黄师訚等续纂：《光绪滋阳县志》，《中国地方志集成·山东府县志辑》，南京：凤凰出版社，2004年，第243页。

⑤ 谢锡文等修，许宗海等纂：《民国夏津县志续编》，《中国方志丛书·华北地方》，台湾：成文出版社，1968年。

⑥ 凌绂曾修，邵承照纂：《光绪肥城县志》，《中国地方志集成·山东府县志辑》，南京：凤凰出版社，2004年，第120页。

⑦ 沈世铨修，李勖纂：《光绪惠民县志》卷十八《名宦》，清光绪二十五年刻本。

⑧ 张同声修，李图等纂：《道光重修胶州志》，《中国地方志集成·山东府县志辑》，第221页。

⑨ 刘文煃修，王守谦纂：《光绪寿张县志》，《中国地方志集成·山东府县志辑》，南京：凤凰出版社，2004年，第487页。

⑩ 侯光陆修，陈熙雍纂：《民国冠县志》，《中国地方志集成·山东府县志辑》，南京：凤凰出版社，2004年，第358页。

说:“亿下车,思所以变易风俗,然后以经术饰吏治。”①

朱汉民认为,士大夫是古代社会一种独特的阶层,身兼知识分子与行政官僚两重身份,要承担文化创造、行政管理双重职责,创建、主持书院正是士大夫“学者”意志的追求与体现,但由于士大夫“学者-官僚”双重身份的相互影响,使得他们所办的书院不可避免地出现官学化的发展趋向。他们既希望独立地从事精神文化创造,又盼望在皇权统治下从事经邦济世的社会管理。② 他们既把创办书院作为自己的重要政绩,认为兴学是应尽的职责,“为国家作人,守者责也”,又把书院讲学作为体现自己学问价值的一个重要试金场。

许多地方官员辞归后,选择到任职地或家乡的书院担任山长或主讲,从这方面也可看出书院对于儒生出身的官员的亲和感和归宿感。肖永明认为:“他们对于讲学书院、训导书院士子所表现出的这种发自内心的喜乐、愉悦感,对书院士人的这种天然的亲近感,对书院所产生的归宿感,所折射的正是其儒生本色。”③肥城知县邵承照在卸任后,主讲肥城鸾翔书院,并在书院中编纂了《肥城县志》;昌乐教谕郭印川在离任后,主讲昌乐营陵书院;即墨训导王练在卸任后,又主讲劳山书院八年;滕县知县张国泰因丁忧去职,邑人留主道一书院;益都县训导张肄三在致仕后,主讲家乡齐河督扬书院;郯城县训导鹿仪靖在致仕后,主讲家乡福山宾阳书院。此类事例众多,不一一赘举。

结　语

明清时期,不管是山东高级官员,还是州县官员,抑或致仕官员,作为士大夫群体,在山东书院建设中发挥的作用是巨大的,他们无可争议地是山东书院建设的主力军。作为儒生出身的官员,他们不仅身肩为国育才的责任,而且出于儒生的本色有实现自身价值的需要。赵连稳认为:“正是因为创办书院是士大夫立德、立功和立言的主要途径之一,所以,古代的士大夫到某一地区为官,首要的工作往往是创办书院,兴办教育。”④通过创建书院,士大夫在任职地不仅培养了大量的人才,而且实现了淳化民风的目的。通过对士大夫群体与书院建设方面的研究,有助于山东书院史研究的进一步深入。

① 孙星衍:《孙渊如先生全集》卷六,清嘉庆刻本。

② 参见朱汉民:《书院历史变迁与士大夫价值取向》,《湖南大学学报(社会科学版)》2007 年第 3 期。

③ 肖永明:《儒学·书院·社会——社会文化史视野中的书院》,第 97 页。

④ 赵连稳:《士大夫和书院互动关系研究》,第 304 页。

明代济阳黄臣著述考略

王长民

摘要:黄臣是明代中期的山东济阳籍进士,颇负时誉,著述亦丰。然其身后未久,著述散佚殆尽,至今未引起学界关注。一代能臣湮没于青史,实属可惜。本文结合史志所载,充分利用各类数据库,辑出黄臣诗文著述二十余篇,并对误收者予以考辨,期望有助于地方文献之搜集整理与研究。

关键词:邢义　墓志铭　黄臣　辑佚

作者:王长民,男,山东济南人,北京燕山出版社古籍部编辑,研究方向为古典文献学。

2017年5月初，山东省济南市济阳县（即今济阳区）村民邢怀岭先生将一方墓志铭捐给济阳县博物馆（现更名为济阳博物馆）。墓志铭用台阁体镌刻，书法俊美，具有较高的文献价值和艺术价值。此方墓志铭全称为“明故通议大夫河南按察司按察使邢公墓志铭”，下行题“赐进士出身征仕郎吏科给事中前翰林院庶吉士邑人黄臣撰文并篆书”，铭文22行，满行24字，共计421字。① 志主为邢义，撰者为黄臣，二人均为明代济阳籍进士。黄臣文武双全，忠贞清廉，才堪大用，誉满士林。检索中国知网、中国报纸资源全文数据库等，除笔者所写两篇②外，未见有关黄臣的文章，故不揣谫陋，爬梳文献，略考黄臣著述。

一

《皇明进士登科考》卷十“第二甲一百十五名赐进士出身”条载，黄臣，正德辛未科二甲第十名。③ 可见，黄臣中进士在正德辛未年（1511），进士名次比较靠前。《万历济阳县志》卷七《选举志》：“黄臣，甲子科，登辛未进士，改翰林庶吉士，历任吏、礼、刑、工都给事中，官至右副都御史。”④卷八《人物志》有传：“黄臣，字伯邻，号安崖，登第入史馆。博洽高雅，文名藉甚。……至今谈先辈遗事者，独口黄中丞津津直道。在人久而不磨，中丞有令名矣。公著述甚富，若《安崖文集》《筐山寄傲》，若《奏议》《诗话》，惜多散佚。惟《登峨山诗》及《过太真冢诗》行于世，有康德涵、马伯循序文。”⑤《乾隆济阳县志》卷八《人物志·黄臣》，袭自《万历济阳县志》《康熙山东通志》，稍作润饰并删减，仅一百三十余字，其中亦云：“其著述甚富，尝见称于康对山，惜多散佚。惟《登峨山》及《过太真冢诗》行于

① 参拙文《新见济阳邢义墓志铭考论》，《海岱学刊》（总第20辑），济南：齐鲁书社，2018年，第241~250页。

② 《明代能臣：济阳籍黄臣生平考略》，《济南日报·新济阳》2019年5月13日，第4版；《〈明代能臣：济阳籍黄臣生平考略〉补说》，《济南日报·新济阳》2019年6月4日，第4版。拙文对黄臣著述虽有所提及，但限于报纸篇幅、读者群体等因素，未能展开，亦无考证。

③ 俞宪：《皇明进士登科考》，《明代史籍汇刊》，台湾：台湾学生书局，1986年，第613页。

④ 侯加乘修，邢其谏纂：《万历济阳县志》，《中国地方志集成·善本方志辑》，南京：凤凰出版社，2014年，第162页。

⑤ 侯加乘修，邢其谏纂：《万历济阳县志》，《中国地方志集成·善本方志辑》，第202~203页。按，康海，字德涵；马理，字伯循。马理著《溪田文集》未收为黄臣所作序，疑已佚。

世,有康德涵、马伯循序。见《通志》及旧志。入祠祀。”①《明实录》卷二百四十九载,“(嘉靖二十年五月)乙卯,致仕都察院右副都御史黄臣卒,赐祭葬如例”②。可见,黄臣卒于嘉靖二十年(1541)。

《乾隆历城县志》卷三十七载:“周秀,字公全……弘治五年与程同举于乡。计偕京师,名藉甚。士子从之游者多成名,蔡天祐、黄臣,其尤著者。”③据志书载,周秀少好学,有家学渊源。黄臣所撰邢义墓志铭云,“予幼从公授句读,长蒙训饬”④,邢义“负资颖敏,龀而能文,治《麟经》。成化庚子举于乡,甲辰会试中第十六名,为东省冠”⑤。黄臣从学于名师学者,加之勤思好学,故而德业精进。现存明人别集中,有多篇为与黄臣诗文唱和、往来的书信。如,王九思《渼陂续集》卷上《送中丞黄伯邻六首》、唐龙《渔石集》卷四《台上种菊数本北地寒开迟闻安崖中丞至催以诗》、胡缵宗《鸟鼠山人小集》卷九《有怀黄中丞伯邻》、湛若水《湛甘泉先生文集》卷七《答黄安崖中丞》、王尚䌹《苍谷全集》卷六《答安崖》、赵时春《浚谷集》卷二《贺巡抚黄都御史平岷山贼诗》、许宗鲁《少华山人后集》卷八《送黄中丞伯邻之淮南》、孔天胤《孔文谷诗集》卷一《上黄安崖中丞岷梁峻捷十三韵》等不胜枚举。黄臣交游甚广,所结交者皆为正嘉时期名士。

二

黄臣写得一手好文章,是名副其实的才子。《万历济阳县志》载:“(黄臣)博洽高雅,文名藉甚。”明代康海盛赞之:“公昔以名进士改庶吉士,读书中秘,诗名满翰苑。予尝得观所作于同年南里宪副宅,辞翰兼美,玉映金辉,固方今之隽笔也。……夫精而典者文之致也,详而讽者赋之方也。公诗咸有焉。”⑥清王琢璞《王无瑕先生文集》卷一《黄中丞过杨贵妃墓怀古诗序》云:“近始得其《吊杨太真墓》绝句五十首,炫锦灿花,宛然五宅兢妆,凄风悲月,依稀三郎写恨,沨沨乎极才人之致,真艺苑一奇观也。”⑦

---

① 胡德琳修,何明礼纂:《乾隆济阳县志》,《中国方志丛书·华北地方》,台湾:成文出版社,1976年,第735页。

② 《明实录·世宗实录》卷二百四十九。

③ 胡德琳修,李文藻等纂:《乾隆历城县志》,《续修四库全书·史部》第694册,上海:上海古籍出版社,2002年,第599页。

④ 引自拙文《新见济阳邢义墓志铭考论》,《海岱学刊》(总第20辑),第242页。

⑤ 卢永祥修,王嗣鋆纂:《民国济阳县志》卷十七,上海:中华书局,1934年。

⑥ 康海著,金宁芬校点、考释:《对山集》,北京:社会科学文献出版社,2016年,第640页。

⑦ 王琢璞:《王无瑕先生文集》,《四库未收书辑刊》第6辑第29册,北京:北京出版社,2000年,第353页。按,王琢璞,《乾隆济阳县志·人物志》有传。《四库未收书辑刊》第6辑第29册之目录页及主书名页,俱误作“王璞”。

黄臣著述虽丰，但散佚严重，殊为可惜。《万历济阳县志》言"若《安崖文集》《筐山寄傲》，若《奏议》《诗话》，惜多散佚"。《万历济阳县志》修于万历三十七年（1609），距黄臣之卒仅六十余年。王琢璞云："（安崖黄先生）平生著述约有十余种，海内贮书家必多收本，吾邑反属乌有。散逸若此，文献谓何？"①前贤张尔岐亦感慨："（安崖先生）'自释褐至归里，未尝一日离笔砚。所著极富，中更家难，零落欲尽。今所存，于泰山为毫芒矣。'……方先生操三寸柔翰，作为诗书，疲精苦神，驰骋古今间，为不朽计，至深远矣。未百年而失者什之九；甫百年而未失者复失其什之七；更后数百年，尚可问耶？在吾乡已如此，天下尚可问耶？后来者或于简册得先生一二遗事，慕其为人，思求昔时断碑败纸而读之，以寄向往，知得如予今日否？"②惋惜喟叹之情，溢于言表。

《万历济阳县志》卷九录黄臣《归来堂自述》《遣兴》诗二首，《节寿荣封诗序》文一篇。《乾隆济阳县志》卷十二录《邢东崖义墓志铭》，卷十三录五言律诗《宿小寺》一首、五言绝句《觌峨吟》二首。《顺治济阳县志》《民国济阳县志》未有新录诗文。《乾隆济阳县志》卷十三末载，黄臣"《安崖文集》《安崖奏议》《安崖诗话》《筐山寄傲》《登峨山诗》《过杨贵妃墓诗》"③。张尔岐《跋安崖先生诗后》另提及黄臣其他著作，"后得交其孙文学堪舆公……因出石本《关中古诗》一册、石本《过桓侯庙诗》一册、石本《济南庙学碣》一篇、手书《归田诗》一幅"④，《乾隆济阳县志》《民国济阳县志》未予著录。《安崖文集》《安崖奏议》《安崖诗话》《筐山寄傲》《登峨山诗》《过杨贵妃墓诗》《关中古诗》《过桓侯庙诗》，《中国古籍总目》俱未著录，当已亡佚。⑤

明康海《登峨山诗序》云："陕西左方伯安崖黄公，以在蜀时所咏《登峨眉山诗》一帙寄予。"⑥未言《登峨山诗》之总篇数。⑦ 明胡缵宗《鸟鼠山人小集》卷十二《登峨山诗后序》言，"才三日即获诗七十首，尽得其雄与秀焉，猗欤奇哉"⑧。黄臣三日成《登峨山诗》

① 王琢璞：《王无瑕先生文集》，《四库未收书辑刊》第6辑第29册，第353页。

② 张尔岐著，张翰勋等点校：《蒿庵集》，济南：齐鲁书社，1991年，第96~97页。

③ 胡德琳修，何明礼纂：《乾隆济阳县志》，《中国方志丛书·华北地方》，第1411~1412页。

④ 张尔岐著，张翰勋等点校：《蒿庵集》，第96页。《民国山东通志》卷一百四十二《艺文志第十》著录《安崖文集》，并有按语："《归田诗》疑即《筐山寄傲》。"因文献不足，未知然否。按：石本，即石刻拓本。

⑤ 黄臣之著述在其身后不久即严重散佚，或与其子遭遇重大家庭变故有关。冯惟敏《何辜叹为茂才黄有赋》小序言："中丞安崖公仲子，为其姊雪仇被击历下，余悯恻焉。乃赋此诗，寻出之。"见谢伯阳编纂：《冯惟敏全集》，济南：齐鲁书社，2007年，第29页。

⑥ 康海著，金宁芬校点、考释：《对山集》，第640页。

⑦ 《登峨山诗》，不同文献中引用名称或不一，实为一书。《过太真冢诗》亦同，为省行文，不一一注明。

⑧ 胡缵宗：《鸟鼠山人小集》，《四库全书存目丛书·集部》第62册，济南：齐鲁书社，1997年，第332页。

七十首,写尽峨眉雄奇秀美,可谓倚马之才。至少另有二人为《登峨山诗》作序,亦可证此组诗共七十首。明王九思《渼陂续集》卷中《登峨山诗序》言,“安崖黄先生少尝梦游焉,不意其果能至也。及至,喜甚,得诗七十首,以示渼陂子”①;明胡侍《胡蒙溪文集》卷一《登三峨诗序》言,“援毫赋诗至七十首,密思波涌,迅采风奋,写貌图景,如布睫前”②,对黄臣之才情赞叹有加。前引王琢璞《黄中丞过杨贵妃墓怀古诗序》云,“近始得其《吊杨太真墓》绝句五十首”,其中所记诗篇总数疑有误。康海《登峨山诗序》末云,“嘉靖癸巳春二月己丑序”,则《登峨山诗》当刻于嘉靖癸巳年(1533)之后。张尔岐《跋安崖先生诗后》有云:“其族人持先生《登峨山》、《过杨妃墓》二诗示予,予时不解辨善否,以其为吾乡之贤者,录数本。旋为人借去。……乃为求予髫时所录二诗,命门人录而付之。”③由此可知,清初时《登峨山诗》《过杨贵妃墓诗》尚存于世。

三

近十几年来,得益于现代科学技术的迅猛发展,众多数据库建立。大数据时代下,为辑佚文献提供了极大的便利条件。通过检索中国基本古籍库、中国经典古籍库等,笔者检获黄臣佚诗遗文二十余篇:《王文庄公集》载《书〈凝斋集〉后》,明嘉靖十三年(1534)秦藩朱惟焯刻《史记》载《重刻史记后序》,《皇明诏令》载《皇明诏书后序》,《皇明嘉隆疏抄》载《重批答以清朝政疏》④《慎抽取以苏民困疏》⑤《慎恩典以节京储疏》,《万历固原州志》下卷《总制唐公击虏获捷》六首⑥,《古今咸略》卷六《清盐禁以实边储疏》⑦,《雍正陕西通志》卷九十五载《秦中古意》(八首选二)诗二首⑧,《山左明诗钞》卷六载《欲登峨山经圣积寺述怀》《重阳后邢信卿过访》《游峨偶成》《蜀道杂吟》诗四首,《乾隆无极县志》卷九载《重修无极县治记》,《道光济南府志》卷六十五载《重修济南府儒学记》⑨,等等。

---

① 王九思:《渼陂续集》,《四库全书存目丛书 · 集部》第48册,济南:齐鲁书社,1997年,第202页。

② 胡侍:《胡蒙溪文集》,《四库未收书辑刊》第5辑第19册,北京:北京出版社,2000年,第134页。

③ 张尔岐著,张翰勋等点校:《蒿庵集》,第96~97页。

④ 孙旬辑《皇明疏钞》亦收此篇。

⑤ 孙旬辑《皇明疏钞》亦收此篇,题作“信诏令以苏民困疏”。

⑥ 《宣统固原州志》《民国固原县志》亦存此六首。

⑦ 莽鹄立撰《山东盐法志》卷十一下,亦收此文。

⑧ 此二诗,或出于张尔岐《跋安崖先生诗后》所言“石本《关中古诗》一册”。从诗题可知,《秦中古意》本八首,修志选取二首。

⑨ 或即张尔岐《跋安崖先生诗后》所言“石本《济南庙学碣》一篇”。

《杜诗详注附编·诸家论杜》提及《杜律演义》:"嘉靖间,济南黄臣重梓复旧,作叙辨之。"①然翻检嘉靖十六年(1537)汝南王齐刊本《杜律演义》,未见黄序。②

明清正史类、政书类文献亦存有黄臣奏疏梗概。如,《明史》卷二百八十六《黄臣传》:"嘉靖二年春,都察院请遣御史巡盐,而误于批答。臣封还原降,言:'我朝设立内阁,处以文学之臣,凡百章奏,俱先付票拟。今内阁失代言之职,中官肆专擅之奸,渐不可长。又兵部题锦衣卫缺官,而所简用四人姓名,竟从中出,群情骇愕。夫锦衣掌印佥书,于武职最显要。今乃不令内阁与闻,即有军国之重,事系机密,夜半宫中出片纸,阁臣何从核实,言官何从执奏。往者迷③瑾常以此误先朝,陛下可不以为鉴耶。'疏入,改批如制。"④又如,《续文献通考》卷二百二十一载:"世宗嘉靖二年春正月,应天、凤阳、山东、河南、陕西地震。给事中黄臣言:'太监萧敬久窃重柄,复开传乞之门,地震之变,职由斯人,乞速窜逐。'不报。"⑤再如,《明实录》载,嘉靖五年丙戌春正月丙午:"大真人张彦頨以府第被焚,请赐更造。上从其请,命有司作治,遣内臣一人往督之。于是工科都给事中黄臣等言:'顷者赵、秦、荣三王府灾,第诏行勘估计,未尝轻动土木,诚爱民节用至意也。今彦頨所请,未经勘估,辄以烦有司,且遣中官往督,是陛下优容假借于彦頨者,顾出亲王之上也。昔汉栾巴噀酒殿廷,而成都火灭。今陛下谓彦頨有道术,而曾不能救其家之毁,将焉用之?请勿遽遣内臣,下工部行勘估计便。'"⑥

他人序文亦可窥见黄臣只言片语。如,王九思《渼陂续集》卷中之《渼陂别知诗序》云:"渼陂子栖于南山之麓,安崖先生赐之书,曰:'子之清才茂学,海内之人皆知之,皆仰之,所不知者,其为人耳。'又曰:'尝读子之《渼陂集》矣,其渊然之音,苍然之色,馡然之芳,腴然之味,耳目口鼻各满其欲,则几席之间春风袭人,当于古人求之矣。'又曰:'冬初又当告别,希赐佳章,以华其行。'"⑦此序保存了黄臣书信的部分内容,可谓"雪泥鸿爪""鲁殿灵光"。

传世石刻文献亦偶见黄臣诗文,可资辑佚。除前文提及济阳博物馆藏《明故通议大

① 杜甫著,仇兆鳌注:《杜诗详注》,北京:中华书局,1979年,第2322页。

② 卷末跋未有作序者之姓名,细读跋文,似非黄臣之语。跋文末有"古晋""征仲私印"等印,更证非黄臣之文。盖"重梓复旧"者黄臣,"作叙辨之"者另有其人,非黄臣作序也。

③ 按,迷,原文如此,疑当作"逆",盖因形近而误。

④ 万斯同:《明史》,《续修四库全书·史部》第329册,上海:上海古籍出版社,2002年,第118页。按,张廷玉撰《明史》无《黄臣传》。

⑤ 王圻纂辑:《续文献通考》,北京:现代出版社,1986年,第3319页。

⑥ 《明实录·世宗实录》卷六十。按,张彦頨,《康熙山东通志》《乾隆济阳县志》《民国济阳县志》俱误作"张彦頫",盖因形近而误。

⑦ 王九思:《渼陂续集》,《四库全书存目丛书·集部》第48册,第224页。

夫河南按察司按察使邢公墓志铭》外,《襄陵县令刘希召镌立草书碑》存黄臣七律《留别》一首(见右图)。此诗刻石源于黄臣精深的书法造诣。赵士奇跋《留别》云:“少参韶台老先生分守驻节襄陵……士奇始得拜接丰采,因授以心画之学,且自予黄氏安崖先生可法也。襄亦节守是邦惜于不多见耳,门人关子世宁作然曰:独不见安崖公留别邢运长之诗。于邢氏私箧中捡获此作,越明日,邑侯西溪刘君闻而嘉之,乃命工镌石以永其传,亦以咏襄之人有去思也。”①《留别》是黄臣写给邢运长的赠别诗,具有较高的书法艺术性。襄陵县令刘希召命工刻于石,以为“可法”,兼有“去思”之意。

黄臣手书《留别》诗

注:图片来自高建录主编《三晋石刻大全·临汾市襄汾县卷》,太原:三晋出版社,2016年。

以上辑佚黄臣诗文二十余篇,尚有误收待考者。《山左明诗钞》卷六录黄臣诗《重阳后邢信卿过访》②。邢其谏,字信卿,号蔚山(亦作“慰山”),山东济阳人。据张尔岐《慰山邢先生墓志铭》,“君终于大清康熙六年六月二十五日,距生时明万历七年十二月十二日得寿八十又九”③。邢其谏生于万历七年(1579),黄臣卒于嘉靖二十年(1541),可见二人并无交集。《乾隆济阳县志》卷十三《艺文志》录此诗,系于高有恒名下。高有恒,《乾隆济阳县志》卷八《人物志》有传:“文名藉甚,诗尤擅宗盟。与邢信卿为笔砚交,相颉颃。集一时名人为诗社,吟咏赠答无虚日。”④由传文知,邢其谏与高有恒有交谊、以诗文唱和。《山左明诗钞》卷二十九录高有恒诗三首,中有《重阳后邢信卿过访》⑤,与卷六系于黄臣

---

① 高建录主编:《三晋石刻大全·临汾市襄汾县卷》,太原:三晋出版社,2016年,第83页。明嘉靖十九年(1540)勒石,今存山西省襄汾县襄陵城隍庙。因年代久远,碑已漫漶剥泐,《留别》有八字不能识读。

② 宋弼选:《山左明诗钞》,《四库全书存目丛书·集部》第412册,济南:齐鲁书社,1997年,第59页。

③ 张尔岐著,张翰勋等点校:《蒿庵集》,第113页。

④ 胡德琳修,何明礼纂:《乾隆济阳县志》,《中国方志丛书·华北地方》,第779页。

⑤ 宋弼选:《山左明诗钞》,《四库全书存目丛书·集部》第412册,第297页。

名下之《重阳后邢信卿过访》，文字全同。高有恒有《草玄居诗稿》传世。① 国家图书馆藏有明崇祯间刻本，一册，二卷。《草玄居诗稿》卷上收有《重阳后邢信卿过访》，文字与《山左明诗钞》《乾隆济阳县志》所收全同。故此可以判定，《重阳后邢信卿过访》乃高有恒诗。《山左明诗钞》将其分别系于黄臣、高有恒名下，显系纂辑者误植。②《山左明诗钞》实收黄臣诗三首：《欲登峨山经圣积寺述怀》《游峨偶成》《蜀道杂吟》。此三首，或出于《登峨山诗》。③《乾隆济阳县志》卷十三所录五言绝句《觐峨吟》二首，抑或出于《登峨山诗》。

余 论

《民国济阳县志·卷首》王揖唐序云："（济阳）文学则有邢信卿、张稷若，将帅则有闫俊烈、卢子嘉……栉比林立而不胜枚举。"④黄臣文学成就颇高，可惜其著述散佚严重，百不存一（见附表），故而王序未曾提及。民国张鸿恩云："任其散佚不加纂修，则一邑文献日就刓缺。不惟先民之声灵于焉泯没，即国民之精神亦因之沦丧。将何以借观摩而励士气，挽世风而拾人心？"⑤诚哉斯言！黄臣作为明代济阳籍前贤，而湮没于史志，著述散佚，实为济阳历史文化的重大损失。希望今后借助于数据库的不断完善，能有更多黄臣佚诗遗文可以被辑佚出来，为地方文献之搜集、整理增砖添瓦。

黄臣仕宦近三十年，任职于各部，往来于多省，结交的都是当时名士，于别集、史志、政书中保留了一些诗文奏疏，正待我辈搜寻。当然，笔者更期望黄臣某部著述尚存天壤间，静静地藏于某图书馆或私人手中，只是因缘未足而不为人所知。近来，国家加大了对珍稀古籍善本的调查和保护力度，说不定将来黄臣著述终有重见天日之机。作为黄臣邑人后辈如我者，这份私心或许不算过分吧。

附记：小文曾先后得到天津大学教育学院谭皓、山东理工大学齐文化研究院王勇、北京大学《儒藏》编纂与研究中心李畅然三位师友和匿名外审专家的指教，谨致谢忱。文中谬误，责在本人。

---

① 每半页八行，行十七字，白口，四周双边。检索《中国古籍总目·集部》（北京：中华书局，2012年，第998页），《草玄居诗稿》仅存明崇祯刻本，且仅在国家图书馆有藏。

② 参拙文《〈山左明诗钞〉误收黄臣诗一首》，《读书》2019年第12期。

③ 徐泳先生持此说，见济南市史志办公室编：《济南历代著述考》，济南：济南出版社，2014年，第89页。

④ 卢永祥修，王嗣鋆纂：《民国济阳县志》卷首。

⑤ 卢永祥修，王嗣鋆纂：《民国济阳县志》卷十五。

黄臣著述一览表(一)

序号	书名	著录情况	存佚	备注
1	《安崖文集》	《乾隆济阳县志》	佚	笔者所辑黄臣序、跋、记、铭等篇,或出此
2	《安崖奏议》	《乾隆济阳县志》	佚	笔者所辑黄臣疏四篇,或出此
3	《安崖诗话》	《乾隆济阳县志》	佚	
4	《筐山寄傲》	《乾隆济阳县志》	佚	
5	《登峨山诗》	《乾隆济阳县志》	佚	共七十首。笔者所辑黄臣《登峨山诗》数首,或出此
6	《过杨贵妃墓诗》	《乾隆济阳县志》	佚	
7	《关中古诗》	《蒿庵集》	佚	石本,一册,或与《秦中古意》有关
8	《过桓侯庙诗》	《蒿庵集》	佚	石本,一册

黄臣著述一览表(二)

序号	篇名	著录情况①	文体	篇数	备注
1	《归来堂自述》	《万历济阳县志》	诗	1	
2	《遣兴》	《万历济阳县志》	诗	1	
3	《节寿荣封诗序》	《万历济阳县志》	序	1	
4	《邢东崖义墓志铭》	《乾隆济阳县志》	铭	1	
5	《宿小寺》	《乾隆济阳县志》	诗	1	
6	《觌峨吟》	《乾隆济阳县志》	诗	2	或出《登峨山诗》
7	《书〈凝斋集〉后》	《王文庄公集》	跋	1	
8	《重刻史记后序》	《史记》(嘉靖十三年秦藩朱惟焯刻本)	序	1	
9	《皇明诏书后序》	《皇明诏令》	序	1	
10	《重批答以清朝政疏》	《皇明嘉隆疏抄》	疏	1	或出《安崖奏议》
11	《慎抽取以苏民困疏》	《皇明嘉隆疏抄》	疏	1	或出《安崖奏议》。《皇明疏钞》题作"信诏令以苏民困疏"
12	《慎恩典以节京储疏》	《皇明嘉隆疏抄》	疏	1	或出《安崖奏议》

① 按,此处仅列出最早著录者,晚出书的著录情况,不再胪列。

(续表)

序号	篇　名	著录情况①	文体	篇数	备　注
13	《清盐禁以实边储疏》	《古今咸略》	疏	1	或出《安崖奏议》
14	《总制唐公击虏获捷》	《万历固原州志》	诗	6	
15	《秦中古意》	《雍正陕西通志》	诗	2	原为八首,选取二首
16	《欲登峨山经圣积寺述怀》	《山左明诗钞》	诗	1	或出《登峨山诗》
17	《游峨偶成》	《山左明诗钞》	诗	1	或出《登峨山诗》
18	《蜀道杂吟》	《山左明诗钞》	诗	1	或出《登峨山诗》
19	《重阳后邢信卿过访》	《山左明诗钞》	诗	1	著录误,系高有恒诗
20	《重修无极县治记》	《乾隆无极县志》	记	1	
21	《重修济南府儒学记》	《道光济南府志》	记	1	或即张尔岐所谓"石本《济南庙学碣》一篇"者
22	《明故通议大夫河南按察司按察使邢公墓志铭》	《海岱学刊》总第20辑	铭	1	碑存于济阳博物馆
23	《留别》	《三晋石刻大全·临汾市襄汾县卷》	诗	1	碑存于襄汾县襄陵城隍庙。有八字不能识读
24	《归田诗》	《蒿庵集》	诗	不详	《民国山东通志》按语,"《归田诗》疑即《筐山寄傲》"

① 按,此处仅列出最早著录者,晚出书的著录情况,不再胪列。

明代鲁藩王府仪宾辑考

朱学斌　张　冶

摘要:明代藩王府仪宾是一个特殊的群体。据初步统计,有明一代各藩王府仪宾的数量可达数万人。对于这个群体的家世、教育程度、生活状况等,之前学界关注较少。本文通过对正史、石刻文献、地方志、宗谱等资料的挖掘、梳理,整理汇总了明代山东鲁藩王府仪宾,并通过对仪宾群体的分析,总结了鲁藩王府仪宾的婚嫁年龄、遴选程序、世家情况、教育程度等,对于勘正正史与地方志所载抵牾之处、促进明代社会史的深入研究具有一定的意义。

关键词:鲁府　仪宾　宗人府　石刻文献　鲁藩王

作者:朱学斌,华东师范大学中文系明园晨晖学者。张冶,河北金润置地房地产开发公司金石研究学者。

引 言

明朝建立后，开国皇帝朱元璋对太子以下的诸子实行封藩，明宗室遍布全国。诸王分封于各地，与地方上有着千丝万缕的联系，形成了王府与地方相关联的系列文化。

仪宾，全称为宗人府仪宾，是明朝藩王府郡主、县主、郡君、县君、乡君夫婿的封号。洪武二十七年，明太祖朱元璋制订了《更定公主、郡主封号、婚礼及驸马仪宾品秩》："皇女曰公主，亲王女曰郡主，郡主(王)女曰县主，郡主(王)孙女曰郡君，郡王曾孙女曰县君，郡王玄孙女曰乡君……自郡主夫至乡君夫皆称宗人府仪宾，其禄秩各递减一等，散官照品级授。公主及驸马都尉岁食禄米二千石、郡主及仪宾八百石、县主及仪宾六百石、郡君及仪宾四百石、县君及仪宾三百石、乡君及仪宾二百石。"①

仪宾品级的判定，可以根据王世贞《弇山堂别集·同姓诸王表》的记载："亲王之支子尚得为郡王，郡王之支子始为镇国将军，从一品；镇国之子为辅国，从二品；辅国之子为奉国，从三品。皆将军。奉国之子为镇国中尉，从四品；镇国之子为辅国中尉，从五品；辅国之子为奉国中尉，从六品。自是虽支庶皆得称中尉，不为齐民。而亲王之女称郡主，尚之者曰仪宾，从二品。女自县主、郡君、县君、乡君、仪宾，自三品至六品。"②

关于明代藩王府仪宾之数目，还没有文献进行过综合统计。不过这个数目很庞大，例如《嘉靖平凉府志》载：韩王府"各府……全俸仪宾三百九十四，半俸仪宾一百六十三"③。这个仪宾数量还仅仅是截止到嘉靖三十九年(1560)的统计，因此可估计明末仪宾数量可能还要多出三分之一，从而达到740位以上。

明代在山东地区的藩王府有鲁王府、德王府、衡王府等，本文仅就鲁藩王府的仪宾进行统计及相关探讨。鲁荒王檀，明太祖第十子，洪武三年生，出生两月而封，洪武十八年

① 《明太祖实录》卷二百三十三"洪武二十七年七月戊戌朔"，台湾："中研院"历史语言研究所校印，1966年，第3409~3410页。

② 王世贞撰，魏连科点校：《弇山堂别集》，北京：中华书局，1985年，第562页。

③ 《嘉靖平凉府志》卷一，《中国西北文献丛书》第1辑《西北稀见方志文献》第41卷，北京：线装书局，2006年，第307页。

就藩兖州。[1] 鲁王朱檀的后裔中，封亲王者13人、郡王者70余人，各级将军300余人。[2] 由于鲁藩开府较早，初步估计各类仪宾数量会在千人左右。鲁藩仪宾的相关考证，可以促进对明代山东地方不同社会群体之间互动关系的研究。

一、明代仪宾研究综述

明代仪宾记载散见于正史、石刻材料、类书、谱牒等资料中。由于仪宾原本地位不高、罕见显赫人物，以往明清研究对于这类群体着墨不多，导致统计困难。目前，国内对明代仪宾群体的研究可以说尚处于起步阶段。

秦造垣《明故夏阳县主墓志考释》一文阈于资料，未能对明代秦藩夏阳县主仪宾张景展开探讨。[3] 陕西省考古研究院《西安南郊明上洛县主墓发掘简报》对明代秦藩保安王嫡长女上洛县主墓的挖掘情况进行介绍，简单考释了上洛县主仪宾申文的家世。[4] 邵磊、王泉在《南京出土明代皇族墓志考》一文中依据墓志对谷城郡主仪宾鲁信及其子嗣略有考释。[5] 周翔、郝丽君《晋藩宁河王府沛县县君朱氏墓志铭》一文利用新发现的晋藩宁河王府墓志，结合明代文献，分析了明后期藩府宗室人员生活状况，对沛县县君仪宾郭清略有提及。[6] 以上皆为利用出土墓志对明代仪宾进行的个案研究，但诸文着重点并非仪宾，故文中虽有提及但都未能深入。杨宪钊主要从文献出发，考察相对具体，对沈府仪宾仇森的生活轨迹进行了描述。[7]

此外，诸多学者在明史政治、文化、经济等方面的研究中，对仪宾问题都略有涉及。杨成在早期就注意到，与皇室通婚时勋臣家禁不入选是宣德以后的事情。[8] 日本学者佐藤文俊《明代宗室婚姻的性格》一文则提出明代宗女的通婚对象(仪宾)的选择范围愈趋狭窄。[9] 杨宪钊《明代仪宾群体研究》则是首篇综合性探讨仪宾群体的论文。[10] 其文主要

---

① 参见张廷玉等:《明史》,北京:中华书局,1974年,第3575页。

② 参见樊英民编著:《兖州历代碑刻录考》,济南:齐鲁书社,2013年,第435页。

③ 参见秦造垣:《明故夏阳县主墓志考释》,《考古与文物》2009年第1期。

④ 参见陕西省考古研究院:《西安南郊明上洛县主墓发掘简报》,《考古与文物》2009年第4期。

⑤ 参见邵磊、王泉:《南京出土明代皇族墓志考》,《中国国家博物馆馆刊》2013年第3期。

⑥ 参见周翔、郝丽君:《晋藩宁河王府沛县县君朱氏墓志铭》,《史志学刊》2016年第3期。

⑦ 参见杨宪钊:《明代仪宾生活述略——以沈府仪宾仇森为中心》,《郑州航空工业管理学院学报(社会科学版)》2013年第5期。

⑧ 参见杨成:《明代皇室与勋臣通婚状况抉微》,《中国史研究》1984年第1期。

⑨ 参见[日]佐藤文俊:《明代宗室婚姻的性格》,陈怀仁主编:《第六届明史国际学术讨论会论文集》,合肥:黄山书社,1997年,第635~638页。

⑩ 参见杨宪钊:《明代仪宾群体研究》,西南大学2014年硕士学位论文。

依据正史,兼顾石刻材料,虽搜集用功,但样本数偏少,有些结论,如对仪宾纳妾问题所得出的结论不免偏颇。

针对山东境内德府、衡府、鲁府的仪宾,尚未有较为全面研究的论文。房崇阳依据墓志及家谱汇总了约二十位衡王府仪宾。① 杜心广等人依《明实录》及墓志等搜集了部分鲁府仪宾,但考释过简,多从民俗角度叙述。② 周郢较早注意到,泰山碧霞祠天启五年立《敕建泰山灵佑宫记》碑阴有德府仪宾玄大任之题名,并考释出玄府所在地。③ 宗世强等人对此也曾有所涉及。④ 张冶等则通过田野调查,发现泰山万仙楼明代香客题名碑中有鲁府仪宾"汪伯魁"的题名。⑤ 以上诸文对所涉山东明代藩府仪宾皆未能系统论述,因此,有针对性、系统地整理搜集藩府仪宾并勾画其生活轨迹,需要从多种材料入手,形成足够的样本数量,才能发现以往易于忽略的细节。

二、鲁藩王府仪宾辑录

鲁藩所封郡主、县主、郡君、县君、乡君,从鲁王分封之日到明亡,明代文献所载不及实际数量之十一。根据文献资料,我们一共收集到鲁府仪宾 113 位,当然这也只是鲁藩仪宾的一部分。有些仪宾不仅纸质文献有载,石刻材料亦有记,正可互相印证。本文收集的 113 位仪宾,其资料来源如下:明实录(28 位)、墓志及石刻(64 位)、地方志(8 位)、宗谱(4 位)、类书(9 位)。⑥ 其中墓志及正史所载占大多数。

明代鲁藩仪宾按出身要求大致可分为前中后三期:前期,从洪武到成化,包括军士;中期,从弘治到正德,要求家世清白;后期,从嘉靖到崇祯,对身份并无过多要求。下面按时间顺序分期介绍收集到的鲁藩仪宾:

(一)明代前期

杜思训【授封时间约永乐间(1403—1424)】

《光绪邹县乡土志》载:"杜忠训,字希德,号西庵,鲁藩府仪宾,性简重,生平无伪言伪

① 参见房崇阳:《衡王府仪宾考》,《春秋》2019 年第 5 期。

② 参见杜心广主编:《明鲁王府在兖州的几个仪宾府概况》,《兖州明代鲁王府》,北京:中国文史出版社,2018 年。

③ 周郢:《泰山编年通史》,济南:山东人民出版社,2022 年,第 840 页。

④ 宗世强等:《泰山碧霞祠明代铜碑碑文校录考诠》,《泰山学院学报》2022 年第 3 期。

⑤ 张冶、宫延鹏:《泰山万仙楼明代香客题名碑分析初探》,《泰山学院学报》2022 年第 2 期。

⑥ 地方志、类书中所载墓志仍归类于地方志及类书,未归于墓志类。抄本奏议《鲁府招》归类于类书。如某仪宾,《明实录》与墓志皆有载,归于《明实录》中。

行。”①据邹城《杜氏族谱》，上记中“杜忠训”应为“杜思训”，为邹城杜氏二世祖。

赵瑄、孔希恭、李让【授封时间宣德二年（1427）】

《明实录》载：“命行在吏部左侍郎郭琎、礼科左给事中汪本为正副使，持节封鲁王肇煇嫡子泰堪为鲁世子、庶长子泰圷为安丘王、第三子泰塈为乐陵王、第四子泰墱为巨野王。册知县赵褫女为鲁世子妃，西城兵马副指挥孙钟女为安丘王妃，南城兵马副指挥赵兴女为乐陵王妃，北城兵马副指挥蔡祥女为巨野王妃。命鲁王肇煇长女诸城郡主配济宁卫指挥赵荣子瑄，第二女文登郡主配曲阜知县孔克中子希恭，第三女郓城郡主配济宁左卫指挥李善子让。命瑄等俱为仪宾，赐之诰命。”②可知赵瑄为诸城郡主之仪宾、孔希恭为文登郡主之仪宾、李让为郓城郡主之仪宾。

按《明会典》：“凡亲王妃父，原无官者，授兵马指挥职衔。郡王妃父，授兵马副指挥职衔。俱不任事。”③所谓的南城兵马副指挥、北城兵马副指挥其实都是虚职。下嫁藩府各庶子的女子（王妃），在其出嫁前其父可能只是一介平民，至多是个略有功名的士人。明代在每座城均设有中、东、西、南、北五城兵马指挥司。各方位指挥一人，正六品；副指挥四人，正七品。亲王妃之父封兵马指挥，郡王妃之父封兵马副指挥，至于东南西北中，则是随意加上的。但是无论是封为兵马指挥的亲王妃父，还是封为兵马副指挥的郡王妃父，虽有封号，实际上并不真正担任相应的官职，仅获封一种称号，并凭借该称号领一定的俸禄而已。可以看出，除鲁藩主支嫡子婚配基本还要讲究门当户对外，其他庶子分支多娶普通士人后代。而各个郡主所尚仪宾之父辈则多任实职，如济宁卫指挥、济宁左卫指挥、曲阜知县等。

关于仪宾赵瑄，《明实录》另有一记：“山东都指挥佥事陈忠男陈彰荒淫无度，屡娶淫妇且欺奸妻属幼女。事露，坐罪不悛，赎娶鲁府仪宾赵瑄婢所生之子女为妻，屡加棰骂，且幽闭之不容其亲属往来。赵氏逸出抵湖州，私配舍人王陞。赵氏兄钧与彰皆莫知其所向。彰疑钧匿之，具奏以闻；钧亦疑彰杀之，遂唆母诸城郡主赴京奏诉事下，巡抚等官久而获之，刑部拟罪，以彰累恶不悛，法难轻贷。上命谪戍延绥边卫。”④可知仪宾赵瑄除有尚诸城郡主为妻外，另娶有妾。

关于文登郡主配曲阜知县孔克中子希恭，《明实录》正统十二年（1447）还有一条记载：“十二月戊午朔，命鲁府文登郡主仪宾孔希恭，明年禄米本色五百石仍拨兖州广盈仓，

---

① 胡炜纂修：《光绪邹县乡土志》，清光绪三十三年山东国文报馆石印本。

② 《明宣宗实录》卷二十八“宣德二年六月乙酉”，第 754 页。

③ 申时行等修：《明会典》卷五《选官》，北京：中华书局，1989 年，第 25 页。

④ 《明宪宗实录》卷九十三“成化七年秋七月己丑”，第 1788~1789 页。

另收新细粟米支用。”[1]孔希恭父孔克中，《明实录》宣德元年载：“辛酉，赐袭封衍圣公孔彦缙祖母、父母诰命及曲阜县知县孔克中并其父母、妻敕命。”[2]据曲阜地方志，孔希恭，字士安，性明敏，善诗楷书，授鲁府仪宾，尚文登郡主，阶中奉大夫。

汤文瓒【授封时间正统二年(1437)】

《明实录》正统二年载：“以鲁王女福山郡主配汤文瓒……命文瓒等俱为宗人府仪宾，给赐诰命、冠服等物。”[3]汤文瓒为开国功勋汤和后人汤升之子，尚鲁靖王第四女福山郡主。汤文瓒自幼聪颖，博览群书多有心得，学习认真无倦意，文采超群为时人敬佩。明正统丙辰(1436)，鲁靖王推广亲恩，上奏朝廷，以十四岁的汤文瓒尚四女福山郡主。正统二年(1437)诰封。

汤文瓒的墓志记载了更多的细节。《鲁靖王四女福山郡主仪宾汤文瓒圹志》：“公讳文瓒，字廷器，姓汤氏……父讳升，字仲瞻，授鲁府仪卫司典仗。”[4]汤升为汤和后人，汤和的次女即第一代鲁王朱檀的正妃。《东瓯襄武王汤公圹志》记：“显考讳和……女五人：长适德庆侯廖权；次鲁王(鲁荒王檀，太祖第十子)妃。”[5]前一圹志又记：“正统丙辰，今贤王殿下复推广亲恩，遂请于朝，以公尚福山郡主，诰授公为中奉大夫、宗人府仪宾。盖汤氏与国世戚，从鲁而居者，自典仗君始。”汤文瓒生于永乐壬寅(永乐二十年，1422)四月十八日，卒于景泰癸酉(景泰四年，1453)八月二十二日，得寿三十有二。子二人，长曰盘，配卫氏，嫡出也；次曰盂，庶出也。可知汤文瓒除有妻福山郡主外，尚有妾一人。《光绪滋阳县志》卷六《古迹志》载，鲍家店有景泰四年明中奉大夫仪宾汤公墓，墓志由杨必贵撰文。[6]

冯佳、郝济时、李赞、王铸【授封时间天顺元年(1457)】

《明实录》天顺元年载：“给鲁府栖霞县主并仪宾冯佳、朝城县主并仪宾郝济时、莱芜县主并仪宾李赞、鱼室县主并仪宾王铸岁禄各六百石米钞兼支。”[7]后来栖霞县主、章丘县主皆晋升郡主。《明实录》成化七年载：“戊寅，进封鲁王长女栖霞县主、次女章丘县主俱为郡主，仪宾俱为郡主仪宾，仍赐诰命及郡主冠服。以鲁王泰堪由世子进封为王故也。”[8]

---

① 《明英宗实录》卷一百六十一“正统十二年十二月戊午朔”，第3125页。

② 《明宣宗实录》卷十三“宣德元年春正月辛酉”，第366页。

③ 《明英宗实录》卷三十“正统二年五月壬辰”，第595页。

④ 樊英民编著：《兖州历代碑刻录考》，第92页。

⑤ 蚌埠市博物展览馆：《明汤和墓清理简报》，《文物》1977年第2期。

⑥ 参见黄恩彤纂，李兆霖等续修，黄师訚等续纂：《光绪滋阳县志》，《中国地方志集成·山东府县志辑》，南京：凤凰出版社，2004年，第100页。

⑦ 《明英宗实录》卷二百八十四“天顺元年十一月丙寅”，第6086页。

⑧ 《明宪宗实录》卷九十一“成化七年五月戊寅”，第1760页。

范洁【授封时间约天顺二年(1458)】

据《亚中大夫宗人府仪宾范洁墓志铭》,范洁为今上海崇明人,去世于弘治四年(1491)①。其父范雯,景泰年间任兖州府推官。恰逢"鲁藩选亲中式,有司举送,诰封亚中大夫、宗人府仪宾,配以棠邑县主",不到十年,县主辞世,范洁父所任兖州府推官期满,升福建行都司断事。范洁"引年上疏,恩允致仕,公迎就禄养",却偶中风疾,不幸辞世。其生年为正统七年(壬戌年,1442),尚棠邑县主之年份约在天顺二年(1458)。墓在曲阜。

孔详【授封时间约天顺二年(1458)】

据臧麟撰文《翰林院世袭五经博士颜公铉墓志铭》载:颜公铉"配孙氏,山西布政司参议昱之女,先公卒。继孔氏,宣圣五十七代孙诃之女,亦先卒。……孔出女三,长适仪宾孔详子公泽,次为巨野府辅国将军夫人,次适南京吏部主事李承祖男李亢"②。颜公铉生于正统辛酉(正统六年,1441),续妻孔氏所生长女适仪宾孔详子孔公泽,颜公铉年龄当略长于仪宾孔详,孔详娶鲁藩宗室女时间大致为天顺二年(1458)。嘉靖二十一年(1542),孔公泽任曲阜知县,后因事革职。③

李盛【授封时间约天顺二年(1458)】

据《儒学训导鲍克信墓志铭》④,鲍克信生年为正统七年(壬戌年,1442),其长子娶巨野王仪宾李盛女,那么李盛之生年应与鲍克信相近。李盛尚巨野王之女年份约在天顺二年(1458)。由于仪宾也有身份地位,亦有稳定的收入来源,所以,仪宾之后也成为地方官宦的联姻对象。

李瓒【授封时间天顺四年(1460)后】

据《儒学训导鲍克信墓志铭》,鲍克信第三子鲍继和,娶乐陵王府仪宾李瓒女,李瓒尚乐陵王女之年代在天顺四年(1460)后。

胡逵【授封时间约成化元年(1465)前】

《明实录》载:"鲁府仪宾胡逵有罪,赎杖还职,以家人违法连坐也。"⑤《大明安人胡氏墓志》中记:"父逵随官单父,尚鲁惠王女章丘郡主,阶中奉大夫,宗人府仪宾。郡主,安人母也。"⑥按安人胡氏生于成化十七年(1481),胡逵尚章丘郡主应前推十六年,约在成化

---

① 参见李恒法、解华英编著:《济宁历代墓志铭》,济南:齐鲁书社,2011年,第78~79页。

② 《明伦汇编·官常典》卷一百二十八,陈梦雷编纂,蒋廷锡校订:《古今图书集成》第267册,北京:中华书局、成都:巴蜀书社,1986年,第48页。

③ 参见中国社会科学院历史研究所编:《曲阜孔府档案史料选编》第2编,济南:齐鲁书社,1980年,第31页。

④ 李恒法、解华英编著:《济宁历代墓志铭》,第80~83页。

⑤ 《明宪宗实录》卷二百七十八"成化二十二年五月乙丑",第4689页。

⑥ 樊英民编著:《兖州历代碑刻录考》,第131页。

元年(1465)前。胡氏墓志对于胡逵有罪一事只字未提。

李鉴、王鹏、汤思容【授封时间成化七年(1471)后】

据《弘治七年安丘镇国将军夫人圹志铭(下石)》,夫人岳氏“女三人,长封肥城郡君,下嫁仪宾李鉴;次封蓬莱郡君,选仪宾王鹏,未成婚先卒;又次封高宛郡君,下嫁仪宾汤思容”①。岳氏于景泰五年(1454)选配安丘靖恭王次子,其长女出嫁在成化七年(1471)后。

王□【授封时间成化间(1465—1487)】

于慎行撰《赠礼科右给事中刘公墓表》:“时亚中大夫王公,配鲁藩昌邑县主者也……以孙女字焉。”②刘公(麟)二十六岁先逝,时其孺人二十八岁,后去世于万历丁丑(万历五年,1577),时年七十四岁。刘公当生于正德元年(1506)。而亚中大夫王公以其孙女字焉,则王公可能生活于成化年间(1465—1487)。

(二)明代中期

王襄、梁鹗、邢世德【授封时间弘治元年(1488)】

《明实录》载:“丁亥,赐……鲁府渭南郡君并仪宾王襄、观城郡君并仪梁鹗、招远县主并仪宾邢世德……诰命,冠服如制。”③《孙继芳孔氏合葬墓志铭》载:孔氏第三子孙允中娶仪宾梁公鹗女,第二女适仪宾张君绣子张九畴。④ 梁公鹗即为受诰封的梁鹗。

张绣【授封时间弘治元年(1488)左右】

《孙继芳孔氏合葬墓志铭》载:孔氏第三子孙允中娶仪宾梁公鹗女,第二女适仪宾张君绣子张九畴。梁鹗诰封于弘治元年(1488),张绣授封也应在此时左右。

梁怀【授封时间弘治三年(1490)】

《明实录》:“戊辰,赐……鲁府宁海郡主仪宾梁怀诰命,冠服如制。”⑤《乾隆武城县志》:“梁怀,少参梁谨第五子,以状貌之奇选鲁府仪宾。”⑥梁谨,天顺八年甲申科进士第二甲。⑦

---

① 骆承烈汇编:《石头上的儒家文献——曲阜碑文录》,济南:齐鲁书社,2001年,第424页。

② 黄恩彤纂,李兆霖等续修,黄师誾等续纂:《光绪滋阳县志》,《中国地方志集成·山东府县志辑》,第266页。

③ 《明孝宗实录》卷十二“弘治元年三月丁亥”,第285页。

④ 参见樊英民编著:《兖州历代碑刻录考》,第150页。

⑤ 《明孝宗实录》卷四十四“弘治三年十月戊辰”,第901页。

⑥ 骆大俊纂修:《乾隆武城县志》,《中国地方志集成·山东府县志辑》,南京:凤凰出版社,2004年,第277页。

⑦ 参见朱保炯、谢沛霖编:《明清进士题名碑录索引》,上海:上海古籍出版社,1980年,第2459页。

萧聪、赵璠、王巍【授封时间弘治五年(1492)后】

《巨野庄宪王墓志》载："嫡女三人，长封安平县主，卒，配仪宾萧聪；次封□同县主，卒，配仪宾赵璠；次封荥阳县主，配仪宾王巍。"①如按庄宪王薨于嘉靖八年(1529)，享年七十，其当生于天顺四年(1460)，嫡女大致婚配于弘治五年(1492)后。

值得注意的是，赵璠之名在鲁藩仪宾中出现两次。弘治十四年(1501)十月："辛酉，赐……鲁府思同(郡)君并仪宾赵璠……诰命，冠服如制。"《巨野庄宪王墓志》中赵璠所配县主与弘治十四年(1501)诰命中赵璠所配郡君，应非一人。

王怀德、牛黉、张孟玉、萧聪【诰封时间弘治十年(1497)】

《明实录》载："戊辰，赐……鲁府任城郡君并仪宾王怀德……诰命，冠服如制。"②"赐鲁府定陶县主并仪宾牛黉、思明郡君并仪宾张孟玉、安平郡君并仪宾萧聪诰命，冠服如制。"③按《巨野庄宪王墓志》载，萧聪尚安平县主，县主早卒。弘治十年(1497)诰封的萧聪所尚安平郡君，与安平县主仪宾萧聪应非一人，因安平县主与安平郡君并非同一辈分。按《明会典》嘉靖三十四年议准："选到仪宾，有未婚而郡县主君病故，要将次女续亲者听，仍准改给诰命。"④此规定晚于弘治间。

《明实录》正德五年载：夏四月乙未，"鲁府仪宾牛黉请出粟六百石及禄米石如之，以助修河之役，赐敕奖谕"⑤。兖州邑人周元英《滋阳县乡土志》载："前明牛黉为鲁王宗人府仪宾，居济宁，王为造仪宾府于滋阳之钟楼街，遂家焉。"因此，在明代此街有牛氏"仪宾府"。据兖州区档案馆馆藏民国年间出版的《牛氏大宗谱》，居济宁藤花树街的牛氏三世祖牛端，明成化年间官至兵马指挥。⑥ 明弘治九年(1496)四月二十八日，孝宗皇帝颁圣旨诰封文，特命牛端之子牛黉为亚中大夫、宗人府仪宾，婚配鲁靖王六子邹平王泰塍之女定陶县主。宗谱上记诰封日期为弘治九年，《明实录》记为弘治十年。估弘治九年为申请诰封日期，弘治十年为颁布日期。此外，关于牛氏三世祖牛端，《明实录》有记："南城兵马副指挥牛端女牛氏为鲁府新蔡王妃。"⑦《明实录》所记较宗谱所记更详。牛仪宾府的四至南为今钟楼街路北，北至陋巷，东至中御桥南路，西至袜子巷，府内楼台殿阁建筑宏伟，府后有花园假山。

---

① 樊英民编著：《兖州历代碑刻录考》，第133页。
② 《明孝宗实录》卷一百二十五"弘治十年五月戊辰"，第2232~2233页。
③ 《明孝宗实录》卷一百二十九"弘治十年九月乙丑"，第2290页。
④ 申时行等修：《明会典》卷五十七《王国礼三・婚姻》，第358页。
⑤ 《明武宗实录》卷六十二"正德五年夏四月乙未"，第1356页。
⑥ 参见杜心广主编：《明鲁王府在兖州的几个仪宾府概况》，《兖州明代鲁王府》，第379~390页。
⑦ 《明武宗实录》卷一百一十二"正德九年五月丁亥"，第2290页。

颜重道【授封时间弘治十一年(1498)】

《明实录》弘治十一年(1498)载:"辛酉,赐……鲁府归化郡主并仪宾颜重道……诰命,冠服如制。"①《康熙曲阜县志》记,颜重道尚归化郡主为弘治十六年(1503)②,究竟是《明实录》误还是《康熙曲阜县志》误,待考。据臧麟撰文《翰林院世袭五经博士颜公铉墓志铭》,颜公铉"子五,长即重德;次重礼,太学生;次重道,鲁藩仪宾中奉大夫……"。可见,颜重道为颜公铉第三子。

卢惟中【授封时间弘治十一年(1498)】

《万寿宫重修记》碑署"鲁府新义郡主仪宾中奉大夫川西卢惟中书丹",篆额人及撰文人分别为鲁藩郯城王朱当滋、馆陶王朱当溷。此碑立于嘉靖元年(1522)。③ 据《明实录》弘治十一年十月十三日记:"赐……鲁府新义郡主并仪宾卢惟中……诰命,冠服如制。"④那么,卢惟中诰封时间当为弘治十一年(1498)。

尚世英、王泽【授封时间弘治十一年(1498)】

《明实录》弘治十一年(1498)载:"壬午,赐鲁府安仁郡君并仪宾尚世英、泗城郡君并仪宾王泽……诰命,冠服如制。"⑤

王应奎、徐片玉、侯继芳【授封时间弘治十一年(1498)及较早】

《鲁邹平王府新城县主墓志铭》载:"县主乃鲁靖王曾孙女也,邹平庄靖王之孙女、邹平恭懿王之第三女也。……年甫十五,诰封新城县主,时弘治十一年也。居无何,下嫁宗人府仪宾亚中大夫王公应奎。"此墓志书丹者"本府仪宾单父徐片玉"、篆盖者"本府仪宾滕阳侯继芳"⑥。徐片玉、侯继芳都为邹平王府仪宾,其授封时间较弘治十一年(1498)为早。

孟廷秀、张溥【授封时间弘治十二年(1499)】

《明实录》弘治十二年(1499)载:四月辛丑,"赐鲁府温江郡君并仪宾孟廷秀诰命,冠服如制"⑦。十一月"丙子,赐……鲁府清平郡君并仪宾张溥诰命,冠服如制"⑧。

杨守诚【诰封时间弘治十三年(1500)】

《明实录》弘治十三年(1500)载:"甲辰,赐……鲁府奉议郡君并仪宾杨守诚……诰

---

① 《明孝宗实录》卷一百三十九"弘治十一年七月辛酉",第2416页。

② 参见孔弘毅原纂,孔胤淳续修:《康熙曲阜县志》卷四,清康熙十二年刻本。

③ 参见陈垣编纂,陈智超、曾庆瑛校补:《道家金石略》,北京:文物出版社,1988年,第1275~1276页。

④ 《明孝宗实录》卷一百四十二"弘治十一年十月乙亥",第2449~2450页。

⑤ 《明孝宗实录》卷一百四十四"弘治十一年闰十一月壬午",第2515页。

⑥ 樊英民编著:《兖州历代碑刻录考》,第139页。

⑦ 《明孝宗实录》卷一百四十九"弘治十二年四月辛丑",第2626页。

⑧ 《明孝宗实录》卷一百五十六"弘治十二年十一月丙子",第2801页。

命,冠服如制。”①

赵璠【授封时间弘治十四年(1501)】

《明实录》弘治十四年(1501)载:十月“辛酉,赐……鲁府思同(郡)君并仪宾赵璠……诰命,冠服如制”②。

孙炜、高仑、张孟春【授封时间约弘治十四年(1501)后】

《鲁藩巨野三镇将军夫人张氏圹志铭》载,张氏有孙女11人,其中长孙女封阳谷县君,配仪宾孙炜;次封新乐县君,配仪宾高仑;三孙女封平乐县君,配仪宾张孟春。又据《鲁藩辅国将军朱当灦妻张氏圹志铭》,其长女封阳谷县君,配宗人府仪宾孙炜。③ 朱当灦妻张氏于成化二十一年(1485)始婚,孙炜约在弘治十四年(1501)后尚阳谷县君。

孔承需、王舜夔④【授封时间弘治十七年(1504)】

据《鲁藩安丘荣顺王圹志铭》,安丘荣顺王有女四人,其中长封青城县主,配仪宾孔承需,次女封宁陵县主,配仪宾王舜夔。⑤ 又依《鲁府安丘王继妃孔氏圹志》,孔氏卒于弘治十三年(1500),其长女时已封青城县主,次女已封宁陵县主。⑥《康熙曲阜县志》记,孔承需封亚中大夫,其尚青城县主的时间为弘治十七年(1504)。⑦

杨尚文、陈谟【诰封时间弘治十七年(1504)】

《鲁藩巨野三镇将军夫人张氏圹志铭》载,张氏选配于成化二年(1466),卒于弘治十八年(1505),一女封夏津郡君,配仪宾杨尚文。⑧ 关于仪宾杨尚文、陈谟受诰封时间,《明实录》弘治十七年(1504)载:闰四月“戊子,赐……鲁府夏津郡君并仪宾杨尚文、蒙阴郡君并仪宾陈谟诰命,冠服如制”⑨。

按《大明巨野三府夏津郡君圹志铭》,夏津郡君生于成化十一年(1475),获封于成化二十年(1484),时方九岁。杨尚文为鲁府奉祀所典乐杨福林第三子。⑩ 如按《明实录》载,弘治十七年(1504)配仪宾杨尚文,此时夏津郡君已30岁,疑《明实录》记载有误。

---

① 《明孝宗实录》卷一百六十九“弘治十三年十二月甲辰”,第3070页。

② 《明孝宗实录》卷一百八十“弘治十四年十月辛酉”,第3320页。

③ 参见李恒法、解华英编著:《济宁历代墓志铭》,第92~93页。

④ 《济宁历代墓志铭》作“王舜夔”,李恒法、解华英编著:《济宁历代墓志铭》,第95页;刘培桂编著:《孟子林庙历代石刻集》,济南:齐鲁书社,2005年,第489页,作“王舜”,后接“夔县主”,当误。今依《济宁历代墓志铭》。

⑤ 参见刘培桂编著:《孟子林庙历代石刻集》,第489页。

⑥ 参见李恒法、解华英编著:《济宁历代墓志铭》,第97页。

⑦ 参见孔弘毅原纂,孔胤淳续修:《康熙曲阜县志》卷四,清康熙十二年刻本。

⑧ 李恒法、解华英编著:《济宁历代墓志铭》,第91~92页。

⑨ 《明孝宗实录》卷二百一十一“弘治十七年闰四月戊子”,第3949页。

⑩ 参见樊英民编著:《兖州历代碑刻录考》,第128页。

范东奇【授封时间约弘治十八年(1505)后】

据《邓尉邑墓志》,邓尉邑"子一,即邺……继娶范氏,永城郡主仪宾诰封中奉大夫范东奇女"[①]。那么,邓尉邑应与范东奇年龄相仿。邓尉邑生于弘治己酉年(1489),大致可以推断范东奇尚永城郡主在弘治十八年(1505)后。

王诰【授封时间约弘治十八年(1505)】

嘉靖初年,第七代鲁王朱观烶与馆陶王朱当漗不和,分别向朝廷上书攻击对方。在刑部建议下,朝廷中组成了以刑部、锦衣卫、户部的官员为成员的调查小组对此事进行审理。此次审理涉及轻重人犯195名,嘉靖十六年(1537)九月将审理结果形成记录《鲁府招》。[②] 其"小招"中列举鲁府、馆陶王府的官吏、仪宾、王府人役、入府生事乐工、普通百姓等共62人,记录了这些人的姓名、年龄、籍贯和职业。"王诰,四十七岁,宁阳县人,选配清远郡主。……俱仪宾。"按王诰之年龄,其授封时间约在弘治十八年(1505)。

汤缮【授封时间正德元年(1506)后】

据《鲁邹平王妃石氏圹志》载:"妃石氏,山东兖州府济宁州籍,东城兵马司副指挥石钰长女,成化五年(1469)十月十七日生,弘治元年(1488)八月十八日成婚,成化二十三年(1487)十一月初六日封镇国将军夫人,正德十年(1515)九月十一日册封邹平王妃,嘉靖十六年(1537)八月二十一日以疾薨。享年六十八岁。……嫡女一,封平阴县君,嫁仪宾汤缮,封亚中大夫。"[③]仪宾汤缮尚石氏所生嫡女,在正德元年(1506)后。

程大用【授封时间约正德三年(1508)后】

《御赐鲁藩高密康穆王妃高氏圹志》载:王妃高氏,女一人,封华庭县主,选配仪宾程大用。[④] 按,高氏于弘治五年(1492)获封高密王妃,程大用尚华庭县主大约在正德三年(1508)后。

徐趱【授封时间约正德十年(1515)前】

《明实录》载:"鲁府仪宾徐趱坐拨置王府逮问,当谪戍。诏宥之革禄米三之二。"[⑤]

田养民、高魁、王应奎【诰封时间约正德十二年(1517)后】

据《鲁藩东阿府辅国将军朱当渤墓志铭》,朱当渤长女封登封县君,婿仪宾□田养民;次女封青田县君,婿仪宾高魁;第三女封□埭县君,婿仪宾王应奎。[⑥] 朱当渤生于成化二

① 樊英民编著:《兖州历代碑刻录考》,第168页。

② 参见未著撰人:《鲁府招》,明抄本,现藏美国普林斯顿大学图书馆。

③ 《鲁邹平王妃石氏圹志》,现立于济宁泗水县龙门山灵光寺外碑廊。碑刻图片由泰山学院周郢先生提供。

④ 参见刘培桂编著:《孟子林庙历代石刻集》,第495页。

⑤ 《明武宗实录》卷一百二十四"正德十年闰四月辛酉",第2482~2483页。

⑥ 参见李恒法、解华英编著:《济宁历代墓志铭》,第103页。

十年(1484),田养民尚登封县君大约在正德十二年(1517)后。

牛东皃【授封时间约正德十三年(1518)后】

按《鲍东夏妻孔氏墓志》载:孔氏"生三子,长光宇,先卒,娶高淳县主仪宾牛东皃女"①。孔氏生于弘治壬戌(1502),其子娶仪宾牛东皃女,故孔氏应与牛东皃生年相仿。牛东皃尚高淳县主大致在正德十三年(1518)后。

(三)明代后期

□嘉实、周一正【诰封时间约嘉靖元年(1522)后】

据《鲁邹平王妃石氏圹志》载:"妃石氏……孙女二,长封内丘郡君,下嫁仪宾□嘉实,封朝列大夫;次宁远郡君,下嫁仪宾周一正,封朝列大夫。"石氏于弘治元年(1488)成婚,如按十六年后婚配第一代,再十六年婚配第二代,其孙子辈当婚配于嘉靖元年(1522)后。

姜知敬【授封时间约嘉靖二年(1523)后】

据《鲁藩奉国将军朱健桨圹志铭》,朱健桨长女封汶阳乡君,配仪宾姜知敬。② 朱健桨墓志记其卒于隆庆己巳(隆庆三年,1569),享年八十,当生于弘治二年(1489),但墓志记生于成化庚戌,成化无庚戌年,应为弘治庚戌(弘治三年,1490)之误。姜知敬尚汶阳乡君约在嘉靖二年(1523)后。

陆岱、白大材、马□州(中间字阙)【授封时间约嘉靖三年(1524)后】

据《御赐鲁藩高密康穆王妃高氏圹志》:高妃"孙女三人,长封阳夏县主,选配仪宾陆岱;次封仙源县主,选配仪宾白大材;次封蓬池郡君,选配仪宾马□州"。陆岱尚阳夏县主大约在嘉靖三年(1524)后。仙源县,曲阜市书院街道办事处旧县村。

王勋、解谅【授封时间约嘉靖四年(1525)后】

据《朱健荣墓志》载:巨野王府辅国将军朱健荣,"女二,长封清河县君,配王勋;次封应山县君,配解谅"③。朱健荣生于弘治壬子(弘治五年,1492),其女清河县君配王勋当在嘉靖四年(1525)后。

赵惠、李世梅【授封时间约嘉靖五年(1526)】

《鲁府招》记:"赵惠,年二十七岁,邹县,选配曲阜郡主;李世梅,二十八岁,曹县人,选配即墨郡主。……俱仪宾。"④按赵惠、李世梅之年龄,其授封时间约在嘉靖五年(1526)。

---

① 樊英民编著:《兖州历代碑刻录考》,第173页。

② 李恒法、解华英编著:《济宁历代墓志铭》,第104页。

③ 樊英民编著:《兖州历代碑刻录考》,第175页。

④ 未著撰人:《鲁府招》,明抄本。

王廉【授封时间约嘉靖六年(1527)前】

据《鲁藩辅国将军毅斋公暨配夫人王氏合葬墓志铭》载,安丘王三传至荣顺王,有子六人,最少者朱健榄,配张夫人,有子五人。朱观炊(毅斋公)在"叔季之间",当为第三或第四子。① "夫人王氏,仪宾廉女也。廉尚沅江县君,县君能读,《内则》《女训》诸书以授,夫人辄习。"朱观炊生于嘉靖己丑(嘉靖八年,1529),王氏生于嘉靖戊子(嘉靖七年,1528),当婚于嘉靖二十二年(1543)。仪宾王廉尚沅江县君约在嘉靖六年前(1527)。

孔闻聘【授封时间约嘉靖十年(1531)】

《康熙曲阜县志》:"嘉靖十年,封孔闻聘为奉训大夫、宗人府仪宾,配以彭山县君。"②

丁文、王从训【授封时间约嘉靖十二年(1533)后】

据《朱健梗墓志》载:东阿府奉国将军朱健梗"女二,长封井陉乡君,配仪宾承务郎丁文;次封陵川乡君,配仪宾承务郎王从训,封承务郎"③。朱健梗生于弘治十三年(1500),丁文尚井陉乡君约在嘉靖十二年(1533)后。

童辉【授封时间嘉靖十三年(1534)后】

《明实录》载:"削鲁府东瓯王府仪宾童辉籍。以冒婚,为巡按山东御史商为正所劾也。"④据1993年在泗水县出土的《辅国将军东瓯礼岗公朱观偁墓志铭》,朱观偁有女一,封贵平县君配仪宾童辉,早卒。朱观偁生于正德戊寅(正德十三年,1518),童辉尚贵平县君当在嘉靖十三年(1534)后。万历四年,童辉被削籍,时贵平县君已去世。

尚子秀【授封时间约嘉靖十四年(1535)前】

《鲁府招》记:"……嘉靖十四年正月内已发落,生员杨世禄买不在官仪宾尚子秀相邻张山地三亩三分,张山不合使令,不在官家人张信夺种。杨世禄具告兖州府,将断退。"⑤

张折【授封时间嘉靖十四年(1535)后】

《朱健杓妻王氏墓志》载:"淑人姓王氏……女一人,授安定乡君,选配仪宾张折。"⑥按墓志,王氏生于弘治甲子(弘治十七年,1504),诰封日期为正德十四年(1519),张折尚安定乡君当在嘉靖十四年(1535)后。

高鹏、刘思忠【授封时间嘉靖十六年(1537)后】

《鲁府招》记:"又将邻居已省发仪宾高鹏、刘思忠一混拿去。高鹏打四十,刘思忠打

① 参见于慎行:《谷城山馆文集》卷二十二,山东巡抚采进本。
② 孔弘毅原纂,孔胤淳续修:《康熙曲阜县志》卷四,清康熙十二年刻本。
③ 樊英民编著:《兖州历代碑刻录考》,第177页。
④ 《明神宗实录》卷五十二"万历四年七月乙未",第1209页。
⑤ 未著撰人:《鲁府招》,明抄本。
⑥ 樊英民编著:《兖州历代碑刻录考》,第146页。

二十疏放。”“省发”意为核定，估尚未婚配。那么高鹏、刘思忠当授封于嘉靖十六年（1537）后。

邓可大【授封时间约嘉靖十九年（1540）后】

据《邓尉邑墓志》载：邓尉邑，“孙男二，曰可大，封朝列大夫、阳信王府孟阳郡君仪宾”。邓尉邑生于弘治己酉（弘治二年，1489），据此可以推断其孙尚孟阳郡君大致在嘉靖十九年（1540）后。

王之嗣【授封时间约嘉靖二十一年（1542）后】

据《鲁滋阳辅国将军泗阳墓志铭》，朱观炯长女封安平县君，选配郓城县人王之嗣，墓志撰写时尚未婚配。[①] 朱观炯卒于嘉靖二十一年（1542），时年三十七岁。王之嗣尚安平县君约在此时。安平县，今河北衡水下辖县。

蔡梅、□应诏【授封时间约嘉靖二十四年（1545）后】

据《明故淑人孟氏墓志铭》载：孟氏，“女三，长封安东乡君，配仪宾寿张蔡梅；次封湖陵乡君，配仪宾济宁□应诏”[②]。按奉国将军朱健椟妻孟氏生于正德甲戌（正德九年，1514），其出嫁时当为嘉靖八年（1529），估计其女嫁仪宾蔡梅大致在嘉靖二十四年（1545）后。

孟矿【授封时间约嘉靖三十一年（1552）后】

据《皇明宗室鲁藩安丘府奉国将军诚轩公墓志》载：“将军讳观烇，太祖高皇帝七世孙也。……公生于正德十四年十月初二日寅时，卒于万历三十年闰二月十二日酉时。公有子四人……女一人，封峄山乡君，下嫁仪宾孟矿。”[③]奉国将军朱观烇生于正德十四年（1519），其女下嫁仪宾孟矿约在嘉靖三十一年（1552）后。

程位、吴□介【授封时间约嘉靖三十一年（1552）】

《大明孔氏墓志铭》载，墓主孔氏是朱健根的夫人，朱观烒的母亲。[④] 朱健根，巨野恭定王朱阳䕫之孙，鲁王朱檀五世孙。据墓志，孔氏生于正德戊辰（正德三年，1508），十七岁嫁给朱健根，时为嘉靖四年（1525），有“女三人，长广回乡君，配仪宾程□；次德胜乡君，配仪宾吴□介”。

《大明孔氏墓志铭》程某后字阙，但从另一墓志中可以推导其确切姓名。《明故郡马程二公两川先生墓志铭》由乡贡进士、滋阳张士聪（字兑锋）撰写碑文，乡贡进士、山西闻喜县知县、郡人仙豸（字鉴泉）篆盖，皇明七代孙、镇国中尉朱中贞书丹。墓志记：程位，字

---

① 参见刘培桂编著：《孟子林庙历代石刻集》，第 492 页。
② 樊英民编著：《兖州历代碑刻录考》，第 172 页。
③ 樊英民编著：《兖州历代碑刻录考》，第 195 页。
④ 《大明孔氏墓志铭》出土于邹城市看庄镇廓山之阳的郭山村，共两块为一合。

大政,别号两川,生于嘉靖十一年(1532)正月,卒于万历二十年(1592)十月一日,二十岁娶仙霞乡君。① 此志中的仙霞乡君,应即《大明孔氏墓志铭》中所云"广回乡君",疑曾改封。程位娶妻三位,仙霞乡君、满氏、王氏,得封文林郎、承训大夫,生六子、五女。

《明故郡马程二公两川先生墓志铭》中记:"甚至河渠水患,民有病于徙涉者,即捐数千金以成梁。如其所刻永济桥、两川桥、太平桥之类。"《钦定古今图书集成》中载:"张家桥,在九曲,里人程位修。"②记载与志合。

孔弘爔【授封时间嘉靖三十一年(1552)】

《康熙曲阜县志》:"嘉靖三十一年,封孔弘爔为中奉大夫、宗人府仪宾,配以东鲁郡主。"③

王训【授封时间嘉靖三十四年(1555)】

梁山县黑虎庙镇河西村《王氏族谱》载:"王训,鲁藩仪宾,封亚中大夫,入县志。配朱氏,乐陵王嫡第二女,为封丘县主。"河西村王氏家庙中有一块石匾额,上刻"联姻王室"四字,相传为万历皇帝手笔。

杜道常【授封时间嘉靖三十五年(1556)前】

《明实录》:正月"丙戌,乐陵王府仪宾杜道常请于泰山建醮,保安圣躬。上以其疏违式,又禁封时擅进,下道常于巡按御史问,夺鸿胪寺掌寺事、太常卿吴祖乾等俸三月"④。

程一元、宫继贤、李镒、李滋【授封时间约嘉靖四十二年(1563)后】

据《朱观熚墓志》载,安丘王府辅国将军朱观熚"女五:长景福县君,配仪宾程一元;二仙潭县君,配仪宾宫继贤;三南岩县君,配仪宾李镒,皆江夫人出。四配李滋,李氏出"⑤。按墓志,朱观熚生于嘉靖九年(1530),程一元尚景福县君当在嘉靖四十二年(1563)后。

穆孔加、王之育、马三千【诰封时间约嘉靖四十五年(1566)后】

据现存兖州区博物馆《敕封巨野王府事镇国将军泰泽公圹志铭》载:朱观兖……女四,一封□城郡君,配仪宾穆孔加;一封新罗郡君,配仪宾王之育;一封罗湖郡君,配仪宾马三千,俱封朝列大夫。庶女一,未封,配至圣裔孔闻谟。⑥ 朱观兖生于嘉靖十四年(1535),嘉靖三十年(1551)封镇国将军,其女授封郡君大约在嘉靖四十五年(1566)后。

---

① 《明故郡马程二公两川先生墓志铭》载于民国十九年编《程氏家谱》,江苏丰县程集村程炳箴保存。

② 陈梦雷、蒋廷锡编:《钦定古今图书集成·方舆汇编·职方典》卷二百一十四《兖州府部汇考六·兖州府关梁考》,济南:齐鲁书社,2006年。

③ 孔弘毅原纂,孔胤淳续修:《康熙曲阜县志》卷四,清康熙十二年刻本。

④ 《明世宗实录》卷四百三十一"嘉靖三十五年正月丙戌",第7443页。

⑤ 樊英民编著:《兖州历代碑刻录考》,第189页。

⑥ 参见樊英民编著:《兖州历代碑刻录考》,第200页。

据杜心广等《明鲁王府在兖州的几个仪宾府概况》载,马氏勤劳持家,在鲁王府又有世袭的官职,所以家有很多良田和骡马,尤以养马三千著称。人们都喊他"马三千",真名却没人喊。鲁王选金刀护卫的后裔马三千联姻,可谓门当户对,鲁王为马仪宾建起了郡马楼,村名遂改为马家楼。但从墓志来看,马三千并非俗称,而是真名。

程惟廉【授封时间约嘉靖末至隆庆间】

据江苏丰县程集村民国十九年《程氏家谱》,程位第三子程惟廉为鲁藩翼城王府仪宾。朱当沄为鲁庄王朱阳铸第五嫡子,封为翼城王。

张梦符【授封时间约隆庆六年(1572)】

据《任彦蘖妻孔氏墓志》载:孔氏"女三,长适仪宾张□梦符仲子所养"①。"张"后阙字应为"公"字。孔氏生于嘉靖丙辰(嘉靖三十五年,1556),其与张梦符年龄相仿,仪宾张梦符授封时间大致在隆庆六年(1572)。另可参《任彦蘖墓志》。②

宋文【授封时间约万历五年(1577)后】

据《鲁藩辅国将军毅斋公暨配夫人王氏合葬墓志铭》③载:朱观炊(毅斋公)生于嘉靖己丑(嘉靖八年,1529),王氏生于嘉靖戊子(嘉靖七年,1528),王氏当婚于嘉靖二十二年(1543)。毅斋公朱观炊夫人三,子男二,一先公卒,另一玄同君,孙男三,孙女一适仪宾宋枢子文。朱观炊为辅国将军,其子为奉国将军,其孙则为镇国中尉,其孙女当封为乡君。宋文授封时间约在万历五年(1577)后。

赵宗鲁【授封时间万历八年(1580)前】

《光绪邹县乡土志》载:"赵宗鲁。鲁,邹平王府仪宾。母亦巨野王女,封鄱阳县主。鲁至性纯孝,终身如赤子。父殁含恸事母,及母没,遂筑庐墓左,朝夕哭奠,三年如一日。邑令许公亲式其庐曰:求忠臣于孝子之门,其何以?教我。"④《康熙邹县志》亦有记。⑤ 检《康熙邹县志》,有明一朝知县只有许守恩一人姓许,故《光绪邹县乡土志》中"邑令许公"当为此人。许守恩万历八年(1580)任⑥,万历九年(1581)立《"邹国亚圣公庙"碑》。⑦ 赵宗鲁获封仪宾当在万历八年(1580)前。

罗承胤【授封时间约万历十五年(1587)后】

据《罗继魁墓志》载,罗继魁,"子男二……次承胤,兖州府学庠生,娶鲁藩巨野王府辅

① 樊英民编著:《兖州历代碑刻录考》,第 193 页。

② 参见樊英民编著:《兖州历代碑刻录考》,第 203 页。

③ 于慎行:《谷城山馆文集》卷二十二,山东巡抚采进本。

④ 胡炜纂修:《光绪邹县乡土志》,清光绪三十三年山东国文报馆石印本。

⑤ 参见娄一均修,周翼纂:《康熙邹县志》卷二,清康熙五十五年刻本。

⑥ 参见娄一均修,周翼纂:《康熙邹县志》卷二,清康熙五十五年刻本。

⑦ 参见刘培桂编著:《孟子林庙历代石刻集》,第 243 页。

国将军颐雒(女),封阳城县君(仪宾)"①。罗继魁生于嘉靖癸丑年(嘉靖三十二年,1553),其子罗承胤尚阳城县君大致在万历十五年(1587)后。

杨宏谟【授封时间万历二十二年(1594)前】

《雍正山东通志·选举志》载,万历甲午科有"杨弘谟,滋阳人,知县","杨弘范,滋阳人,知县"。② 又记杨献吉为万历己酉科举人,"滋阳人,知县"。《康熙滋阳县志》载:"杨弘谟,万历己酉科。""杨弘范,万历甲午科,任澄城县知县。""杨献吉,万历己酉科,任江南宿迁县知县。"③《光绪滋阳县志·选举志》万历甲午科载:"杨宏谟,同前科(万历甲午科),知县。""杨宏范,同前科(万历甲午科),澄城知县。"万历己酉科有"杨献吉,同前科(万历己酉科),宿迁知县"④。此记与《雍正山东通志》基本一致。

据《康熙滋阳县志》收孔闻诗撰《明文林郎澄城邑侯杨公墓碑》载:"杨公讳弘谟,号熙吾。……季弟讳弘范,号裕吾。"⑤撰文者孔闻诗为宣圣第六十二代孙,翰林院五经博士。⑥ 按墓志"甲午登贤,书联翩一第,固其余事也……而就选得为澄城邑令"。上记"甲午"为万历二十二年(1594),与《雍正山东通志》及《光绪滋阳县志》合。墓志记杨宏范为杨宏谟弟,杨献吉为杨宏谟长侄。据《罗彬廖氏合葬墓志》⑦载:志主罗彬,孙男九人,孙罗世则,"聘陕西□城知县杨弘谟女"。此墓志《光绪滋阳县志》未收。按:《民国澄城县附志》卷六《职官表》中有知县"杨洪谋"⑧,当是"杨宏谟"之误。

《明文林郎澄城邑侯杨公墓碑》记:杨公"先娶安丘府辅国将军观烕女,继娶高密府辅国将军观熿女"。那么,杨宏谟估计是鲁府唯一的举人仪宾,也是唯一迎娶两个鲁府县君的仪宾。可能安丘府辅国将军观烕女先卒,杨宏谟续娶高密府辅国将军观熿女,其中细节尚待考。按杨宏谟之履历来看,其尚鲁府县君时间当在万历二十二年(1594)前。

孔灿【授封时间约万历二十四年(1596)】

据《明册封鲁藩阳信昭定王墓志铭》载,昭定王朱以澍次女适滋阳王仪宾孔灿次男。⑨ 可知,孔灿为滋阳王仪宾,授封时间约万历二十四年(1596)。

---

① 樊英民编著:《兖州历代碑刻录考》,第212页。

② 岳浚、法敏修,杜诏等纂:《雍正山东通志》卷十五,清乾隆元年刻本。

③ 李潆修,仲弘道纂:《康熙滋阳县志》卷二,清康熙十一年刻本。

④ 黄恩彤纂,李兆霖等续修,黄师訚等续纂:《光绪滋阳县志》,《中国地方志集成·山东府县志辑》,第82页。

⑤ 李潆修,仲弘道纂:《康熙滋阳县志》卷四下,清康熙十一年刻本。

⑥ 参见樊英民编著:《兖州历代碑刻录考》,第131页。

⑦ 参见樊英民编著:《兖州历代碑刻录考》,第207页。

⑧ 王怀斌修,赵邦楹等纂:《民国澄城县附志》,《中国方志丛书·华北地方》,台湾:成文出版社,1969年,第166页。

⑨ 刘培桂编著:《孟子林庙历代石刻集》,第509页。

杨应训、孔□(名未详)、巩秀业①【授封时间约万历四十二年(1614)】

据《明册封鲁藩阳信昭定王墓志铭》,昭定王朱以澍,女三:长女诰封永寿县主,适宁阳庠生杨时宁长男杨应训;次女封同姊,适滋阳王仪宾孔灿次男;三女适济宁监生巩文明长男巩秀业。朱以澍生于万历八年(1580),杨应训尚永寿县主大约在万历四十二年(1614)。

王镳【授封时间约万历四十四年(1616)】

据《朱寿链墓志》载:新蔡王府辅国将军朱寿链,"……一女,诰封鱼丘县君,适生员王杰之子王镳"②。朱寿链生于万历十一年(1583),王镳尚鱼丘县君约在万历四十四年(1616)。

杨东辉【授封时间万历间(1573—1620)】

《康熙滋阳县志》载:"今特命尔杨东辉为奉训大夫、宗人府仪宾,配以东光县君。"③时为万历年间。

汪伯槐【授封时间天启三年(1623)前】

泰山万仙楼香客题名碑第三十块载:"□鲁府仪宾汪伯槐、福山县主;信女汪门商氏。"④按,此碑另有临清州乡宦"秦大夔",临清市曾出土《秦大夔墓志》,碑文载秦大夔卒于明天启三年,那么汪伯槐尚福山县主时间当在天启三年前。

曾弘毅【授封时间天启六年(1626)后】

《敕封修职郎世袭翰林院五经博士泰东曾公墓志铭》由太子太傅袭封衍圣公孔胤植撰文、世袭翰林院五经博士颜绍绪书丹。志载:"官翰林院袭封博士曾公,讳弘毅,号泰东,宗圣六十三代大宗也。……公卒于崇祯拾肆年辛巳四月初四日,距生万历三十八年庚戌五月二十日,享年三十有二。配鲁藩巨野王府辅国中尉朱□□之女,诰封孺人,生男三。"⑤曾弘毅生于万历三十八年(1610),其尚巨野王府辅国中尉宗女应在天启六年(1626)后。

郭成都【授封时间天启间(1621—1627)】

兖州城西北三十里的高吴桥村《郭氏族谱》载:"九世祖鲁府仪宾讳成都,二子开后、

① 《济宁历代墓志铭》释此人名作"巩秀业",《孟子林庙历代石刻集》释此人名作"巩秀丛",二者必有一误。因未见拓本,未敢璩定,暂从《济宁历代墓志铭》释。

② 樊英民编著:《兖州历代碑刻录考》,第210页。

③ 李溁修,仲弘道纂:《康熙滋阳县志》卷二,清康熙十一年刻本。

④ 张冶、宫延鹏:《泰山万仙楼明代香客题名碑分析初探》,《泰山学院学报》2022年第2期。

⑤ 曾毓墫纂修:《武城曾氏重修族谱》卷二《崇范公房系》,上海图书馆藏清嘉庆十二年木活字本。

通祥。”①因族谱记载此时白莲教起义之事,故郭成都授封仪宾当在天启间。

柳国栋【授封时间约天启间或崇祯间】

《光绪宁阳县志》卷八《忠义》:“柳国栋,明鲁藩仪宾,殉节。”②清代编纂之县志显然不会把抵御清军之行为称为“殉节”,估与天启白莲教起事或明末农民战争有关。

孙复兴【授封时间约崇祯间(1628—1644)】

据郓城县正堂许叶珍撰文《郡马孙复兴墓碑》载:“公高祖九霄,承德郎;曾祖兆鲸,鸿胪寺鸣赞;祖胤繁,光禄署丞;父永昌,天启丁卯科举人。”“公原配氏朱系鲁王嫡女,因失国自缢而尽。继娶氏王,又继娶氏鲁。”此碑刻于光绪二十七年(1901)。《崇祯郓城县志》卷六《选举志》有孙复兴曾祖之记:“孙兆鲸,鸣赞。”③其祖“孙胤繁,兆鲸之子,光禄署丞”④。《崇祯郓城县志》未有天启间举人记录,而《光绪郓城县志·选举志》也未检到孙永昌为举人的记载,只是在《援例》中有“孙永昌,德府审理”之记。《光绪郓城县志》卷十六《援例》:“孙复兴,鲁府仪宾。”⑤碑撰文者许叶珍,光绪年间郓城县知县。《清实录》载:“又谕,袁世凯奏敬举贤能,吁恳擢用一折。……另片奏,商河县知县李兆兰、郓城县知县许叶珍、馆陶县知县郑德立,均著有政声,堪备循良之选等语。李兆兰等著一并传旨嘉奖,以资鼓励。”⑥综上所述,虽然《郡马孙复兴墓碑》撰写于清代光绪年间,但所记人物都可以从《崇祯郓城县志》及《光绪郓城县志》中得到印证,故可信度没有问题。

陈举【授封时间约崇祯间(1628—1644)】

“明鲁藩伊宾陈公讳举字云峰及德配朱老安人之墓”现位于肥城市安临站镇陈楼村村口东北约500米处,旁立陈氏族谱碑。墓碑立于清道光二十四年,碑文载“陈老先生,明鲁藩伊宾,固望族也”。族谱碑序云:“凡事创之者难,继之者亦不易,况谱碑之修上承夫先,下启乎后,非他事所可比者,其难不尤甚乎?丙寅夏陈公世有、世平二君,余之同学友也,毅然以建石目,任将祭田所得租资,并卖柏树数株,得钱三百余缗,存留出放共积赀,将以为立碑之费,纠合族众,无不欣然。而商序于予,谓自道光年间,先人永昌公创修一帙,迄今数十年并

① 《郭氏族谱》,清嘉庆二十四年刻本。

② 高陞荣修,黄恩彤纂:《光绪宁阳县志》,《中国地方志集成·山东府县志辑》,南京:凤凰出版社,2004年,第132页。

③ 米嘉穗修,孙鲸等纂:《崇祯郓城县志》卷六,国家图书馆地方志和家谱文献中心编:《明代孤本方志选(06)》,中华全国图书馆文献缩微复制中心,2000年,第279页。

④ 米嘉穗修,孙鲸等纂:《崇祯郓城县志》卷六,国家图书馆地方志和家谱文献中心编:《明代孤本方志选(06)》,第280页。

⑤ 毕炳炎、胡建枢修,赵翰銮、李承先纂:《光绪郓城县志》,《中国地方志集成·山东府县志辑》,南京:凤凰出版社,2004年,第277页。

⑥ 《清德宗实录》卷四百七十八“光绪二十七年正月癸酉”。

无一□。今欲将遗者补之略者，祥(详)之使后人一览而知支派源流所在此。其意堪嘉，故不得辞。遂披其旧帙，世系不清，诚为缺略，以是知创者难矣。幸有其二世王化公墓志一碣尚存，石虽未□字多漫灭，细观之，上言始祖来自洪洞，卜居陈家楼，数传而后名讳失考不可记忆。即以其父云峰公为鼻祖焉。公讳举，字云峰，鲁藩伊宾。生四子，长王道、次王化、三王事、四王佐，分为四支。以后徙居不一，有居本庄者、有迁居泰安和埠岭双村者、有迁于陈家洼者，惟三世王事公之长孙端迁于兖州府滋阳县，无谱可叙。其余昭者叙于昭，穆者列于穆，谁伯谁仲，行辈昭然。自伊宾至有乎十三世，无下厘然可考。此一举也，洵可谓有功于前人，大启乎后人者矣。由是爪瓞椒衍，绳绳□庆，英才辈出，家声丕振。不数传而为余邑之望族，是吾所馨香祝之者也。爰为之序。”从此序可知，陈氏族谱是以陈举为鼻祖。族谱碑立于民国十五年，从世系来算，陈举当是明末之鲁府仪宾，具体时间待考。

周衍昌【授封时间在永历十六年(康熙元年,1662)前】

鲁王朱以海(1618—1662)，字巨川，为鲁荒王朱檀九世孙。崇祯十七年(1644)封鲁王，北京陷于闯王李自成后，朱以海由山东兖州南奔，弘光帝时期寓居浙江台州。清兵破南都，隆武元年(1645)，浙东张国维、张煌言等高举复明义旗，拥戴鲁王朱以海于绍兴监国。次年，清兵入浙东，朱以海浮海入舟山，从此，长期活动在浙闽一带。郑成功以永历帝为正朔后，鲁王去监国号，居金门城(时属福建同安县)。据《皇明监国鲁王圹志》，末代鲁王朱以海“女子三：长为继妃张氏所生，选闽安侯周瑞长男衍昌为仪宾”①。周衍昌也是我们所能见到的明代最后一位仪宾。

三、鲁藩仪宾的综合研究

(一)仪宾遴选

仪宾选配有一定程序，一般来说由地方官员负责，王府认可后上报朝廷，给封诰命。“凡各王府将军郡主仪宾等诰命，礼部奏准、移咨本部、类奏撰写用宝、并造袱匣完备，该府具奏关领。”②从永乐皇帝朱棣开始，明朝就对藩王子女婚配做出了限制。天顺四年(1460)四月己巳日，英宗令诸宗室王府，“凡无子者方许请继室生子，至八岁者方许请名，女至十五岁者方许请封，著为例”③。弘治间又对仪宾之年龄、品貌、家室做出了严格的规

---

① 查继佐:《鲁春秋》附录，《台湾文献丛刊》第118种，台湾：台湾大通书局，1987年，第100页。

② 申时行等修:《明会典》卷六《诰敕》，第33页。

③ 参见《明英宗实录》卷三百一十四“天顺四年夏四月己巳”，第6579页。

定:“令王府选择仪宾,务要年及十五岁以上人物长成俊秀者,方许具奏成婚。又令各王府子女,不许于本府军校之家选配。”①从明早期仪宾婚配年龄来看,十五岁即成婚者有之。如正统丙辰(1436),鲁靖王上奏朝廷,以十四岁的汤文瓒尚四女福山郡主,正统二年(1437)诰封。另在其他地区仪宾墓志中见到更早选中之例。《明中奉大夫仪宾周公(瑀)合葬墓志铭》中载:“成化戊子,公年十三岁也,即遇选尚伊府西阳郡主,列职宗人府仪宾,十有五岁婚配。”②到十八岁成婚者亦见,如《仪宾李廷用墓志铭》中载,李廷用为赣州府瑞金知县李纶之子,“年十八,宁国康王闻其秀俊奇伟,选上仪宾,以幼女菊潭主配焉”③。虽然上述两记非鲁府人士,但情况也应类似。“人物长成俊秀者”恐也是仪宾的基本要求。《乾隆武城县志》载:“梁怀,少参梁谨第五子,以状貌之奇选鲁府仪宾。”

弘治前明廷并未有“令各王府子女,不许于本府军校之家选配”的规定,如仪宾赵瑄为济宁卫指挥赵荣之子,仪宾李让为济宁左卫指挥李善之子。弘治后有此规定后,确有回避之例。《胡侯去思碑记》载,胡绅本任滋阳知县,政绩卓然,因鲁王选中其女为归善王妃,只得援例回避,调离兖州。④ 万历十年(1582)似乎开禁了“不许于本府军校之家选配”之条:“宗室子女年十五以上,奏行本境内官员军民之家及居官入籍年久者,选择婚配,务要家道清白、年岁相应。”⑤其实在嘉靖年间“令各王府子女,不许于本府军校之家选配”的规定已破,《鲁府招》有“军人犯赵惠、李世梅、王诰俱仪宾”。可见,这几个仪宾皆出自军校之家。

仪宾与郡主、县主等成婚后,即有品秩及俸禄。宣德三年,定郡主仪宾秩从二品,县主仪宾从三品,郡君仪宾从四品,县君仪宾从五品,乡君仪宾从六品,若遇行礼,序于同等官员之左。仪宾封以虚职,如中奉大夫,从二品;亚中大夫,从三品;朝列大夫,从四品等。但实际上王府选择仪宾有诸多限制,民间也不是都愿意娶王府宗女。《朱健杓妻王氏墓志》中记:“比因安丘靖恭王曾孙奉国将军健杓奏准选婚,教授朱锦遵奉礼部檄文,遍历兖之属邑,而无一女中选。殿至于济,而语于牧曰:‘吾奉旨为吾将军选婚,君为吾图之。’牧曰:‘唯。’遂乃家拘户集,于众女中惊见淑人,超越群表。喜谓牧曰:‘真吾将军之配也。’”可见王府选妃之困难,非动用行政手段恐难完成。

有一定身份和地位的家庭不愿与王府联姻有几方面的考虑:一是影响士人的任职。

① 申时行等修:《明会典》卷五十七《王国礼三·婚姻》,第358页。

② 河南省文物研究所、河南省洛阳地区文管处编:《千唐志斋藏志》下,北京:文物出版社,1984年,第1333页。

③ 陈柏泉编著:《江西出土墓志选编》,南昌:江西教育出版社,1991年,第462页。

④ 参见黄恩彤纂,李兆霖等续修,黄师誾等续纂:《光绪滋阳县志》,《中国地方志集成·山东府县志辑》,第229页。

⑤ 申时行等修:《明会典》卷五十七《王国礼三·婚姻》,第355页。

《明会典》载隆庆四年(1570)规定:“凡文职本身,并族属有女为王妃,或夫淑恭宜安人,男为仪宾,各见在,及有子孙者,不许升除京职。”①弘治十三年(1500)奏准,“京官与王府结亲者,俱改调外任。若王府官,不拘军民职,但与王同城居住者,俱改调”②。对此,沈德符在《万历野获编》中道:“至于皇亲,亦不许作京官,尤属无谓。”③二是身为仪宾,不能对父母尽孝,明廷对此诸多限制规定。弘治十六年(1503)令:“仪宾因郡县主君故求回还侍亲者不准。止许照天顺年例,移亲侍养。”④“又议准,各王府选中仪宾,本府长史、教授俱要通送本处提学拨发读书习礼,不时考验,年至三十方止。”⑤这些政策着实令寄望于仕途且家中有需要赡养之父母的士人望而却步。三是身为仪宾,在王府中并无地位,还可能随时招来灾祸。《鲁府招》中记:“又将邻居已省发仪宾高鹏、刘思忠一混拿去。高鹏打四十,刘思忠打二十疏放。”可见,仪宾在王府中之地位。《儒学训导鲍克信墓志铭》载:鲍克信自幼喜读书,多次应试未中,后以岁贡生授山西繁峙县儒学训导。鲁惠王有意招为婿,但他说:“娶妻本为养与祀也,使不得为荐蘋蘩,奉菽水,其如养祀者何!”可见,士人对王府招亲不屑之态度。嘉靖间礼部尚书霍韬云:“往年仪宾,人皆乐为焉,今则有强之不愿者矣,故凡宗室之女,皆配匪人。”⑥四是明朝中后期经济情况的恶化,王府之供养不能及时发放,仪宾俸禄大为缩水。《明史》载:“故自郡王以上,犹得厚享,将军以下,多不能自存,饥寒困辱,势所必至,常号呼道路,聚诟有司。”⑦而明廷又规定宗室之人不得从事四业。⑧ 明王朝的地方财力很难正常供养藩府,嘉靖时的宗禄逋欠已十分严重,各王府宗室虽屡以贫难奏告,但地方财力无法应对,以致宗室困苦饥寒,无门控诉。至万历年间,先后发生多起藩府宗众因岁禄逋欠围攻地方衙门、殴辱地方官员之事,其中影响较大的有周府三起、代府两起、韩府两起。

嘉靖皇帝对上述这些规定导致的仪宾品质不良提出了异议:“王府结亲者,其子弟仕宦不许选京职,此岂亲亲睦族之意?且今诗礼故家、衣冠世族俱不敢与王府结亲,恐为子孙之累。故各处王府夫人、仪宾,市井白丁、田野愚夫一例滥选。家教不端,守身不律,非惟不能导引宗室为善,反纵其为非,干犯宪典。比例祖训,《大明集礼》《大明律令》,俱无

① 申时行等修:《明会典》卷五《选官》,第25页。

② 申时行等修:《明会典》卷五《改调》,第28页。

③ 沈德符:《万历野获编》,北京:中华书局,1959年,第128页。

④ 申时行等修:《明会典》卷五十七《王国礼三·婚姻》,第358页。

⑤ 申时行等修:《明会典》卷五十七《王国礼三·婚姻》,第358页。

⑥ 霍韬:《自陈不职疏》,陈子龙等选辑:《明经世文编》,北京:中华书局,1962年,第1931页。

⑦ 张廷玉等:《明史》,第2001页。

⑧ “本朝宗室厉禁,不知起自何时,既绝其仕宦,并不习四民业,锢之一城。”见沈德符:《万历野获编》,第128页。

开载,不知是何年臣下建白准行。然成化年间已前多不拘,至弘治十三年,各衙门纂修问刑条例载入其间,遂为定例,不敢复犯,甚非帝王正大公平之体。”①可见,嘉靖皇帝对王府仪宾的出身、教养等情况甚为不满。

(二)鲁府仪宾身份

根据本文之统计,鲁府仪宾大致可分为以下几类:

1. 圣贤之后

孔希恭,曲阜知县孔克中之子。孔详,其子孔公泽嘉靖间任曲阜知县。颜重道,五经博士颜公铉第三子。曾弘毅,世袭翰林院五经博士。其他如孔闻聘、孔弘爔、孔承需、孔灿、孟矿、孟廷秀,都来自于四氏圣裔家族。

2. 巨族之家

鲁府藩封曼延,其联姻者多族属殷盛。杜思训,据《杜氏族谱》(光绪九年老谱)记载,居住于土旺之杜氏家族主要是杜经之后裔。由于明洪武年间至明中期,社会相对稳定,经济、教育均有发展,杜氏家族经过几代人一百多年的拼搏,至家谱记载的第二世,已发展成为邹之巨族,与衍圣公府、鲁王府关系密切。二世祖兄弟四人,思顺为鲁王府礼相,思训为鲁王府引礼官,思孝为鲁王府省祭官,思符为鲁王府省祭官。牛黉,其父牛端,为牛氏三世祖。《明实录》有记:“南城兵马副指挥牛端女牛氏为鲁府新蔡王妃。”范氏为兖州巨族,与鲁府、孔府关系紧密。《曲阜县志》载,仪宾范东奇女适至圣六十代孙承元。兖州的范氏牌坊原建在市区中御桥两侧,为彰显范氏父子同朝为官、家门显赫所建。

3. 卫所军官之后

赵瑄,济宁卫指挥赵荣之子。李让,济宁左卫指挥李善之子。马三千,始祖职任金刀指挥,随鲁藩王迁至滋阳城西。罗承胤为罗继魁第二子。《罗继魁墓志》载,罗继魁先祖授明威将军,二世祖英为鲁府世臣。

4. 士人之后

范洁,其父范雯,景泰年间任兖州府推官。胡逵,高祖胡赟曾任刑部主事,其父胡惟一,单父县丞。梁怀,布政使参议梁谨第五子。杨尚文,鲁府奉祀所典乐杨福林第三子。杨宏谟,其父曾任定兴邑侯。杨应训,宁阳庠生杨时宁长男。巩秀业,济宁监生巩文明长男。郭成都,武庠生郭增歧之侄辈。孙复兴,德府审理孙永昌之子。

5. 名臣之后

汤文瓒,明初开国元勋汤和后人。汤思容、汤缮等都应是汤氏后人。据杜心广等人

① 俞汝楫:《礼部志稿》卷七十八,明泰昌元年浙江巡抚采进本。

考,汤氏后裔与国世戚,从鲁而居,子孙繁衍昌盛,成为滋邑望族,明代为“汤、牛、范、尚”四大名门望族之首。汤氏传承家族诗书继世、忠君报国的光荣传统,名人辈出。清代先后出现了文武举人五位,武庠生、监生、增生、拔贡、优贡、孝廉方正、四氏学教授、教谕等多达 62 人。①

我们可以将仪宾的选配大致分为三个阶段:前期,从洪武到成化;中期,从弘治到正德;后期,从嘉靖到崇祯。通过前文统计可得知,较为严格执行“令各王府子女,不许于本府军校之家选配”政策的时段大致在弘治、正德间。从鲁藩仪宾的身份可以看出,明代前期所选仪宾一般是军中世家出身或明初重臣之后。这是由明初战事未定、疆域未稳的国情所决定的。因此,“强强联合”对于仪宾来说,是一条“联纵”途径。明代中期,局势稍定,藩王是各代帝王的心腹之患,因此,强调“家道清白”即可,不再提倡与贵戚联姻。朝廷对仪宾身份的控制,用意很清楚,既怕他们借皇家姻亲的身份为非作歹、危害政权,又怕那些同宗王爷借联姻扩大势力,危及皇权。明代后期,仪宾质量良莠不齐,不仅影响宗室声誉,亦不利于社会稳定,因此,嘉靖帝开始打破先王规制,但选择“家道清白”者之惯例仍在延续。《明册封鲁藩阳信昭定王墓志铭》载,昭定王长女适宁阳庠生杨时宁长男杨应训,次女适滋阳王仪宾孔灿次男,三女适济宁监生巩文明长男巩秀业。其三女皆选择儒生之后作为仪宾,符合“家道清白”之原则。

(三)鲁府仪宾占籍

王府宗女之分封都不是实封,亦可由不同藩府重复加封。《鲁东瓯端肃王朱当沘墓志》载,其女孙有封于渤海郡者,其实并非封于吉林东。②《鲁藩巨野三镇将军夫人张氏圹志铭》③载,张氏孙女中有封为新乐县君者,配仪宾高仑。新乐县在今河北省石家庄市,也不是实封。

下面将目前纸质文献及石刻文献有载占籍之仪宾列于下。济宁卫所官员后代为仪宾者占籍未必是济宁,暂归于兖州。从统计情况来看,绝大多数仪宾出自兖州府:

(邹县)杜思训、赵宗鲁、赵惠,(郓城)王之嗣、孙复兴,(宁阳)杨应训、柳国栋、王诰,(曹县)李世梅,(武城)梁怀,(滋阳)汤文瓒、牛黉、范东奇、程位、程惟廉、杨宏谟、杨东辉、邓可大,(兖州)赵瑄、李让、巩秀业、杨尚文、□应诏、牛东皋、罗承胤、郭成都,(曲阜)孔详、李盛、李瓒、颜重道、孔闻聘、孔弘爝、孔希恭,(寿张)蔡梅、王训,(上海)范洁,(单

---

① 杜心广主编:《明鲁王府在兖州的几个仪宾府概况》,《兖州明代鲁王府》,第 379~390 页。

② 参见李恒法、解华英编著:《济宁历代墓志铭》,第 101 页。

③ 参见李恒法、解华英编著:《济宁历代墓志铭》,第 92 页。

父)徐片玉,(滕阳)侯继芳。

(四)仪宾生活及居住条件

关于仪宾的待遇,明廷有规定。《明史》载:“洪武九年定诸王公主岁供之数。……二十八年诏以官吏军士俸给弥广,量减诸王岁给,以资军国之用。乃更定亲王万石,郡王二千石,镇国将军千石,辅国将军、奉国将军、镇国中尉以二百石递减,辅国中尉、奉国中尉以百石递减,公主及驸马二千石,郡王及仪宾八百石,县主、郡君及仪宾以二百石递减,县君、乡君及仪宾以百石递减。自后为永制。仁宗即位,增减诸王岁禄,非常典也。时郑、越、襄、荆、淮、滕、梁七王未之藩,令暂给米岁三千石,遂为例。正统十二年定王府禄米,将军自赐名受封日为始,县主、仪宾自出阁成婚日为始,于附近州县秋粮内拨给。”①仪宾婚配后即可以有自己的宅邸。《明会典》载:“凡各王府有郡王、将军、中尉,及郡主、县主、郡君、县君、乡君,出阁起造房屋,奏行工部,转行本府,查勘相同,回报施行。”②

庞大的藩王体系给明王朝造成了强大的压力,虽然历代多有改进疏议,但都因难以实施下去而不了了之。《亚中大夫宗人府仪宾范洁墓志铭》载,范洁与棠邑县主婚后不十载,县主辞世,由于有俸禄和品级,续孔氏,纳侧室刘氏、赵氏、陆氏、邵氏。从此也可以看出仪宾俸禄之丰盛。除了不能尽孝堂前,仪宾的生活非常优渥。

嘉靖间户部尚书梁材对鲁府庞大的经济开支表示了担忧:“山东初封鲁府一王,岁支禄米一万石。今增郡王、镇辅奉国等将军中尉,郡县等主君并仪宾等,至三百六十一位员,共岁支禄米一十三万九千二百三十七石零。”③万历间礼部尚书李廷机曾建议削减仪宾俸禄:“夫仪宾皆素封之家,其意在联姻王室以为贵重,岂为禄谋也。况其封则中奉大夫、亚中大夫、朝列大夫、奉训大夫、承务郎,其秩则从二品、三品、四品、五品、六品。以闾巷布衣,一谐伉俪,俨然膺爵秩被冠裳,亦已荣矣,又何必禄之给乎。”④

对于此种现象,嘉靖七年(1528)鲁府辅国将军朱当溃曾提出解决办法:“各王府仪宾暴横侈纵,大违祖训,即今四方灾伤、边陲多事、民穷财尽,宜于岁禄少加裁抑,如仪宾先殁,郡县等主君岁禄可以减半支给,郡县等主君先殁,仪宾不拘品级止可月给食米一石,岁拨从夫二名。事以户部覆议,郡县主先殁,仪禄米照旧减半,本色一分折色九分,郡县乡君先殁,仪宾禄减半,本色二分折色八分。仪宾先殁,郡县等主君禄米悉减半,照旧本色四分折色六分。虽于本折之间少有损益,然原禄固在名问上存,比之所奏犹为优处。

① 张廷玉等:《明史》,第1999~2000页。
② 申时行等修:《明会典》卷一《宗人府》,第2页。
③ 梁材:《会议王禄军粮及内府收纳疏》,陈子龙等选辑:《明经世文编》,第921页。
④ 李廷机:《乞止亲藩复禄并裁将来仪宾禄疏》,陈子龙等选辑:《明经世文编》,第5033页。

得旨如议行。”①故对于宗女先殁，仪宾俸禄减少已是嘉靖七年后的事情了。

（五）鲁府仪宾的犯罪情况

万历三十九年河南巡按曾用升《为宗室横肆，防禁宜先，谨参酌事例，恳乞圣明敕议申饬，以昭法守，以固藩封事》："宗室中循理守法者固多，而作奸扞纲者亦不少。或白占人田房，或奸夺人妻女，或为逋逃渊薮，或为盗贼萑苻，或非刑残人生命，或群逞抢人财物，或逼亲弟以图赖……"②此奏可谓概括了藩府的不法行为。

有明一朝，鲁王府发生了许多的不轨行为。天顺元年（1457）诰封为栖霞县主仪宾的冯佳，于成化十六年（1480）惹出了麻烦。《明实录》载：十一月丁酉，"鲁王阳铸嗜酒时节，聚外人暨妃张氏同饮，男女溷淆，遂致宫人朱花荣与军人袁彬及妃兄张时举等淫乱，并僭分害人不法等事，为栖霞郡主所发。王亦奏仪宾冯佳奸占乐妇等罪，命官核实。至是，诏革鲁王禄米三之二及张氏妃号、郡主仪宾禄米职名，斩袁彬于市，张时举、朱花荣并绞，其余发充边卫军，长史而下定罪有差"③。奸占乐妇之罪，明朝律法有规定。《明会典》正德四年，"宗室奸收乐女，及不良妇所生子女，并选配夫人等，及仪宾已受封者，爵职、封号、禄米尽行革去"④。

嘉靖间，第七代鲁王朱观熑与馆陶王朱当漗不和，分别向朝廷上书攻击对方。明廷的调查结果录于《鲁府招》。《鲁府招》中称，仪宾"赵惠、李世梅、王诰，本以市人联姻天脉，不思敌体于王姬，乃自纵淫于乐妇，相应革去衣冠，用惩无耻"，最终的惩罚为"照例纳米折价赎罪，革去冠带为民"⑤。

四、结语

兖州鲁王府仪宾来自于四氏圣裔、商贾、军卫、士人等不同家族，在一定程度上反映了明代不同阶层之间的通婚情况。就仪宾之家世、教养、生活状况等，学界尚未有专对某一藩府的汇总整理。仪宾作为明代社会士人、军卫、商贾与王府之间的纽带，其婚配情况反映了当时社会中易为人忽略的一面。仪宾群体研究无论是对正史还是民间社会史都多有补益。根据墓志等石刻文献对地方志中的《职官志》《选举志》等进行勘正，亦是对明代社会史研究的重要补充。

---

① 《明世宗实录》卷九十"嘉靖七年七月戊戌"，第2076页。
② 董其昌：《神庙留中奏疏汇要》，上海：上海书画出版社，2013年，第535页。
③ 《明宪宗实录》卷二百零九"成化十六年十一月丁酉"，第3648~3649页。
④ 申时行等修：《明会典》卷三十八《廪禄一·宗藩禄米》，第273页。
⑤ 未著撰人：《鲁府招》，明抄本。

《尚书》与早期儒家思想起源简论*

——以“天命”观为考察中心

郭海涛

摘要:儒家五经之一的《尚书》是直接保存三代社会情况的重要存世资料,其所展现出的三代“天命”思想,具有阶段化的特点与“敬天”“重民”的特征。早期儒家孔、孟等人的思想主张与三代“天命”思想相比较,在思想主张上前后相接续,显现着明显的传承性与一致性,展示出传统“天命”观理论三代以来演化成熟的过程。此外,《尚书》所展现的“天命”观亦塑造着早期儒家的重要主张,体现了早期儒家思想理论与中国上古三代社会思想之间的紧密联系,突显出儒学的中国特色。

关键词:《尚书》　天命　儒家思想

作者:郭海涛,西北大学中国思想文化研究所博士研究生,主要研究方向为中国思想史、经学史。

* 本文系教育部人文社会科学研究青年基金项目“周秦之变与《春秋》义理体系的生成”(21YJC770009)研究成果。

引言

《尚书》简称《书》,是我国现存最早的记录夏商周三代故事的存世文献。《尚书》在数千年的流传过程中,原本篇目散佚严重,目前为学界认可的篇目主要是经汉代编订、流传下来的今文《尚书》二十八篇。[①] 在此二十八篇中,内容涉及三代甚至中国古史传说中的尧舜时期的政治、军事等诸多方面,蕴含了丰富的中国古代思想文化。春秋战国之际,新兴的儒家将《尚书》设定为本派学习、研究、传承的经典文献,并且在其创建的学说中对《尚书》思想多有借鉴。因而,梳理儒家思想与《尚书》之间的关系,对了解儒家思想的产生与演变过程具有重要的学术价值。

《尚书》"保存了我国古代丰富的人文科学的和自然科学的各种重要资料"[②]。由此考察儒家早期思想的萌芽与发展情形时发现,"《尚书》内容涉及到全部古史,特别是儒家构建古帝先王体系,设计理想的政治制度,树立道统中心,及《尚书》成为儒家五经中最尊的一经,成为牢笼百代的统治思想,都是运用《尚书》来造成的"[③]。但是,一方面,《尚书》的主要内容侧重记录三代君主的训、诰、誓、命,因而有关政治方面的内容较多;另一方面,其书内容晦涩难通,号称"佶屈聱牙",致使解读《尚书》历来皆非易事。因而,综合《尚书》在内容与文字上的这两种特征,结合顾、刘等前辈学者的意见,从《尚书》"天命

① 关于《尚书》篇目及其真伪问题,历来学者都有研究。简而言之,自《尚书》今、古文分篇后,经清代学者考证辨析,现今流传的今文《尚书》二十八篇被多数学者认可为真经,而古文《尚书》篇目则被视作后人伪作。本文即根据顾颉刚、刘起釪等前辈学者意见,在内容考察时以今文《尚书》为限。目前学界对传统儒家思想、《尚书》文本内涵的研究成果均较为丰富。文献方面,《尚书》今古文真伪问题已经争辩数百年,基本达成共识。单就今文《尚书》所载三代文献而言,顾颉刚、刘起釪、李民等研究者都注意到文献真实性的高低与对应时代的早晚成反比。但就内在文献的思想差异而言,特别是"天命"等观念所表现的阶段性与演化进程受关注较少,而多做整体讨论或宗教性、内在逻辑性分析。(如林国敬《天命　民命　民主——论〈尚书〉民本思想的逻辑建构》,《海南大学学报(人文社会科学版)》2017 年第 5 期。)而在早期儒家思想研究方面,多数学者更为关注孔、孟等儒家代表人物的具体思想、主张,即已注意到儒家与五经之间的密切关联,但就具体文献与特定观念进行分析的不多。

② 刘起釪:《尚书学史》,北京:中华书局,1989 年,第 1 页。

③ 刘起釪:《尚书校释译论·序言》,顾颉刚、刘起釪:《尚书校释译论》,北京:中华书局,2005 年,第 4 页。

观”的角度切入，便能更好地展示上古三代社会思潮与儒家早期思想起源之间的关系。

一、阶段化的发展与变化：《尚书》中的“天”与“天命”

“天命”思想是中国古代思想的核心内容之一。殷周时期的甲骨与青铜器上即有“天”“命”文字的出现，可见古人“天命”①思想出现得极早。但是对于“天”“命”②的理解，不同历史时期的人类在社会意识表现上有不同的倾向。③ 冯友兰先生总结中国古代的“天”观念时，指出它包含“物质”“主宰”“义理”“运命”“自然”④五种含义。而这具备多种含义的“天”（部分含摄“命”）在不同时期的文献中有着不一样的体现，即“天命”观有着阶段化发展演变的特征。

（一）殷人的“我生有命”与“天命”转移

今文《尚书》虽然被学界较为广泛地认可为真，二十八篇文献也是按照夏、商、周三代的时间先后排列，但若仔细分辨文献，会发现三代文献的真实程度并不完全一致，并且在文字思想与所对应时代的契合度上，恰好呈现着相反的排列顺序，即《虞书》《夏书》《商书》《周书》中，《周书》可信为真，《夏书》《商书》基本可信，《虞书》最为靠后。⑤ 虽然文献在可信度上存在差异，但无论如何，《尚书》基本反映了中国先秦时期特别是商周时代的思想倾向。如，在《周书》中，周人对“天”的观念相比于殷人发生了较大变化。

“非台小子敢行称乱。有夏多罪，天命殛之。”（《商书·汤誓》）“尔尚辅予一人，致天之罚，予其大赉汝。”（《商书·汤誓》）在殷商开国君主商汤之时，作为起兵反夏的军事统领，他对“天”保持着万分的尊崇，即便自己主动领军反叛，但依旧以奉“天命”为根本理

① 中国先秦时期的文辞习惯，以单音节字表达为主，因此这一观念常由天或命单个文字表述，与今天行文措辞有所区别，但意指基本一致。

② 天与命的含义不完全一致，但是此处主要是取二者合字的“天命”含义，因而一并论述。

③ 这里所谓的倾向是指人类个体虽然存在不同的思想，但作为一个群体，在一段历史时间内存在着某种共同的倾向，即历史思潮。张岂之先生曾在界定思想史的含义时对此有详细解说。笔者在此认为，不同历史时期的社会思潮（主要倾向）是不同的，反映在文本上便是不同时期文献的思想倾向之间存在差异。具体内容可参见张岂之主编：《中国思想史·序》，西安：西北大学出版社，1993 年，第 3~4 页。

④ 冯友兰：《中国哲学史》，北京：中华书局，1947 年，第 55 页。

⑤ 本文在此援据刘起釪先生对今文《尚书》各篇成书年代及可信度研究的观点：“第一组，可信为真文件者。……第二组，基本是真文件，但经过后来加工，因而文字较平顺，或思想内容有稍异于原时期者。……第三组，肯定是战国时利用一些古代旧材料加以编造的。”详见刘起釪：《〈尚书〉与古史研究·序》，李民：《〈尚书〉与古史研究》（增订本），郑州：中州书画社，1983 年，第 21 页。

由。此番言论为商汤申解起兵之由,即"有夏"犯下太多罪过,其本意在于获得"天命"授权,代天行罚。这样的誓词虽然是汤在为自己起兵寻找天予的正当性,即一种政治正确的说辞,但以此号召、劝说军士而得到诸方统领支持,强烈表明在夏殷社会中,"天命"依旧是社会思想中的绝对主宰,个人只是"天命"下的被选定者,只能恭敬地执行"天命"。商代第十九位君主盘庚时,对待天命的态度有所不同。"先王有服,恪谨天命,兹犹不常宁。"(《商书·盘庚上》)"无戏怠,懋建大命。"(《商书·盘庚下》)"朕及笃敬,恭承民命,用永地于新邑。"(《商书·盘庚下》)在盘庚看来,虽然自己的先祖曾承奉天命,但仍然不能以此获得长治久安。盘庚自身笃敬天命,认为天命已经转移到新地。由此来看,此时绝对崇高的"天命"已经为具体政务的需要发生转移,即"命"由事定,"天"由人出。再稍晚至武丁时期,"民有不若德,不听罪,天既孚命正厥德,乃曰:'其如台。'"(《商书·高宗肜日》)面对上位者的训告,当时有人不仅不遵德义,不服罪,反而对"天命"的威严发出"其如台"(能把我怎么样)这样的质疑。可见,当时即便是普通人,对天或"天命"的至高无上性已经有了质疑。转至殷周之际,商王面对王朝即将崩溃的危机,虽然依旧直言"我生不有命在天"(《商书·西伯戡黎》),但在时人看来,"乃罪多参在上,乃能责命于天"(《商书·西伯戡黎》)。此时,天命已经不是国家政权、人事的最高保证。① 相反,个人的德行反而成为影响"天命"的关键。换言之,"天命"已经被"人"所左右。

如仅就文字字义而言,"天"本没有特别含义。《说文》解:"天,颠也。至高无上,从一大。"②即天只是对人头顶天空的一种方位性的描述和定义。③ 但是在《尚书·商书》中,"天"或"天命"已然突破空间方位的内涵。在《汤誓》中,对于自己起兵攻夏的原因,汤解释为夏人(主要指桀)犯了很多罪过而得罪于"天",从而使自己获得"天命"去讨伐他,对于"天"降下的命令大家应该顺从、执行。虽然这是汤在为自己的军事行动寻找合理与合法性的最高依据,但是此处《汤誓》所展现出的"天"已经不是与地相对的物质之天,反而是明确地混合了皇天、上帝的主宰、人格之"天"。降至殷商中期,盘庚在为迁都所做的解释中,强调一切的变化都是在遵从天的意志而行。"命"即"令",所以"天命"在此处即天的命令。盘庚为将"天命"与迁都工作相结合,特地以自然界的盛衰变化为比

① 有关商人"天命"观的文献,吾淳先生还梳理出,《诗经》(特别是《商颂》)中的部分内容可与《尚书·商书》相补充,兹不具。详见吾淳:《春秋末年以前的宗教天命观与自然天道观》,《中国哲学史》2009年第4期。

② 许慎撰,段玉裁注,许惟贤整理:《说文解字注》,南京:凤凰出版社,2007年,第1页。

③ 有关"天"字在殷商时期的具体内涵和引申义,尤其是否具有天神义,学界还有争论,但一般学者认为,据传世文献与出土卜辞,至少在殷商晚期已经出现"天神之天"。详见陈咏明:《儒学与中国宗教传统》,北京:宗教文化出版社,2003年,第68页。

喻,但是这种自然性只是主宰之天的辅助属性,因而他始终在强调人们应该勤勉地接受天命、执行天命,不要违背天命,而其则是天命的直接承接人("予迓续乃命于天"),至于为什么自己能接受和转布天命则没有明确说明。至商代高宗武丁时期(即商中晚期),天命中的奖惩与德行明确关联起来。民众不德,则天降命去惩罚以归正,祖乙对诸王的告诫反映出此时殷人的天命思想与德行观念的联系性。至商末期的帝辛,特别是在殷衰周兴的王朝更替前夕,天命的意志性愈发明显,帝辛对于自己的统治依然保持着天命在我的自信。但是祖乙的告诫表明,此时商人更愿意将天命出现的变化和个人的德行紧密关联起来。总的来说,"殷人最崇拜的天神叫做'帝',或称'上帝'"①,因而在整个殷商时期的文献中,"天"与"帝"几乎是同一指称。此外,商人敬奉祖先,在其天命思想变化历程中,天、帝、祖先在最后时期几乎演化为同等存在,天命即帝命,亦祖先之命。当然,这种变化经过了长期的历史过程,而"德"在其中起着重要的贯联作用。殷人始接天命,是因前人无德而祖先有德,因祖先而接天承命,其后祖先逐渐升格同于天、帝,时人的天命承续只以自身德行能不能契合祖先为准。由此,殷商时期的天命思想实现了从外向内,以血缘关系为纽带、以德行为转移的历史性转变。当然这种转变因为在时代上接近殷周更迭,故而在周人的天命思想中表现得更明显。就《尚书·商书》所展现的"天命"思想而言,随着时间的推移,殷商社会中"天命"观的内容与受影响因素都发生了明显转移,而这在周人身上体现得更为突出。

(二)周人新"命"与以"德"通"天"

周人的"天命"思想相较殷人更具确定性和发展性,《尚书·周书》集中展现了周时天命思想的主要内容和倾向。殷商时期"天""帝"混同的情形逐渐被周人确定的"天"和"天命"取代,"'天命'观念到了周人这里有一个大的甚至是突破性的发展"②。

周人对于自己取商而代之的行为,同样用"天命"来强调自身政权的合法性。但是与商人天、帝、祖先的混合"天命"思想不同,周人的"天命"更具确定性和唯一性。商人崇祖先、重鬼神,而周人只以天作为地位最高、至尊的主宰性存在,"天命"获得了最高法则的地位。因而,在《尚书·周书》中"天命"概念被使用得更为频繁,含义也更为确定,周王对于"天命"的态度也愈发恭敬。如:"今予发,惟恭行天之罚。"(《周书·牧誓》)"已!予惟小子,不敢替上帝命。"(《周书·大诰》)"汝惟小子,乃服惟弘。王应保殷民,亦惟助王宅天命,作新民。"(《周书·康诰》)。无论是灭商建国,还是平定叛乱、治理民众,《尚

---

① 韦政通:《中国思想史》,长春:吉林出版集团有限责任公司,2009年,第21页。

② 吾淳:《春秋末年以前的宗教天命观与自然天道观》,《中国哲学史》2009年第4期。

书·周书》将"天命"视作一切举动是否合法、合理的评判依据。此外,在殷商末期兴起的德性贯联"天命"的思想,在《周书》中更为突出与成熟。

周建国伊始,周公便对受封于商都故地的康叔反复告诫说:"弘于天,若德裕乃身,不废,在王命。"(《周书·康诰》)意即既要弘扬上天的旨意,又要施行德政,只有这样才能一直保持住统治天下的"天命"。具体到施政与个人德行上,即力戒饮酒。只有不断地反省、纠正自己的行为举止以符合道德,才能"兹亦惟天若元德,永不忘在王家"(《周书·酒诰》)。即以此让周王朝长久地秉持"天命"。对于"天命"与政权之间的合法性与持续性,身当殷周鼎革中的周公、召公等人有着清醒的认识。所谓"皇天既付中国民越厥疆土于先王,肆王惟德用,和怿先后迷民,用怿先王受命"(《周书·梓材》)。即天命所授的天下,后人只有布仁政、以德治为先才能保有,因为"'天不可信。'我道惟宁王德延,天不庸释于文王受命"(《周书·君奭》)。相较殷初人对"天命"的绝对崇信,周人的"天命"思想已然发生变化。综合来看,自殷、周革易之始,周人便明确地认识到"天命"的可转移性,而这转移的重要依据便是统治者自身的德行是否符合天的要求。因而,周人不断强调只有统治者自身德行良好,才能"不废王命",上天将天下政权和疆域赐给周朝也是因为文王等先王有德。这与殷纣"我生不有命在天"的"天命"思想截然不同。周人"天命"思想中这种极为强烈的德行意识,来源于小周代大殷所引发的强烈忧患感。"西周统治者认为殷的灭亡,并不是被'天命'或'上帝'所抛弃,而是他的统治者自己放逸无度、不循旧章,违背了'天命'或'上帝',是咎由自取。"①

周人在总结殷周鼎革的历史教训时,深刻意识到殷商之前的"天命"观念无法对现实政情进行合理解释。在此背景下,周人甚至对"天命"决定论产生了怀疑,即"天命"无常。如:"惟命不于常,汝念哉!无我殄享。"(《周书·康诰》)"天命不易。天难谌。"(《周书·君奭》)面对"天命"的无常,周人不再将福祸完全视作上天的赐予,而是强调个人的主观能动性,在"监于有夏"和"监于有殷"后,他们以一种新的理论观念"敬德"作为自身承续"天命",保持政权稳定、绵延的决定性因素。"我不可不监于有夏,亦不可不监于有殷。我不敢知曰,有夏服天命,惟有历年;我不敢知曰,不其延。惟不敬厥德,乃早坠厥命。我不敢知曰,有殷受天命,惟有历年;我不敢知曰,不其延。惟不敬厥德,乃早坠厥命。"(《周书·召诰》)周将三代以来的"天命"思想做了一次整体性发展,并且在天与人的关系上,突破了原来天对人具有决定性影响的观念,以"敬德"的观念突出个人的主观能动性作用。总而言之,三代以来的"天命"观突破了宗教维度中的命定论或宿命论,加之周人对三代历史经验的总结,新的"天命"思想为春秋战国时期的儒学吸收,成为早期儒学发展的重要思想理论源头之一。

---

① 崔大华:《儒学引论》,北京:人民出版社,2001年,第11页。

二、早期儒家与《尚书》"天命"思想的关联

《尚书》作为记录三代史事的重要历史文献，在先秦时期便受到学人的重视。而对于先秦显学之一的早期儒家而言，《尚书》不但成为其重要的历史学习资料，而且对其思想产生了重要影响。

"儒"作为殷遗民或术士在周代之时便已经出现，但直到春秋战国之际的孔子才真正地建立起了儒家学派。司马迁在总结诸子学说时便强调"儒者以六艺为法"的学派特色，而孔子本人更有删述《书经》的文献整理活动。"孔子之时，周室微而礼乐废，《诗》《书》缺。追迹三代之礼，序《书传》，上纪唐虞之际，下至秦缪，编次其事。"①司马迁认为，三代以来的历史文献得到了孔子本人的亲自整理编订。《庄子·天运》记载："孔子谓老聃曰：'丘治《诗》《书》《礼》《乐》《易》《春秋》六经，自以为久矣。'"虽然《庄子》此处所言是一则寓言故事，但至少说明在先秦时期以孔子为代表的早期儒家学者精研《尚书》是可以确认的。孔子在教育学生时，也是"《诗》《书》《礼》《乐》教"，而他自己更是将《书》作为思想理论的重要依据。如《论语·为政》所言："或谓孔子曰：'子奚不为政？'子曰：'《书》云："孝乎惟孝，友于兄弟。"施于有政，是亦为政，奚其为为政？"针对别人对自己不为官的提问，孔子依据《书》中人各据身份而尽其本分职责的言论为不需为官的行为做解释。虽然孔子所引《书》文已散佚，但既能在随处问答中即能援引《书》文，并申《书》以陈己意，表明他不仅对《书》文极为熟悉，且受《书》中思想影响深刻。根据陈梦家先生所梳理先秦引书情形可知，《论语》《孟子》等先秦儒家重要典籍，直接引用《尚书》内容多达一百五十多处，可见《尚书》在早期儒学发展中的重要地位。当然，除文字常被援引之外，《尚书》作为早期儒家重要的思想资源意义更为突出。

据《礼记·礼运》所言，孔子曾说："大道之行也，与三代之英，丘未之逮也，而有志焉。"可见，孔子对夏、商、周三代的尊崇溢于言表，而他对三代王道政治的了解与向往，正是通过研读《书》而来。他创建的儒学思想之核心理念，也部分地借鉴了《尚书》中的内容与思想。即所谓"六誓可以观义，五诰可以观仁，《甫刑》可以观诫，《洪范》可以观度，《禹贡》可以观事，《皋陶谟》可以观治，《尧典》可以观美"②。而孔子的核心主张最终回

① 司马迁：《史记》，北京：中华书局，1959年，第1935~1936页。

② 皮锡瑞：《尚书大传疏证》，吴仰湘整理：《皮锡瑞全集》第1册，北京：中华书局，2015年，第339页。这段话是否为孔子本人所言，目前学界尚有争论。《尚书大传》《汉书外传》等古籍一般都直接视它为孔子原话。结合郭店楚简等出土文献展现出的儒家早期思孟一系的思想理念，以及《尚书》本身在春秋战国时期的流布与被援引情况，大致可以认定这段话即便不是孔子原话，也符合孔子及早期儒家的思想主张。

归到“郁郁乎文哉！吾从周”(《论语·八佾》)。孔子及其开创的儒家学派，特别是早期阶段的思孟一系，通过《书》来教授门徒，符合基本历史情况，可见《书》与早期儒家存在着极为密切的关联。孔子作为宋国贵族的后代亦即殷遗民，在对比夏商周三代礼乐文明之后反而选择了周人的制度，反映出他从历史的角度对三代文明制度的评判。引发早期儒家对礼仪文明极力赞许的核心因素便是“礼”。外在的“礼”归结为内在的思想，反映了社会思想在夏、殷、周“天命”思想变化过程中对“敬”与“德”的逐步重视。总而言之，儒学的最初形态是由天命思想、礼等多个层面构成，而这些“都是殷周之际的思想观念的继承和发展”①。

具体而言，从早期儒家的天命观来看，在孔子的天命思想中，自然之天与人世间的最高主宰“天”并存，所谓“天何言哉？四时行焉，百物生焉。天何言哉？”(《论语·阳货》)“天丧予！”(《论语·先进》)“天厌之！”(《论语·雍也》)“吾谁欺？欺天乎？”(《论语·子罕》)孔子既将自然界的生命演化视作自然规律，在面对人生问题时，也视“天”存有主宰、仲裁一切的至高权限和地位。从《尚书》殷周之际的天命思想演变过程来看，“也可以说孔子确实是殷周以来传统天命观的真正继承者”②。但更值得注意的是，孔子的“天命”思想并非对殷周“天命”思想的完全蹈袭，在实际的理论表现中，他在承续《尚书》所蕴含的“天命”思想的同时，还为早期儒学思想注入了新的理论。

三、早期儒家学说对《尚书》“天命”的吸收与推进

殷周代变之际，以周公为代表的周人对殷商以来的宗教天命思想有了“转移”认识。但是，周初的这种天命认识，一方面在认识群体上局限于王公大臣，即统治群体；另一方面，在周兴代商的整个过程中，天命无论是靡常还是可以转移，前提是周人统治者对天命依旧保持着一定的宗教性信仰，亦即“周人‘天命’观的宗教神学性质是很明显的”③，并且这种“天命”认识的应用范围只是集中在王事之内。但是当时代转移到春秋战国时期，随着社会矛盾的不断加剧，统治阶级的逸乐与普通民众的困苦间的巨大反差，刺激了民众自身的思想觉醒。原来统治者所宣扬的“天命”再不能安抚生活于动乱、困窘统治下的民众，因而怨天骂天之声四起。④ 孔子及早期儒家学者便生活在此礼坏乐崩的现实社会，

① 崔大华：《儒学引论》，第23页。

② 丁为祥：《命与天命：儒家天人关系的双重视角》，《中国哲学史》2007年第4期。

③ 崔大华：《儒学引论》，第24页。

④ 关于西周晚期时人对天的咒怨，《尚书》因文献性质及资料散佚等没有确切资料存世，但是在《诗经》的《国风》中有大量历史资料可参考，兹不赘述。

在传统的“天命”思想与现实世界的巨大反差之下，以孔子为代表的儒家学者已然将“天命”所关注的政权更迭转向个体的生活和命运。因而孔子在面对陈蔡之厄时认为：“天生德于予，桓魋其如予何？”（《论语·述而》）“不知命，无以为君子也。”（《论语·尧曰》）“子夏曰：商闻之矣，死生有命，富贵在天。”（《论语·颜渊》）这里孔子及其门人所谓的天命，已将其应用范围限于个人的生死荣辱方面，且不再视天命为宗教信仰的对象。虽然对于孔子等早期儒家学者而言，“天命”的力量依旧无法超越或掌控，但是个体并非不能有所作为，反而要充分发挥个体的主观能动性，“知其不可而为之”。总而言之，早期儒家在殷周“天命”思想基础上，开始剔除其宗教成分而注入理性认识，最为重要的是进行着向道德意涵的转变。

前文已言，殷周鼎革之际，上古传统的“天命”在《尚书》之中表现出了转移和靡常的思想变化。特别是周人以小邦夺得大国之后，在总结历史经验时，周公在确保政权合法性的同时强调“天命”的决定性，不断地告诫后世子孙要清楚地认识到“天命”的不可依恃。为了长久地拥有政权，殷周之际统治者尝试为宗教信仰的“天命”引入道德内涵，所以有“皇天无亲，惟德是辅”①的告诫。但是周人对德行的强调是出于保持政权稳定，且客体为君主，因而这种“敬德”只是统治者对“天命”授予政权的一种呼应。但是，随着时代的推移，春秋战国之际的早期儒学在延续周初“天命”—“敬德”的思路的同时，还将“德性”与“天命”的呼应主体扩展到每一个个体身上，进而实现了殷周以来“天命”思想的继承与超越，并以此为中心扩展到早期儒学理论的诸多领域。

伴随着“天命”思想内涵的变化和对个体的重视，以孔子为代表的早期儒家学者通过《尚书》不断丰富和发展着自己的思想理论。②《尚书》在“天命”思想前所展现出的“敬德”，便直接影响了儒家对个体德性的追求。

如何“敬德”？修身即敬德。修身以成“敬德”进而通达“天命”的模式，在修订成书最晚的《尚书·虞书》中最为明显。唐尧能“克明俊德，以亲九族。九族既睦，平章百姓。百姓昭明，协和万邦，黎民于变时雍”（《虞书·尧典》）；虞舜能“慎徽五典，五典克从；纳于百揆，百揆时叙”（《虞书·尧典》）；皋陶主张“慎厥身修，思永。惇叙九族，庶明励翼，迩可远，在兹”（《虞书·皋陶谟》）。从以上《尚书·虞书》的前三篇内容可知，尧、舜、禹

① 此句现存古文《尚书·蔡仲之命》，属秦汉后的伪古文。但根据屈万里先生考释，原句本源于《左传·僖公五年》所引《周书》，因而此句属于周代文献较为可信。详见屈万里著，李伟泰、周凤五校：《尚书集释》，上海：中西书局，2014年，第323页。

② 关于《尚书》与孔子的关系，特别是后者是否对前者进行过整理或删述，以及何种程度的删述，历来都有争论。但是在儒家学派内部，《尚书》自孔子开始便作为其研习的重要经典，学界对此无分歧。因而笔者认为，《尚书》没有因是否手订于孔子而减少其对儒家学术思想的影响。

三人成为一代君主的过程是由内修身而外事功、由个人而天下的过程。《论语》中子张学干禄,孔子认为"多闻阙疑,慎言其余,则寡尤;多见阙殆,慎行其余,则寡悔。言寡尤,行寡悔,禄在其中矣"(《论语·为政》)。孔子对于弟子入仕没有技巧性的指导,而是要求其从自身做起,即通过不断提高自身的修养自然入仕,这样便能自然地获得爵禄。而在《论语·颜渊》中,孔子更为明确地强调"君子之德风,小人之德草;草上之风,必偃"。在孔子看来,"政者,正也。子帅以正,孰敢不正?"(《论语·颜渊》)当政者必须以身作则,即自身修德然后民众自然悦从。孔子的这种政治观经过孟子等人的发挥,体系变得更加严密。战国时期的儒家代表孟子,便认为"皆曰'天下国家',天下之本在国,国之本在家,家之本在身"(《孟子·离娄上》)。天下、国家和人成为一个有机联合的体系,而人本身成为最为关键的核心。《礼记·大学》更直言欲治其国,必"先齐其家。欲齐其家者,先修其身。欲修其身者,先正其心。欲正其心者,先诚其意。欲诚其意者,先致其知"。格物、致知、正心、诚意本是修身的具体内容与进步阶梯,通过这一系列的修身行为最终却能实现政治上的治道理想。

由此可以看出,儒家的政治哲学修身齐家治国平天下,由内而外、由个体向群体、由修身向政治的转化过程几乎是对《尚书》内容的集中概括和完善。此外,由修身、敬德所引发的具体行政理念体现了儒家对德治的推崇。孔子认为教化民众,"道之以政,齐之以刑,民免而无耻。道之以德,齐之以礼,有耻且格"(《论语·为政》)。这种反对依赖刑法而倡导教化优先的做法,亦是西周统治者在《尚书》中不断强调的行政方式。即"克明德慎罚……敬明乃罚"(《周书·康诰》),"天亦哀于四方民,其眷命用懋,王其疾敬德"(《周书·召诰》)。在具体的行政思想中,西周以来的政治理念已经突显出重德轻刑的倾向,此虽然未能达到孔子政治理念中以人为本和孟子"仁政"的高度,但是《尚书》中这种政治思想的萌芽对文献整理者孔子与学习者儒生而言,必然对早期儒家思想产生重要影响。总而言之,"德治理念确立于西周时期,在《尚书》中已有明确表述,以孔子为代表的儒家学派则在某种程度上对其进行了理论上的系统化"①。

四、结语

总的来说,《尚书》与早期儒家思想起源之间的关联十分密切。从文献资料上来看,《尚书》作为儒家(其实包括先秦多个学术流派在内)学习、教授的文本,本身具有无可替代的学术传承作用;在思想层面,则以一个较为隐蔽但影响更为重大与深远的方式存在。

① 董平:《儒家德治思想及其价值的现代阐释》,《孔子研究》2004年第1期。

殷周以来的“天命”观被较为完整地保存在了今文《尚书》中,而孔子时代所见必然不只是今天所能见到的二十八篇。通过梳理存世且较为可靠的文献可知,在历史的发展过程中,三代以来的“天命”观具有阶段性,且在内涵上不断突破绝对的命定特色。质言之,保存在今文《尚书》中的三代“天命”观愈来愈强调和突出个人道德品行对“天命”转移的决定性作用。早期儒家接受并传承了中国在上古以来的“天命”思想,但是这种传承并不是完全地蹈袭而不变。以孔子为代表的早期儒者以《尚书》为学术思想资源,对传统的“天命”观进行了更进一步的深化和超越,表现在早期儒学思想中便是既承认命运的存在又去除了其中的宗教信仰成分。与此同时,在儒家新的“天命”思想指导下,“天命”观超越“天命”与王权的联系,将对个体生命的关注提升到最优先的层次,由此引发的政治理念变革,便是将《尚书》德主刑辅的行政理念扩充为儒家早期政治思想中的“仁爱”与“仁政”。

当然,《尚书》对早期儒家的影响不仅仅是以上方面。例如,与德治理念相配的“礼治”,被儒家视作理想政治的重要组成部分。此外,《尚书》对尧、舜、禹、汤等先王功绩的详细记录,更是影响了儒家“祖述尧舜,宪章文武”的道统模式①和王道政治理想。“正是通过对《尚书》的诠释,儒家获得了对中华文明历史发展演变的认定,通过对上古三代历史的认定,儒家确定了自己的政治理想追求,确定了自身的政治使命。因此,《尚书》不仅是儒家政治理想和政治实践的经典,还是儒家教育的重要经典之一。儒家学派的产生并不是孔子个人理性独立思考的结果,而是对以往中华文明历史政治经验的继承和反省。”②

① 有关《尚书》与儒家道统思想之间的关联,前辈学者多有关注。如顾颉刚先生关注到《尚书》中尧、舜、禹的事迹与儒家古史观存在契合。李民先生主张,儒家以肯定、赞赏贤明君主为标准,神话性的黄帝等人则被排除在外,《尚书》在君王的选取上体现了儒家的道统观念。详见李民、王健:《尚书译注·前言》,上海:上海古籍出版社,2010 年,第 1~14 页。

② 严正:《王道理想与圣贤意识——论儒家〈尚书〉诠释的理论价值与影响》,《河南社会科学》2008 年第 5 期。

唐代“文学”新解

——从韩愈《毛颖传》所受批评谈起*

刘志强

摘要:韩愈《毛颖传》是今天文学概念上的经典文学作品,但其著文及著文态度在唐代或目为“怪”,或遭到相当批评。其原因在于今天的文学概念与唐人眼中的“文学”概念有很大不同。从发生机制而论,唐代“文学”基于“文教”色彩浓厚的儒家思想而产生。唐代制度一定程度上可视为“文学”性制度,唐代文人终身以“文学”作用于制度。思想、制度、“文学”三者系统性地互相影响和推进。裴度、韩愈等享有大名的文人,在“文学”本体上有着自觉的“立制”追求,并对佛、老文化及时俗之文有所预防、排斥,即此有所“排”也足见唐人有着不同于今之文学的明确的“文学”畛域意识。

关键词:唐代“文学”　文学机制　诏诰表奏　韩愈　《毛颖传》

作者:刘志强,文学博士,丽水学院民族学院讲师,研究方向为唐代文学与文化研究。

* 本文系 2018 年度教育部重大课题攻关项目“唐代文学制度与国家文明研究”(18JZD016)阶段性成果。

大约在元和初年①,刚经历了宦海波涛而自请分司东都的韩愈②创作了一篇游戏笔墨而又不无怨愤的《毛颖传》。尽管此《传》在当代被视为经典的文学作品,但在当时似颇受非议。柳宗元《读韩愈所著〈毛颖传〉后题》曰:"自吾居夷,不与中州人通书。有来南者,时言韩愈为《毛颖传》,不能举其辞,而独大笑以为怪。"③可见,文公此文因怪诞而为人所笑。《旧唐书·韩愈传》又曰:"……(韩愈)又为《毛颖传》,讥戏不近人情:此文章之甚纰缪者。"④此虽为史官所论,然史官为人作传、论,须采择众议、秉公持正,故不妨视为当时人的普遍看法。且韩愈为"怪""讥戏"之文,不始于《毛颖传》。张籍《与韩愈书》曰:

执事聪明,文章与孟轲、扬雄相若,盍为一书以兴存圣人之道,使时之人、后之人知其去绝异学之所为乎?曷可俯仰于俗,嚣嚣为多言之徒哉?然欲举圣人之道者,其身亦由之也。比见执事多尚驳杂无实之说,使人陈之于前以为欢,此有以累于令德。……且执事言论文章不谬于古人,今所为或有不出于世之守常者,窃未为得也。⑤

张籍《重与韩退之书》曰:

君子发言举足,不远于理;未尝闻以驳杂无实之说为戏也。执事每见其说,亦拊几呼笑,是挠气害性不得其正矣。苟止之不得,曷所不至焉!或以为中不失正,将以

① "《毛颖传》的写作当在元和初年为宜。"(张清华:《韩学研究》下册,南京:江苏教育出版社,1998年,第253页。)刘宁认同张清华说,见刘宁:《论韩愈〈毛颖传〉的托讽旨意与俳谐艺术》,《清华大学学报(哲学社会科学版)》2004年第2期。王美盈在《试论韩愈〈毛颖传〉之相关问题》一文注释中,也暂遵"元和初年至元和四年"的说法,见王美盈:《试论韩愈〈毛颖传〉之相关问题》,《世新中文研究集刊》2013年第9期。

② 详见段承校:《韩愈自请分司东都原因探析》,《盐城师范学院学报(人文社会科学版)》2014年第6期。

③ 柳宗元:《柳河东集》,上海:上海古籍出版社,2008年,第366页。

④ 刘昫等:《旧唐书》,北京:中华书局,1975年,第4204页。

⑤ 张籍撰,徐礼节、余恕诚校注:《张籍集系年校注》,北京:中华书局,2011年,第994页。

苟悦于众，是戏人也，是玩人也，非示人以义之道也。①

裴度《寄李翱书》曰：

昌黎韩愈，仆识之旧矣，中心爱之，不觉惊赏，然其人信美材也。近或闻诸侪类，云恃其绝足，往往奔放，不以文立制，而以文为戏。可矣乎？可矣乎？今之作者，不及则已，及之者，当大为防焉耳。②

关于上述张籍两书与裴度一书的写作时间，学界暂遵早于《毛颖传》，因此可能不是对《毛颖传》的直接批评，但张、裴两人在书中所批评的韩愈的著文风格和著文态度，在《毛颖传》中皆有体现。看来韩愈这位创作力蓬勃旺盛的大家，写作态度倒是前后如一。韩愈于元和七年(812)所作《石鼎联句诗序》，于长庆三年(823)所作《柳州罗池庙碑》，亦不乏"戏""怪"成分。李肇《唐国史补》卷下曰："元和已后，为文笔则学奇诡于韩愈……元和之风尚怪也。"③相对于雅正"文学"，"奇诡""怪"似为批评之词矣。王定保《唐摭言》卷五《切磋》曰："韩文公著《毛颖传》……张水部以书劝之。"④以为张籍批评的是《毛颖传》，事实上虽不准确，但错得情有可原。那么，包括张籍、裴度在内的唐人究竟批评韩愈"文学"写作的哪些方面？又是根据什么批评？主张写作什么样的"文学"？这些问题关乎唐人如何看待"文学"及当代应如何重新看待唐代"文学"，值得今人认真思考和探讨。

一、时人批评韩愈什么？

综观张籍、裴度的批评，当时人的"差评"，史书的"持正"之论，以及柳宗元为韩愈所做的辩解和韩愈的自我辩解，争论的核心在于是否能够"以文为戏"。"戏"在本义上为"兵也"，亦可为兵械之名，"引申之为戏豫，为戏谑，以兵杖可玩弄也"⑤。戏最初起源于祭祀活动，也是战争前的一种仪式，"整个字的意思是在祭祀的时候，持戈表演祖先像虎

① 张籍撰，徐礼节、余恕诚校注：《张籍集系年校注》，第1005页。
② 董诰等编：《全唐文》，北京：中华书局，1983年，第5462页。
③ 李肇：《唐国史补》，上海：古典文学出版社，1957年，第57页。
④ 王定保：《唐摭言》，上海：上海古籍出版社，1978年，第55页。
⑤ 许慎撰，段玉裁注：《说文解字注》，上海：上海古籍出版社，1981年，第630页。

那么勇猛的武功,由此产生祭祀中的一种仪式的含义。引申表示游戏、戏剧”①。《毛颖传》以人格化的方式为毛颖作传,感叹君恩凉薄,有多重戏仿成分:(1)以“物”为“人”。毛颖博闻强记、善交友等,一同于人,这是根据毛笔的特征进行人格化塑造。(2)模仿史传。模仿史传写作毛颖之家族渊源、生平经历及太史公评论,以史家笔法写游戏之文。(3)悲剧人生的生成。把士人常见的功高赏薄、以老见疏的人生悲剧巧妙融入毛颖生平经历之中,形成浓厚的悲剧氛围。多重的戏仿、巧妙的想象力和悲剧的情感因素,使《毛颖传》成为一篇独特的小说文献。② 对写作游戏之文,韩愈本人不但不否认,相反还有着清楚的认识,认为圣贤也难免为“戏”,或者说张弛有度正是圣贤之为,“恶害于道哉?”③韩愈虽为己辩护,但与对手站在同一立场,且对手立论更为正大、坚实,故说服力并不强。

张籍、裴度所指出的,恰是“以文为戏”之害。站在儒家道德修养角度,“害”又包括“自害”“他害”两种。“自害”,如张籍所说,“驳杂无实”的戏说将“远于理”,“理”者,儒家之道也。所谓“驳杂无实”,“驳”者,“马色不纯。……引伸之为凡色不纯之称”。④“杂”者,“五采相合也。……引伸为凡参错之称”。⑤ “驳”“杂”皆为对儒家之“实”的背离。韩愈或有可能除儒家学说外,对其他学说甚至不经之谈也表现出浓厚兴趣,因此其言语和文本写作出现了较多儒学之外的色彩,在一定程度上背离了儒家之道,且儒家之外的色彩越多,背离越为严重,以至于“远于理”。进一步来说,这会“挠气害性不得其正”,“气”者,“体之充者”。⑥ 儒家认为,“养”能让刚大浩然之气充满本体;“性”者,“是人生来具是理于心,方名之曰性”⑦,但要认识“性”,需要发现、保持并且运用,与养“气”相同,皆强调修养的过程。对“气”和“性”进行“挠”“害”,会产生“不得其正”的后果。如果对这种状况置之不理,不及时制止,一旦突破原则、底线,则“曷所不至焉”。总之,作为追求儒家之道的文人,在“文学”上进行“驳杂无实”的游戏书写,轻则败坏自身之道德修养,重则突破底线,沦为专门写作游戏之文的文士。裴度在《寄李翱书》中称赞韩愈“其

① 窦文宇、窦勇:《汉字字源:当代新说文解字》,长春:吉林文史出版社,2005 年,第 93~94 页。

② 对此,陈寅恪视《毛颖传》为小说(陈寅恪:《陈寅恪集 · 元白诗笺证稿》,北京:生活 · 读书 · 新知三联书店,2015 年,第 125 页)。李时人将《毛颖传》选入《全唐五代小说》(李时人编校,何满子审定:《全唐五代小说》,西安:陕西人民出版社,1998 年,第 606~607 页)不能不说眼光独到。

③ 韩愈著,马其昶校注,马茂元整理:《韩昌黎文集校注》,上海:上海古籍出版社,2014 年,第 152 页。

④ 许慎撰,段玉裁注:《说文解字注》,第 462 页。

⑤ 许慎撰,段玉裁注:《说文解字注》,第 395 页。

⑥ 朱熹:《孟子集注》,《四书章句集注》,北京:中华书局,2011 年,第 215 页。

⑦ 陈淳著,熊国祯、高流水点校:《北溪字义》,北京:中华书局,1983 年,第 6 页。

人信美材”,当然也是站在儒家的立场,这才能解释为什么韩愈“以文为戏”让他很遗憾。在裴公眼中,儒家的“文学”自当有其概念、原则和范围,游戏之文却不在其中,是儒家“文学”藩篱之外的东西。这是“以文为戏”的“自害”方面。“他害”方面,首先一味顺应他人的口味和喜好,实际上是苟且之道,“非示人以义之道也”,对己是“戏人”“玩人”,对他是被“戏”、被“玩”。其次是起到负面的榜样作用,越是“美材”,越能示范于人,从而带来在儒家看来越堕落的“文学”风气。最后可能导致大家一起“曷所不至”,从偶尔写作游戏之文到一心游戏笔墨,思想、态度、写作上发生完全转变,将符合儒家之道的“文学”抛弃一旁,这当然是有忧患感的儒士不愿看到的。

可见,无论张籍、裴度还是当时的其他士人,对韩愈“以文为戏”的批评都是立足于儒家之道的,以儒家标准去衡量“文学”写作可以说是当时人的共同意识,柳宗元、韩愈的辩解也只能从儒学中寻找依据。然而正如韩愈所说,就算限定在儒家范围,“文学”也是“法门广大”,圣贤也并不完全排斥游戏之文。所以,时人的批评,还应有现实的依据。在儒家眼里,唐以及先唐“文学”最大的现实恐怕是文人及“文学”写作的“浮薄”问题。也就是说,张、裴等人批评“以文为戏”时的假想敌及认为需要预防的,就是持续不断出现的“浮薄”文风与文人。

在主要被儒家精神笼罩的唐代,裁定“文学”的是与非,关键看它是否与儒家精神保持一致。儒家提倡内容与形式、内在与外在的统一。孔子称赞周代文教发达——“郁郁乎文”(《论语·八佾》)——的现实语境,是周代统治阶级身上表现出的内在德性与外在礼仪的统一。但“文学”的特殊性在于,即使缺少甚至并无较高的道德修养,也可以通过写作锻炼提高技巧,显然成本小得多。后者的繁荣在儒家看来是脱离实际的虚假之物,或者用处很小,或者没有必要,或者反而有害。贞观十年(636),“撰成周、隋、梁、陈、齐五代史”①,其《文学传序》或《文苑传序》,可以说是对前代“文学”的总结和对当时“文学”的展望,大体上认为前代“文学”虽然繁盛,但无论南北各有所偏。所谓“偏”,当然是以儒家“文学”之“义”为基准,其认为所应当追求的是符合儒家标准的“文质彬彬”。唐初修史者多是当时“文学”名臣,其颇为统一的“文学”理论是建构在多方共识上的,具有示范意义。其后的“文人”对自己的要求:一是以“文学”使君为尧舜、臣为稷契,达到天下治平;一是提倡风雅,反对“浮薄”的文风和文人。陈子昂曰“文章道弊五百年”②,李白曰“大雅久不作”③,太宗时考功员外郎王师旦以“文采浮华”黜落“有

① 王溥:《唐会要》,北京:中华书局,1955年,第1091页。
② 徐鹏校点:《陈子昂集》,北京:中华书局,1960年,第15页。
③ 李白著,王琦注:《李太白全集》,北京:中华书局,1977年,第87页。

名于当时”的进士张昌龄、王公谨[①],裴行俭谓王勃等“浮躁浅露”[②],中宗景龙年间君臣唱和“皆狎猥佻佞……惟以文华取幸”[③],元结认为时之作者“淫靡”[④],代宗宝应年间,杨绾、李廙、李栖筠、贾至、严武等议改革取士制度的目的之一是止“浮竞”[⑤],“以经术位宰相”的郑覃“深嫉进士浮薄”[⑥],李商隐、温庭筠、段成式三人“俱无持操,恃才诡激,为当涂者所薄,名宦不进,坎壈终身”[⑦],像这样所谓正士深嫉“浮薄”的例子举不胜举,纵贯于整个唐代。

二、唐代“文学”发生机制

在传统儒家社会,作为推动“文学”发展的第一动力,儒学对于“文学”的重要性可以说怎么强调都不过分。唐代也是贵族社会的最后阶段[⑧],门第士族尚存礼法家学,加上国家对儒学的全力提倡,合力下儒学浸润之深,又不同于前后之朝代,不但见之于理论,而且能够在实践中得到充分发挥。但根据所体现的儒家精神,“文学”中有主次、轻重、大小之分,最高者与儒家精神完全一致,次者意图于王教有所助益,再次者求得个人精神自适,又次者过于追求形式甚至背离儒道。在唐代,类似表述颇多,稍做选择列表如下:

① 欧阳修、宋祁:《新唐书》,北京:中华书局,1975 年,第 1166 页。
② 刘昫等:《旧唐书》,第 5006 页。
③ 欧阳修、宋祁:《新唐书》,第 5748 页。
④ 元结撰,杨家骆主编:《新校元次山集》,台湾:世界书局,1984 年,第 37 页。
⑤ 刘昫等:《旧唐书》,第 3432 页。
⑥ 欧阳修、宋祁:《新唐书》,第 1168 页。
⑦ 刘昫等:《旧唐书》,第 5078 页。
⑧ 唐代作为贵族社会的余波的说法,见[日]内藤湖南:《概括的唐宋时代观》,刘俊文主编:《日本学者研究中国史论著选译》第 1 卷,黄约瑟译,北京:中华书局,1992 年,第 10~18 页。

表一　唐人“文学”层次观

序号	层次	《隋书·文学传序》①	元结	裴度（《寄李翱书》）②	韩愈	柳宗元
1	上	“上所以敷德教于下……大则经纬天地，作训垂范。”	“欲极帝王理乱之道，系古人规讽之流。”（《二风诗论》）③	“于是作周孔之文。荀孟之文，左右周孔之文也。理身理家理国理天下，一日失之，败乱至矣。” “若夫典谟训诰、文言系辞、国风雅颂……虽大弥天地、细入无间……意随文而可见，事随意而可行。”	“愈之所志于古者，不惟其辞之好，好其道焉尔。”（《答李秀才书》）④ “通其辞者，本志乎古道者也。”（《题哀辞后》）⑤ “学所以为道，文所以为理耳。”（《送陈秀才彤序》）⑥	“共立仁义，裨教化。……唯以中正信义为志，以兴尧舜孔子之道利安元元为务。”（《寄许京兆孟容书》）⑦ “为文……意欲施之事实，以辅时及物为道。”（《答吴武陵论非国语书》）⑧
2	中	“下所以达情志于上……次则风谣歌颂，匡主和民。”	“径欲填陷阱于方正之路，推时人于礼让之庭。”（《文编序》）⑨	“相如子云之文，谲谏之文也……贾谊之文，化成之文也，铺陈帝王之道，昭昭在目；	“谨献旧文一卷，扶树教道，有所明白。”（《上兵部李侍郎书》）⑩ “未得位，则思修其辞以明其道。”（《争臣论》）⑪	“文者以明道。”（《答韦中立论师道书》）⑫

① 魏徵、令狐德棻：《隋书》，北京：中华书局，1973年，第1729页。
② 董诰等编：《全唐文》，第5461～5462页。
③ 元结撰，杨家骆主编：《新校元次山集》，第10页。
④ 韩愈著，马其昶校注，马茂元整理：《韩昌黎文集校注》，第196页。
⑤ 韩愈著，马其昶校注，马茂元整理：《韩昌黎文集校注》，第340页。
⑥ 韩愈著，马其昶校注，马茂元整理：《韩昌黎文集校注》，第291页。
⑦ 柳宗元：《柳河东集》，第480页。
⑧ 柳宗元：《柳河东集》，第508页。
⑨ 元结撰，杨家骆主编：《新校元次山集》，第154页。
⑩ 韩愈著，马其昶校注，马茂元整理：《韩昌黎文集校注》，第162页。
⑪ 韩愈著，马其昶校注，马茂元整理：《韩昌黎文集校注》，第126页。
⑫ 柳宗元：《柳河东集》，第542页。

(续表)

序号	层次	《隋书·文学传序》	元结	裴度(《寄李翱书》)	韩愈	柳宗元
2	中		“所为之文……其意必欲劝之忠孝,诱以仁惠,急于公直,守其节分。如此非救时劝俗之所须者欤?”(《文编序》)①	司马迁之文,财成之文也,驰骋数千载,若有余力;董仲舒、刘向之文,通儒之文也,发明经术,究极天人。”	“其业则读书著文歌颂尧舜之道……其所著皆约六经之旨而成文,抑邪与正,辨时俗之所惑。”(《上宰相书》)②	“文之用,辞令褒贬、导扬讽谕而已。”(《杨评事文集后序》)③
3	下(上)	“离谗放逐之臣,涂穷后门之士,道轗轲而未遇,志郁抑而不申,愤激委约之中,飞文魏阙之下,奋迅泥滓,自致青云。”	“优游于林壑。”(《文编序》)④ “咏歌取适。……道达情性。”(《刘侍御月夜宴会并序》)⑤	“骚人之文,发愤之文也,雅多自贤,颇有狂态。”	“存志乎诗书,寓辞乎咏歌。”(《荆潭唱和诗序》)⑥ “南行诗一卷,舒忧娱悲,杂以瑰怪之言,时俗之好,所以讽于口而听于耳也。”(《上兵部李侍郎书》)⑦ “居穷守约,亦时有感激怨怼奇怪之辞,以求知于天下;亦不悖于教化。”(《上宰相书》)⑧	

① 元结撰,杨家骆主编:《新校元次山集》,第155页。
② 韩愈著,马其昶校注,马茂元整理:《韩昌黎文集校注》,第173页。
③ 柳宗元:《柳河东集》,第371页。
④ 元结撰,杨家骆主编:《新校元次山集》,第154页。
⑤ 元结撰,杨家骆主编:《新校元次山集》,第37页。
⑥ 韩愈著,马其昶校注,马茂元整理:《韩昌黎文集校注》,第294页。
⑦ 韩愈著,马其昶校注,马茂元整理:《韩昌黎文集校注》,第162页。
⑧ 韩愈著,马其昶校注,马茂元整理:《韩昌黎文集校注》,第173页。

（续表）

序号	层次	《隋书·文学传序》	元结	裴度（《寄李翱书》）	韩愈	柳宗元
4	下(下)		“近世作者,更相沿袭,拘限声病,喜尚形似,且以流易为辞,不知丧于雅正。”(《箧中集序》)① “时之作者,烦杂过多,歌儿舞女,且相喜爱,系之风雅,谁道是邪?”(《刘侍御月夜宴会并序》)② “污惑之声。”(《箧中集序》)③	“常以时世之文,多偶对俪句,属缀风云,羁束声韵,为文之病甚矣。” “磔裂章句,隳废声韵也。” “不以文立制,而以文为戏。”	“学虽勤而不繇其统,言虽多而不要其中,文虽奇而不济于用。”(《进学解》)④ “妖淫谀佞诪张之说。”(《上宰相书》)⑤ “试之以绣绘雕琢之文,考之以声势之逆顺、章句之短长。”(《上宰相书》)⑥	“眩耀为文,琐碎排偶,抽黄对白,啽哢飞走。骈四俪六,锦心绣口,宫沉羽振,笙簧触手。观者舞悦,夸谈雷吼。”(《乞巧文》)⑦ “世之模拟窜窃,取青媲白,肥皮厚肉,柔筋脆骨,而以为辞者……”(《读韩愈所著〈毛颖传〉后题》)⑧

唐代“文学”的发达,归根结底是“文治”的结果。唐代以儒治国,既有路径依赖的原因,也是主动选择的结果。儒家的最大目标是礼乐教化的完成,唐代的治国愿景也是朝这一方向努力。“文学”既是教化的工具和手段,又是教化的内容和结果,在唐代具有不可或缺的重要作用。唐代崇尚“文学”,是在儒家思想指导下多方面合力的结果,必然受到社会上下各阶层的重视,对于“文学”写作,既是强制规定的,又是鼓励引导的,这注定了彼时“文学”种类无比繁富,数量无比庞大,不同于今天的文学概念。今天的文学概念

① 元结撰,杨家骆主编:《新校元次山集》,第100页。
② 元结撰,杨家骆主编:《新校元次山集》,第37页。
③ 元结撰,杨家骆主编:《新校元次山集》,第100页。
④ 韩愈著,马其昶校注,马茂元整理:《韩昌黎文集校注》,第54页。
⑤ 韩愈著,马其昶校注,马茂元整理:《韩昌黎文集校注》,第173页。
⑥ 韩愈著,马其昶校注,马茂元整理:《韩昌黎文集校注》,第176页。
⑦ 柳宗元:《柳河东集》,第316页。
⑧ 柳宗元:《柳河东集》,第366页。

强调文学的自觉性或者文学的独立性，实际上是切除儒学原则与国家意志后的"文学"，大致相当于表中的下（上）、下（下），而把明道与致用的上、中排除在外，与唐人眼中本身的"文学"相差甚远，可以说把唐人的大部分"文学"排除掉了，留下的只是少数文体中的部分作品，如此一来，岂能得唐代"文学"之真。张籍、裴度身为文人，却共同反对今天看来是经典文学作品的《毛颖传》，乃是因为他们站在唐人的立场，有自身的"文学"概念、观点。只有回到当时语境中，弄懂他们赞成、提倡或反对什么样的"文学"，才是重点所在。丁居晦、郑覃等反对与唐文宗讨论"文学"①，其实是在反对他们认为的较为低层次的"文学"，目的在于维护自认为高层次的"文学"。

已如前论，唐代"文学"首先是治国精神与目标的自然体现，已如上论。制度的设计与建设，无疑为"文学"的发生提供了保障。对儒家思想的接受愈是全面、深入，愈能全方位设计与建设一种为保障人文化成的治理目标实现的制度，制度本身也愈带有人文色彩。在职官制度上，重要机构的主要官员以"文学"参与治理。唐代社会"文学"色彩浓郁，这些机构的官员上奏给皇帝的章表奏议等，须词藻、思想、内容兼备，因此官员往往集政治家与文士于一身，可以说国家主要机构皆是"文学"机构。教育方面，中央、地方州县有官学，家族、寺庙等有私学。取士方面，主体是继隋代发展而来的考试制度，进士成为最主要的科目；常科外，还常常举行名义上天子亲自策试的制科。总体上来说，唐代的科举实际上是新科举制度与古代荐举制度的结合，追求"野无遗贤"。在具体方法上，以试策、试诗、试赋等取士。教育一定程度上可以说是考试的准备，这样一来教育、考试制度也可以说是一种"文学"制度。唐代制度宏大而精密、人文色彩浓厚，常作为后世取法的对象。

制度的运行当然离不开人，尤其是文人，甚至可以说，唐代以制度大力培养文人，又以文人推动制度的运行，二者互为因果，互相循环。

以张籍为例。贞元十四年（798）秋，在汴州（今开封市）举进士，时韩愈为汴州进士考官。贞元十五年（799），张籍登进士第。贞元十八年（802），应戎幕之辟掌书记。元和元

① "丁居晦为翰林学士，文宗于麟德殿召对，因面授御史中丞。翌日制下，帝谓宰臣曰：'丁居晦作中丞何如？'……帝入曰：'居晦作得此官。朕曾以时谚谓杜甫、李白辈为四绝，问居晦，居晦曰：'此非君上要知之事。'常以此记得居晦，今所以擢为中丞。"（王钦若等编纂，周勋初等校订：《册府元龟》（校订本），南京：凤凰出版社，2006年，第5818~5819页。）又，"（开成元年四月戊戌，836年5月18日）上与宰相从容论诗之工拙，郑覃曰：'诗之工者，无若三百篇，皆国人作之以刺美时政，王者采之以观风俗耳，不闻王者为诗也。后代辞人之诗，华而不实，无补于事。陈后主、隋炀帝皆工于诗，不免亡国，陛下何取焉！'覃笃于经术，上甚重之"（司马光编著，胡三省音注：《资治通鉴》，北京：中华书局，1956年，第7925页）。又，"上（文宗）好诗，尝欲置诗学士；李珏曰：'今之诗人浮薄，无益于理。'乃止"（司马光编著，胡三省音注：《资治通鉴》，第7938页）。

年(806)调太常寺太祝,十年不迁。元和十一年(816)为国子监广文馆助教。长庆元年(821),由韩愈荐为国子监广文馆博士。长庆二年(822),除水部员外郎。长庆四年(824),拜主客郎中。大和二年(828),转国子司业。①

再如韩愈,贞元八年(792),登进士第。贞元九年至十一年(793—795),三试吏部博学宏词,不入选。贞元十二年(796),入董晋幕府为宣武军节度使推官,试秘书省校书郎。贞元十四年(798),在汴领进士试,张籍预选。贞元十五年(799),张建封奏为节度推官,试协律郎。贞元十八年(802),授四门博士。贞元十九年(803),自四门博士拜监察御史,因疏陈治事,贬连州阳山令。元和元年(806),召拜国子博士。元和十二年(817),累迁至刑部侍郎。元和十四年(819),上疏论佛骨事,被贬为潮州刺史。元和十五年(820),召拜国子祭酒。长庆元年(821),转兵部侍郎。长庆二年(822),转吏部侍郎。长庆四年(824),卒。追赠礼部尚书。②

又如裴度,贞元五年(789),进士登第,又登宏辞科,补校书郎。又应制举贤良方正、能直言极谏科登第,授河阴县尉。迁监察御史,密疏论权幸,语切忤旨,出为河南府功曹。武元衡帅西川,表掌节度府书记。召为起居舍人。元和六年(811),以司封员外郎知制诰。元和七年(812),拜中书舍人。元和九年(814),改御史中丞。寻兼刑部侍郎,奉使蔡州行营,宣谕诸军。元和十年(815),为门下侍郎、同中书门下平章事。元和十二年(817),拜门下侍郎、同中书门下平章事、蔡州刺史、彰义军节度、申光蔡观察等使、淮西宣慰招讨处置使,名虽宣慰,其实行元帅事。平贼入朝,策勋进金紫光禄大夫、弘文馆大学士、上柱国、晋国公,食邑三千,复知政事。出将入相,终身为朝廷倚重。开成四年(839)年,卒。以身系国之安危、时之轻重者二十年。③

从三位唐代名人或名臣的大致仕宦经历中,可以看出制度与文人有以下几种关系:

1. 以制度取文人

三人至少都是进士出身,唐代科举以“文学”取士,进士又作为“文学”的代表科目为唐人所重,是科考晋身的最佳之选。进士登第后,需守选数年方释褐,一般释褐官为校书、正字或者望、紧、上县之县尉④。若进士登第后,接着又通过吏部“宏辞”“拔萃”试或制举,则“即授官”。裴度即进士登第后,通过了吏部“宏辞”试,不必守选,后解褐校书,制举登第后又获授县尉。没有参加博学宏词或者制举考试,或参加了没通过的,如韩愈,

---

① 详见罗联添:《张籍年谱》,《唐代诗文六家年谱》,台湾:学海出版社,1986年,第169~230页。

② 参见吕大防等撰,徐敏霞校辑:《韩愈年谱》,北京:中华书局,1991年,第132~174页。

③ 详见《旧唐书·裴度传》(刘昫等:《旧唐书》,第4413~4435页)、《新唐书·裴度传》(欧阳修、宋祁:《新唐书》,第5209~5220页)。

④ 详见赖瑞和:《唐代基层文官》,北京:中华书局,2008年,第13~156页。

仍然可能应幕府召辟,任巡官、推官等职,且在幕府期间,一般也会挂上试校书郎等朝衔。上述三人进士登第后,均非只等待守选,包括后来一直在京城做官的张籍也是先入幕府。可见,文人"释褐"不是单一制度起作用,而是几种制度优化、补充,共同起作用,其中每一种制度皆以"文学"取人。

2. 文人一生仕宦极具制度保障

虽然校书、正字等释褐官只是九品低级文官,却是文人起家的美官,其职也被唐人视为"美职",原因即在于由此位多有至宰相者,如裴度。官职越高,待遇、名望等也就越高,对"文人"的要求也越高。《封氏闻见记》有所谓"八俊"之说,意即校书、监察御史、拾遗、中书舍人等官"尤为俊捷,直登宰相"①。确实,唐代"清官""清望官"②等,多是文人的保留职位。文人凭借自己的道德、才能、功绩,等待着制度的进一步拣选,而制度常常能满足他们的愿望。③ 张籍累迁至的国子司业,即清望官。韩愈虽多有沉浮,但就总的升迁来说,多是清官、清望官职位。裴度更是文人成功的代表,出将入相二十年。可以说,文人终身在制度内从事"文学"。

3. 文人仕宦节点多与"文学"有关

韩愈以"文多古风"(《举荐张籍状》)④等荐张籍为广文馆博士,白居易所撰《张籍可水部员外郎制》称张籍为"服儒业诗者"⑤,则张籍的升迁,实际上凭借的是长久以来积累的"文学"声名。他的"文名",有闻于当时,以至于公卿、才士"皆与之游"⑥,韩愈、白居易等亦以此认为其应该得到升迁。韩愈、裴度皆任职过中书舍人⑦,中书舍人"专掌诏诰",对文人的"文学"能力尤其注重,杜佑称之为"文士之极任,朝廷之盛选"⑧。虽非中书舍人,但以使职充当诏诰撰写的"知制诰""翰林学士"也必须由文采典丽的有名望文人充任。此可反证两人"文学"才能的突出,亦可证"诏诰"等是唐代极受重视的"文学"文体。此外,文人通过"文学"固然可以升迁,但其贬谪,往往也与"文学"有关。韩愈贬阳山令与上疏极论朝廷弊事有关,贬潮州刺史的直接原因则是上《论佛骨表》。裴度由监察御史

① 封演撰,赵贞信校注:《封氏闻见记校注》,北京:中华书局,2005年,第19页。

② 唐代"清官""清望官"职位,见《旧唐书·职官一》(刘昫等:《旧唐书》,第1804~1805页)。

③ 《策林二·大官乏人》:"臣伏见国家公卿将相之具,选于丞郎给舍。丞郎给舍之材,选于御史遗补郎官。御史遗补郎官之器,选于秘著校正畿赤簿尉。虽未尽是,十常六七焉。"(白居易著,谢思炜校注:《白居易文集校注》,北京:中华书局,2011年,第1462页。)

④ 韩愈著,马其昶校注,马茂元整理:《韩昌黎文集校注》,第702页。

⑤ 白居易著,谢思炜校注:《白居易文集校注》,第555页。

⑥ 刘昫等:《旧唐书》,第4204页。

⑦ 《除裴度中书舍人制》亦为白居易撰,云:"司勋郎中、知制诰裴度,以茂学懿文,润色训诰。体要典丽,甚得其宜。施之四方,朕命惟允。"见白居易著,谢思炜校注:《白居易文集校注》,第906页。

⑧ 杜佑撰,王文锦等点校:《通典》,北京:中华书局,1988年,第564页。

出为河南府功曹，是由于上疏状论权幸。则文人之沉浮，皆与制度息息相关。

由此可见，唐代“文学”的发生机制，是在重视“文学”的儒家思想指导下制度化地推行“文学”的大环境中产生。国家以“文学”取士，也可以说以“文学”治国，国家的思想、制度、目标及政治实践的每一步，皆与“文学”密切相关。唐代因对儒学的接受和践行如此深刻，故能做到卓有成效地以制度生产“文学”。“文学”是国家大小政事中不可缺少的工具，“文学”的应用无所不在，治理的成功几乎也就意味着“文学”的成功。此外，国家层面的重视势必对社会、民间造成重大的影响，因此唐代私人也对“文学”的各个方面极度重视，在情理之中。白居易说：“国家以文德应天，以文教牧人，以文行选贤，以文学取士。二百余载，焕乎文章。故士无贤不肖，率注意于文矣。”①极为简要地阐述了唐代发达的“文学”与国家意识形态及各项制度之间的密切关系。国家正是通过种种途径对“文”极力提倡，才让无论什么层次的士人，都被吸引到“文学”上来，且终身“注意于文”，结果毫无意外会造成“文学”的发达。

三、唐代主要“文学”文体及实践

由于唐代“文学”的政治化、制度化，“文学”全面参与疆域庞大的唐帝国大小事务的治理，因此其无论就形式还是内容来说都必然复杂、丰富，不是今天的“纯文学”概念所能容纳的。此外，任何“文”的发生，都不是孤立的，往往涉及多个层面，陈飞师在研究“文本义”中主张“文”的要义在于“实行”，“强调‘文’的‘实义’，实际上是要将其视为一个具有活的(生命)联系及其运动方式的统一体，并且始终是在具体的实行中发生、发展并实现其意义”。因此，“只有将‘文’与具体实际运用联系起来，或者将其‘还原’到特定的‘实行’关系和场境中，才便于发现和理解其特定的性质、功能、效果和价值等等”②。从“文本义”出发，“文”的研究可以具体到三个基本层面：一是涉及创作准备和创作背景的“世本”层面，二是涉及创作主体的“人本”层面，三是涉及创作载体的“文本”层面。三个层面之间既相互独立，又动态交融，于庞杂中见规律、厚重处见轻盈、继承中见变化，兼有理性逻辑的“真”、伦理层面的“善”及审美上的美感，当于此中寻绎唐代“文学”的内涵。下面以唐代“文学”文体为例，结合今天意义上的“文学”文体，仍以张籍、韩愈、裴度的创作实践为参照，略谈唐代“文学”的丰富、多维、复杂与主体所在。

《文苑英华》主要收录唐代作品，共一千卷，文体分为三十八类。笔者在此将其中与

---

① 白居易著，谢思炜校注：《白居易文集校注》，第1594页。

② 陈飞：《古“文”实义说略》，《中国社会科学》2007年第4期。

政治密切相关,属于明文制度规定所产生的官"文学"文体划为A类;将既有官"文学"创作又有私"文学"创作的文体划为B类;将多属于个人写作的私"文学"划为C类。在创作目的、理念及内容上,与今天的文学概念相较,"文学"认定高度重合的文体归为"相似",部分重合的文体归为"部似",今天很少被认为属于文学文体的归为"相异",再加上各类文体所占卷数,列表如下①:

表二 《文苑英华》文体及其他

文体	卷数	类别	异同	文体	卷数	类别	异同
赋	150	A、B	部似	诗	180	A、B	部似
歌行	20	B、C	相似	杂文	29	B、C	相似
中书制诰	40	A	相异	翰林制诏	53	A	相异
策问	4	A	相异	策	26	A	相异
判	50	A	相异	表	74	A	相异
笺	1	A	相异	状	17	A	相异
檄	2	A	相异	露布	2	A	相异
弹文	1	A	相异	移文	1	A	相异
启	16	A	相异	书	27	A、B	部似
疏	5	A	相异	序	40	B、C	相似
论	22	A、B	相似	议	10	A、B	部似
连珠	1/2	B	相似	喻对	1/2②	B	相似
颂	8	A	相异	赞	5	B	相异
铭	6	B	相异	箴	1	B	相异
传	5	A、B	部似	记	38	A、B	相似
谥哀册文	5	A	相异	谥议	2	A	相异
诔	2	A、B	相异	碑	91	A、B	相异
志	35	A、B	相异	墓表	1	A、B	相异
行状	7	A、B	相异	祭文	23	A、B	相异

① 当然,无论"官""私"的区分,还是与今天文学概念的区分,都是粗略的区分。今天的文学概念以一种"文学本位""文学自觉性""文学独立性"的视角看待文学,重视个人抒情传统及审美意义,较为排斥带有现实功能性的"文学"。

② 《文苑英华》中《连珠》《喻对》二体合共一卷。

从上表可以看出：

第一，今天文学概念下的文体在唐代往往也是重要文体，如诗、赋，这也是今天所认为的唐代文学作品的主体。无论唐人还是今人，都对诗承继"风雅"精神有着高度的评价，但两者对"诗"仍有不同的认识，今人主要强调其现实批判性，唐人在强调诗具有"刺恶"功能的同时还强调它的"颂美"作用。相对于今天强调"赋"的抒情意义，唐人则更强调以赋"光赞盛美，感天动神"①，即其实用性，具有"实用性"几乎是唐代所有文体的特征。诗、赋在《文苑英华》收录卷数之多，折射出总体创作数量之大。诗、赋作为科举特别是进士科考试的两种主要文体，应该是引起唐代士人重视的原因之一。张籍是工诗的文人，那么以他为例，可以具体而微地观察唐人对好"诗"所持的标准。张籍之诗大体上分古诗、新乐府、五律、七律、五绝、七绝几种，除闲适、唱和及描摹歌儿舞女等自适之词外，其中最受重视的，还是讽喻诗。白居易对张籍的古乐府给予高度评价，原因是这些诗具有现实意义。"风雅比兴"既是《诗经》的内容和精神，又是写作手法。《诗经》的作者以适当的方法、技巧写作具有现实内容以及讽谏意义的诗作，希望起到改良现实的作用，是谓谲谏。张籍继承《诗经》的这种精神，同时勤奋地写作，其作品可以"讽放佚君""诲贪暴臣""感悍妇仁""劝薄夫敦"，总之可以"裨教化""济万民"，至可宝贵，应"愿藏中秘书，百代不湮沦。愿播内乐府，时得闻至尊"。在"教化"的意义上，张籍有如此大的成绩，但近五十岁还"官小身贱贫"，着实让人感到格外遗憾。② 白居易对自己的诗作，有一个重要性排名，排在第一的也是可用于"教化"的讽喻诗。③ 唐诗为唐人所重视，情致或者审美恐怕尚在其次，最主要的在于能够辅助教化。诗歌因为具有重要的功能作用，受到当时士人的集体推崇，以至于无事无物不可以用诗歌表达。唐诗的丰富，是在诗歌庞大"基因库"上的深化和拓展，其生命内核仍在儒家。

第二，唐人最为重视、对写作人选往往要精心挑选的诏诰类文体，在今天的文学概念

① 李白《大猎赋》："白以为赋者，古诗之流，辞欲壮丽，义归博远。不然，何以光赞盛美，感天动神。"(李白著，王琦注：《李太白全集》，第 57 页。)

② 白居易《读张籍古乐府》："张君何为者，业文三十春。尤工乐府诗，举代少其伦。为诗意如何，六义互铺陈。风雅比兴外，未尝著空文。读君学仙诗，可讽放佚君。读君董公诗，可诲贪暴臣。读君商女诗，可感悍妇仁。读君勤齐诗，可劝薄夫敦。上可裨教化，舒之济万民。下可理情性，卷之善一身。始从青衿岁，迨此白发新。日夜秉笔吟，心苦力亦勤。时无采诗官，委弃如泥尘。恐君百岁后，灭没人不闻。愿藏中秘书，百代不湮沦。愿播内乐府，时得闻至尊。言者志之苗，行者文之根。所以读君诗，亦知君为人。如何欲五十，官小身贱贫。病眼街西住，无人行到门。"(白居易撰，谢思炜校注：《白居易诗集校注》，北京：中华书局，2006 年，第 8~9 页。)

③ 白居易《与元九书》："自拾遗来，凡所遇所感，关于美刺兴比者；又自武德讫元和，因事立题，题为《新乐府》者，共一百五十首，谓之讽谕诗。……故仆志在兼济，行在独善。奉而始终之则为道，言而发明之则为诗。谓之讽谕诗，兼济之志也。"(白居易著，谢思炜校注：《白居易文集校注》，第 326 页。)

中几乎完全不表述为文学文体，对立鲜明。唐代人文化成的目标要求国家治理上具有“文学”色彩，“文学”直接参与治理，彼时诏诰表奏等文体须由“文学”水平较高的文人写作便是鲜明反映。在他们以“文学”参与治理之前，其“文学”水平已经过无数次的测试和考验。“大手笔”的诏诰写作固然需要极一时之选的文人，就是章表奏议的写作，在其展示理政能力的实用性之外，也需情采兼备，这是官员履职尽责的基本“文学”素养。诏诰表奏等实用性文体，同时是唐代行政公文，按照发出机构，可分为上行、下行、平行三种。上行包括表、状、笺、启、牒、奏抄、奏弹、露布、议等。下行包括制、敕、册、令、教、符等。其中诏诰类文书又称“王言之制”，分七类：一曰册书，二曰制书，三曰慰劳制书，四曰发日敕，五曰敕旨，六曰论事敕书，七曰敕牒。平行包括关、刺、移等。① 碑、志、哀祭文、行状、谥议等作为“饰终制度”的一部分，可以视为“饰终文学”，构成唐代另一个极其重要的“文学”门类。在国家层面，行状作为死者一生主要事迹的记录，职事官三品以上、散官二品以上身亡，由政府机构根据行状定谥②，为之作传和撰写墓志铭③。传统社会具有“家国同构”性，尤其唐代尚是贵族社会，朝廷制度与家族风尚本就可以互相影响及慕仿，因此家族普遍仿效政府，为族中主要人物撰写行状、墓志、祭文等。同心圆进一步扩大，三教九流无不注重“饰终”之典。于是，凡有名望的文人，作品在后世又保存完整的，文集中难免满目墓志、祭文之类。诏诰表奏、墓志祭文之类，或者有较高的实用性，或者普遍为社会所重，故可视为唐人“文学”意义上极其重要的“文学”种类，这在裴度、韩愈等人所存文集中也有反映。裴度存集二卷，除诗、赋外，尚有表、疏、状、议、序、述、书、赞、记、碑铭等文体。韩愈文集保存比较完整，除诗、赋外，尚有问、说、解、箴、赞、颂、论、议、书、记、序、表、疏、启、状、行状、祭文、碑志、策问等文体。白居易现存文集中，收有大量诏诰表奏之作。名臣陆贽文集中，除少量诗、赋外，几乎全是诏诰表奏之作。

第三，表二中单个文体所占的卷数，大体可反映唐代不同文体的数量差异，但所收仍应是实际创作数量的小部分。诗、赋、诏、诰、碑、表、判是占卷数比例较高的几种文体，诗、赋入选数量大并不奇怪，因为几乎全体唐代文人都参与了这两种文体的创作，而且伴随了一生，文人与文人之间对此又比较注重保存和流传。这有些类似于今天的“区块链”，因分布式保存而增加完整留存后世的机会。张籍、韩愈的诗歌保存得相对完整，就

① 参见李林甫等撰，陈仲夫点校：《唐六典》，北京：中华书局，2014 年。

② 《唐六典·尚书吏部卷第二》：“诸职事官三品已上、散官二品已上身亡者，其佐史录行状申考功，考功责历任勘校，下太常寺拟谥讫，覆申考功，于都堂集省内官议定，然后奏闻。”

③ 《新唐书》卷四十六《百官一》：“考功郎中、员外郎，各一人，掌文武百官功过、善恶之考法及其行状。若死而传于史官、谥于太常，则以其行状质其当不；其欲铭于碑者，则会百官议其宜述者以闻，报其家。”（欧阳修、宋祁：《新唐书》，第 1190 页。）

属于这种情况。诏诰表奏等是维持国家运行的工具，因实际需要而产生文本，可以说是一种源源不断的“制度”性生产，政事万机，则相应产生的文本亦浩如烟海。德宗建中年间，陆贽为翰林学士，为皇帝撰定诏书，史称“一日之内，诏书数百”①；贞元年间，权德舆以知制诰、中书舍人掌诏诰，至于“数旬始归”②。可见，现在保存下来的陆贽、权德舆的作品其实也是少数。隋唐俗谚“老吏抱牍死”，虽然是批评事烦政弊，但足见当时政府机构文书文本数目之庞大。唐人（包括五代时人）所编选唐文总集，仅以诏诰奏议类文体而言，略有温彦博集撰《古今诏集》三十卷、李义府集撰《古今诏集》一百卷、李太华集撰《掌记略》十五卷、周仁瞻集撰《古今类聚策苑》十四卷、刘允济集撰《金门待诏集》十卷、李麟集撰《制撰》五十卷、后梁李琪集撰《玉堂遗范》三十卷、佚名《唐德音录》三十卷、佚名《太平内制》五卷、佚名《明皇制诏录》一卷、佚名《元和制集》十卷、马文敏集撰《王言会最》五卷、费氏集《旧制编录》六卷、佚名《拟状注制》十卷、颜师古等撰《唐初表草》十卷、李吉甫集撰《类表》五十卷、李太华集撰《新掌记略》九卷、林逢集撰《续掌记略》十卷、吴兢集撰《唐名臣奏》十卷、马总集撰《奏议集》二十卷等。③ 鞠岩在论文《唐代制诰文改革与古文运动之关系》中，又总结出唐人制诰专集 24 种。④ 尽管唐人对这些实用文体的保存已经非常重视、用心，现在留存的文本数量也不在少数，但因文本多在政府机构保存，比较集中，反而导致流传不广，兼屡次战争等的破坏，湮灭无存者恐怕占大多数。

四、唐代“文学”本体追求及预防

裴度在给李翱的信中郑重谈到，“不以文立制，而以文为戏。可矣乎？可矣乎？今之

① 刘昫等：《旧唐书》，第 3791～3792 页。

② 刘昫等：《旧唐书》，第 4003 页。

③ 唐文总集更为详细的辑考，详见卢燕新：《唐人编选唐文总集辑考》，《文史》第 2 辑（总第 83 辑），北京：中华书局，2008 年。

④ “《新唐书·艺文志四》集部别集类著录唐人制诰专集 19 种：常衮《诏集》六十卷；杨炎《制集》十卷，苏弁编；权德舆《制集》五十卷；武儒衡《制集》二十卷；段文昌《诏诰》二十卷；郑畋《玉堂集》五卷、《凤池稿草》三十卷、《续凤池稿草》三十卷；吴融《制诰》一卷；陆贽《翰苑集》十卷，韦处厚纂；王仲舒《制集》十卷；李虞仲《制集》四卷；封敖《翰稿》八卷；崔嘏《制诰集》十卷；独孤霖《玉堂集》二十卷；刘崇望《中和制集》十卷；李蹊《制集》四卷；钱珝《舟中录》二十卷；薛延（按当作廷）珪《凤阁书词》十卷。陈尚君《〈新唐书·艺文志〉补——集部别集类》补录两种：刘邺《翰苑集》一卷、《凤池刀笔》五卷。张固也《新唐书艺文志补》集部别集类又补录两种：《元稹制集》二卷，李绅注；韩愈《西掖雅言》五卷。据现存资料可知，权德舆《制集》五十卷为其生前亲自纂录，《舟中录》也为钱珝亲手编理，陆贽《翰苑集》除上列韦处厚纂十卷本外，尚有权德舆编的二十四卷本。此外，李德裕于大中元年（847）将其在武宗朝所作制诰编为《会昌一品制集》二十卷。那么，我们现今可知的唐人制诰专集有 24 种。”（鞠岩：《唐代制诰文改革与古文运动之关系》，《文艺研究》2011 年第 5 期。）

作者，不及则已，及之者，当大为防焉耳”。其中含义极为丰富，关乎“文学”本体追求之“立制”，但“制”是什么？为了达到目标，另一方面的努力是“大为防”，“防”又是什么？理解“制”和“防”，有利于更深刻理解唐人眼中的“文学”。

“制”，作名词，为法度、准则、制度、式样等义；作动词，为裁断、制作等义。制止，作动词，引申为通过裁断为事物订立不可逾越的标准。“标准”须有一定的制定依据，且须通过不断地实践去制定，制定之后可用来裁量事物，对人起到约束、制止的作用。张籍、裴度、李翱、韩愈皆是儒家士人，国家的培养及社会的期待也是实现儒家理想。士人以“文学”发挥作用，既是应当的，也是必然的。“文学”要通过制度发挥作用，就需建设一个儒家精神指导下的“文学”性制度。过去并非没有制度，但要符合唐时代的现实情况，就要建立唐代自身的制度，这应该是裴度特别重视“以文立制”的原因。“立制”显然非常人所能为，在裴度看来，只有像韩愈这样的美材，才适合这项工作。韩愈一生的目标、理想、抱负，尤其体现于中进士后不甘守选而汲汲进取时所做的自我剖白。为了能够得到援助，他接连向当时的宰相写了三封信，称自己“生七年而学圣人之道以修其身，积二十年”，二十年来，“歌颂尧舜之道”“所读皆圣人之书”“所著皆约六经之旨而成文”①，这是表明自己是忠实的儒家学者，对圣贤之“制”有深刻的体认。韩愈把自己的身份定位为“行道者”②，其“立制”表现在以写作张大名教、驳斥佛老，批评俳优之文，探索并实践“载道”之文，形式上或许不限，但内容上一定是维持、发扬儒家之“道”，并最终创作出经典之内容与文本，大略此即所谓“制”。“以文立制”是唐代“文学”的根本性追求，“文学”参与解决现实问题并不是终极目的，更高的目的是在本时代的大量“文学”实践上，进行经验的总结和理论的提升，从而在实用性和形式技巧两方面创作出具有双重典范意义的经典。

“防”，本义堤坝，后引申为动词，凡事先戒备、防备、备御、禁止等之称。须先有内部的防御之意而后有外部的防御之举，意谓通过设立禁防以抵御内部及外部可能的灾患。“文学”的立制与预防，以战争为喻，前者强调进攻，开疆拓土，后者强调防御，巩固城池。从外部看，除儒学外，唐代最为兴盛的文化是佛、老文化，特别是佛教文化。佛教在底层广泛吸收信众，所谓“鼓天下之众而从之”③。现在视为重要文学体裁的“变文”“俗讲”之类，在唐代被佛教用来吸引底层信众，多邀布施。精深的佛教义理又能够吸引、争夺士人阶层。韩愈说当时“不入于老，则入于佛”④，可以说是佛老文化扩张而儒家文化退守的

① 韩愈著，马其昶校注，马茂元整理：《韩昌黎文集校注》，第173~174页。

② 韩愈著，马其昶校注，马茂元整理：《韩昌黎文集校注》，第177页。

③ 韩愈著，马其昶校注，马茂元整理：《韩昌黎文集校注》，第241页。

④ 韩愈著，马其昶校注，马茂元整理：《韩昌黎文集校注》，第15页。

实况描画。故自认孟子精神继承人的韩愈把防御对象主要集中于佛教,站在儒家原则的高度对佛教文化以及佛教活动展开持续批评。韩愈的另一防御对象主要是儒家文化的形式化,比如骈体文形式大于内容的问题,试图予以矫正。可见韩愈与裴度并无二致,只是韩文公有更强的创作力,从事正统"文学"之余始终忍不住"游戏"笔墨。此外,张籍、裴度的所谓"防"其实上升到了文人的内部修养层次。韩愈坚守"圣人之道""先王之法"①,不被佛老或时俗引诱"叛去"②,这应该是张、裴等人批评韩愈不注重防微杜渐的根本原因。总的来说,预防、封闭、排外等,恰恰说明当时主流文人有明确的"文学"畛域意识,否则无所谓"尊"或"排"。佛、道意识下的作品,更多讲究形式、技巧的作品,我们现在理所当然视为文学,但唐人确实对它们有所排斥,因而异质思想也不太可能大量出现在诏诰表奏等主要文体之中,这当然可以说是唐人的不足,不过不能否认唐人有基于现实和自身的"文学"概念。

结　语

韩愈《毛颖传》是今天文学概念上的经典作品,却在唐代遭到多方面批评。其原因在于今天的文学概念与唐人眼中的"文学"概念有很大不同,除部分交叉、重叠外,最大的不同在于唐人极其强调"文学"本身的实用性。首先,唐代"文学"与充盈的儒家精神有关,为实现儒家人文教化的需求而产生。其次,唐代的制度系统充满"文教"色彩,其重要功能之一就是培养和选拔文人,而后文人以"文学"参与国家的政治治理。最后,唐代以实用性"文学"为核心,由国家而社会,"文学"的同心圆不断扩大,上可以治国理政,下可以抒情达志。以张籍、裴度、韩愈等人为例,他们的"文学"成就和仕宦功绩有高有低,但自释褐起,几乎都终生在国家职官制度里以"文学"发挥或大或小的作用。唐代对"文学"的重视是国家意志层面的,对实用性"文学"文体尤其重视,而实用性"文学"的创作成就,仅就数量上讲,在现存唐代"文学"中占相当高的比例,理论上数量应更加庞大。裴度、韩愈等享有大名的文人,在"文学"本体上有着自觉的"立制"追求,并对佛、老文化等有所"预防"。以唐人的眼光看待唐代"文学",是回到唐代"文学"本原研究的前提,也能展示出更有价值、更加丰富多彩的"文学"世界。

① 韩愈著,马其昶校注,马茂元整理:《韩昌黎文集校注》,第 238 页。
② 韩愈著,马其昶校注,马茂元整理:《韩昌黎文集校注》,第 242 页。

明末山东社会研究的新视角

——读《明末朝鲜使臣笔下的山东研究》有感

孙家洲

我的老家在山东,虽说本人离乡多年,但由于对故乡的热爱和业务的关系,仍非常关注家乡的地域文化,也常常回到山东参加齐鲁文化的学术会议,还曾受家乡地方领导的委托,领衔编纂过地方文史资料。今人在编纂地方文史资料和研究地方历史文化时,所依据的主要是存世的中国史料,包括地方的府、州、县志等,也就是古人记载的当时的一些情况及他们的一些认知。这些记载和认知,多是站在中国人的角度,记载和评论中国人的事情,属于"自说自话"。近几年,随着中外文化交流的拓展和深入,历史上许多外国人记载的有关中国社会的历史成为研究中国历史和地域文化的重要参考,这些外国人以旁观者的视角对中国社会的认知有时更客观,在某些层面相对更有价值,更值得我们去研究。朝鲜半岛在历史上属于汉文化圈,有大量的汉籍文献存世,其中就有许多关于中国地方文化的史料。陈爱强、刘晓东所著《明末朝鲜使臣笔下的山东研究》一书,采用的史料就是明末朝鲜使臣出使中国期间路经山东时所写日记、随记及创作的诗歌等,比较客观地记载了明末山东社会的方方面面。虽说当时的朝鲜是明王朝的属国,但毕竟是异域外邦,有着不同于中国的文化。朝鲜使臣审视下的山东社会,不仅为我们提供了研究明代山东社会的珍贵史料,也展示了齐鲁文化对朝鲜半岛的影响及明朝与朝鲜半岛文化交流的实况。

陈爱强、刘晓东均是我熟悉的青年教师。陈爱强现为河北师范大学文学院教授,曾是鲁东大学胶东文化研究院常务副院长,主编过多部山东地域文化方面的书。刘晓东是鲁东大学外国语学院朝鲜语系副教授,主要研究古代中韩文化交流情况,有多项成果获省部级奖励。二人合作完成的"明末朝鲜使臣笔下的山东研究"课题,系 2017 年国家社科基金后期资助项目(17FZS041),于2019年12月在人民出版社出版。中国中外关系史学会会长、中国社会科学院古代史研究所博士生导师万明研究员评价道:“该著作以明末朝鲜使臣笔下的山东为研究内容尚属学界的首次,填补了明末山东研究的空白”,具有“创新性和独特性”。① 时任中国明史学会常务副会长、中国人民大学历史系博士生导师毛佩琦教授也评价说:“该著作以明末朝鲜使臣笔下的山东为研究视角,具有特殊的学术价值”,“翔实展现了山东作为礼仪之邦的好客之道、形形色色的中国地方官员形象、下层普通百姓的生活习俗和城市文化特征等,既有气象万千的多元场景的展现,亦有异域他者远距离的理性审视,补充了明史研究中缺少专题研究的学术缺憾”。② 万明、毛佩琦二位博士生导师,与我交往多年,二人都是国内外知名的明史研究专家,万明还担任过中国社会科学院古代史研究所明史研究室主任,毛佩琦则在中央电视台《百家讲坛》上多次主讲明史。他们对《明末朝鲜使臣笔下的山东研究》一书的评价,说明该著作是研究明末山东社会的一部具有创新性的力作。对于二位知名专家的意见,我高度认同。

山东人热情好客,“好客山东”也是当地引以为豪的闪亮名片,但翻阅山东地方史志,很少见到这方面的记载。山东省编纂过两部大部头的丛书《齐鲁文化通史》《山东区域文化通览》,均没有对历史上的“好客山东”做专门的论述,其主要原因就是缺乏史料的支撑。《明末朝鲜使臣笔下的山东研究》一书,为我们提供了“好客山东”的丰富史料。该书《好客山东,朝鲜使臣对于山东的第一印象》一章,以明末朝鲜使臣的记载为例,专门论述了山东官员和山东百姓的热情友好和盛情好客。天启元年(1621),朝鲜使团在大海中遭遇风浪,船只倾覆,搭乘小船从登州登岸。登莱巡抚为“一行无盘缠,方在饥饿中”的朝鲜使团准备了极为丰盛的酒菜,“极备极精,礼数甚盛”,不仅给予热情友好的款待,还“赠以多金”,作为使团在登州居住和进京的费用,使朝鲜使臣大为感动,发出“厚惠终何报?三生隔海东”的感叹。朝鲜使臣一行返程途经登州时,登莱的官员再次设宴款待,“馔品极备,接礼甚盛”。朝鲜使者赋诗描绘了当时的情景:“礼数恭传爵,谈论快建瓴。殷勤终日宴,相对似神灵。”③朝鲜使臣笔下还提到,明末其他朝鲜使团路经山东时,沿途官员送“饭膳酒果甚优”“待礼甚厚”,沿途僧道“设茶迎慰”“设榻点香茶”,沿途百姓“道路争相见”“催赏半盅茶”,极其热情。④ 该书还论述了山东人“慰劳远人”、友好待客的文化传统,有史料,有论述,有力地支撑了“好客山东”的论断。

此外,《明末朝鲜使臣笔下的山东研究》通过朝鲜使臣的记载论述了:“山东各州府的

---

① 陈爱强、刘晓东:《明末朝鲜使臣笔下的山东研究》,北京:人民出版社,2019年,第378页。
② 陈爱强、刘晓东:《明末朝鲜使臣笔下的山东研究》,第379页。
③ 陈爱强、刘晓东:《明末朝鲜使臣笔下的山东研究》,第52~54页。
④ 陈爱强、刘晓东:《明末朝鲜使臣笔下的山东研究》,第58~90页。

多维形象”,如“落帆山东第一州”的登州府、“乡国遗风崇正学”的莱州府、“民物唐虞盛,烟尘海岱清”的青州府、“三齐名郡省城兼”的济南府、“渤海襟喉”古潍州潍县、“悠悠千古事,至今犹濯濯”的临淄县、“南北要冲,商贾辐辏”的德州等地;①“良莠不齐的明末(山东)地方官员”,他们有的“清慎可称”,拒收礼品,有的“诚实守信”“极仁厚”,有的“穷极奢丽”“无不贪婪”;②“明末山东百姓生活与习俗”,百姓“尊佛崇道”,“农夫勤劳敬业”,“学童能通四书、三经”,“妇孺知耻,齐鲁风俗之美可见矣”,“土风嗜古,随处皆植闾扁额”;③明末山东社会的“动荡与变化”,“反叛的百姓被镇压”,“以买卖为生利,名官大宰,亦不免此习”;④山东官员、文人与朝鲜使臣的文化交流——“明末中朝文化交流的诗歌飨宴”⑤。该书的上述内容,均为研究明末山东社会提供了丰富的史料和新的视角。

《明末朝鲜使臣笔下的山东研究》通过明末朝鲜使臣在山东境内的观感,比较客观地描绘了明末山东社会形态和动荡变化的中国,探讨了明末激化的社会矛盾、活跃的商品经济,以及官员的腐败对明朝的影响。其中,既有对走向没落的大明帝国文化场景的展现,亦有来自异域外邦的朝鲜使臣远距离的文化审视,全面呈现了明末“域外山东”的形象。特别是朝鲜使臣对明末山东普通民众、生活习俗及精神信仰的具体描述,很少见于国内的史料,对我们研究明末中国社会有着极大的参考价值。该书史料新、视角新、观点新,而且立论坚实、资料丰富,增强了当今对明末山东社会的认知,在齐鲁文化、中外交流史的研究上都有所创新,这也应是万明研究员称赞该书有“创新性和独特性”的主要原因。该书的研究成果不仅具有学术价值,而且对促进山东与朝鲜半岛的友好往来和文化交流、拉动山东的旅游开发、吸引外资都有现实的意义。特别是当年朝鲜使臣在山东的真情实录及对山东官员、百姓善待远来的朝鲜客人的记载,也能让来山东工作或观光的韩国、朝鲜朋友了解山东省关于中韩、中朝文化交流和友好往来的历史,增加他们对中国特别是对山东的亲近感和信任感,进一步提升山东的知名度和品牌效应。

以上就是我对《明末朝鲜使臣笔下的山东研究》阅后的看法。

(作者系中国人民大学历史学院教授、博士生导师,《历史学文摘》主编)

① 陈爱强、刘晓东:《明末朝鲜使臣笔下的山东研究》,第104~171页。
② 陈爱强、刘晓东:《明末朝鲜使臣笔下的山东研究》,第189~213页。
③ 陈爱强、刘晓东:《明末朝鲜使臣笔下的山东研究》,第239~267页。
④ 陈爱强、刘晓东:《明末朝鲜使臣笔下的山东研究》. 第271~278页。
⑤ 陈爱强、刘晓东:《明末朝鲜使臣笔下的山东研究》,第281~345页。

十年一剑不同寻常，三礼学史统为一编

——《三礼学通史》评介*

王朋飞

“礼”是中国古代文化中极为重要的概念。《晏子春秋》中提到：“人之所以贵于禽兽者，以有礼也。”《礼记·曲礼上》亦曰：“鹦鹉能言，不离飞鸟；猩猩能言，不离禽兽。今人而无礼，虽能言，不亦禽兽之心乎？”可见，“礼”被普遍看作人与禽兽相区别的标准，亦即人类文明的标志。

中华“礼”文化源远流长。我国新石器时代遗址中的石器、陶器、玉器等并不全是生产工具或生活器具，其中有许多是作为祭祖或祭神的礼器而存在的。这说明我国早在原始社会时期就有了与“礼”相关的思想和活动。《说文解字·示部》曰：“礼，履也，所以事神致福也。”起初，“礼”是沟通天人关系的纽带和仪节。后来，随着人类社会的发展，“礼”的内容逐步扩大化、系统化，人类社会生活各方面的仪式规范都被纳入“礼”的范畴。据《尚书·舜典》《大戴礼记·五帝德》《竹书纪年》等先秦文献记载可知，虞舜时代就已设置了专掌礼乐的官员。西周初年，伟大的政治家周公因时制宜而制礼作乐，在对夏礼与殷礼有所损益的基础上，依据前世流传下来的礼俗及时代需要而建立了一整套与当时的宗法社会相适应的礼乐制度。此后，礼乐文化被确立为调控社会各种秩序的文化范式。至春秋时期，随着社会形态的演变和政治格局的变迁，出现了礼坏乐崩的局面。在这种情势下，伟大的思想家孔子通过总结、清理和反思夏、商、周三代的文化遗产，继承并发展了古老的“礼”观念，赋予其新的思想内涵，创造性地以“礼”作为核心价值观念建立起儒家的思想体系。汉武帝“罢黜百家，独尊儒术”之后，儒学从百家之一跃升为居于

* 本文系国家重点文化工程“全球汉籍合璧工程”子项目“《新编佛法大明》整理与研究”(HBZ202101)阶段性成果。

统治地位的主流文化。与此同时，作为儒家礼文化主要载体的“三礼”（《周礼》《仪礼》《礼记》）日益得到学界和全社会的尊崇，并发展成为一门相对独立的“三礼学”。此后，在长达两千多年的帝制社会里，三礼学一直居于“显学”的地位，既是儒家经学的重要组成部分，也是中国传统学术的重要内容。民国以来，随着社会的转型和传统文化的衰变，三礼学渐趋式微。改革开放后，随着社会经济的发展与学术环境的改善，三礼学研究逐渐复苏。近三十年来三礼学研究得到了学界的广泛关注和重视，甚至可以说出现了全面复兴的迹象。丁鼎教授主编的《三礼学通史》的问世，可谓适逢其时，应运而生。

《三礼学通史》由教育部人文社会科学重点研究基地山东师范大学齐鲁文化研究院丁鼎教授为首的海峡两岸八位三礼学研究专家组成的学术团队共同完成，全书约一百二十万字，分上中下三册。团队于2009年以“‘三礼学’通史”为题获得国家社会科学基金项目立项，并于2016年结项，结项成果被评定为“优秀”。在此基础上，团队继续打磨，悉心修订成果，于2020年通过人民出版社获得国家出版基金资助项目立项。在此书的写作过程中，团队围绕三礼学先后召开了三次全国性的大型学术会议，在国内外产生强烈反响。十余年辛苦，冷坐书斋，得成此书。书成后，陈祖武、虞万里二先生作序评赞。孙家洲教授更将此书评价为“三礼学复兴的标志性成果”。

《三礼学通史》将三礼学置于文化史、学术史、思想史的大背景下进行考察，系统梳理了三礼学从古至今的发展脉络，对各个时期三礼学的代表性人物与著作进行了重点介绍。此书大致有以下几个特点：

第一，体系完备，脉络清晰。全书除绪论外，以时间为顺序，分为两汉、三国两晋、南北朝、隋唐五代、宋代、元明、清代、民国、新中国（大陆地区）、台湾地区几部分，对三礼学术史进行了全面系统考察。其不仅对古代三礼学进行论述，还对近现代三礼学进行总结；不仅关注大陆地区的三礼学研究，还对台湾地区三礼学研究的历史与现状进行了综述。可谓体大思精，系统完备。全书以时间为经，以地域为纬，条分缕析，清晰地展现出我国三礼学的产生、发展和流变的历史脉络。

第二，章节排布合理，详略得当。书中每章以一个时代的三礼学为内容，先对当时的三礼学做一概述，总结其历史学术思想背景，进而分《周礼》学、《仪礼》学、《礼记》学专节论述，在特别的章节，还会另辟新节。如南北朝三礼学中，有专节比较南朝三礼学与北朝三礼学的异同，且将南朝礼学家及其著作和北朝礼学家及其著作分节论述，避免混淆。其后又有专节论南北朝三礼学对后世三礼学的影响，不仅直观地展示出南北朝三礼学的渊源，还展示了其后续之流变，讲清了南北朝三礼学的关键问题。又如，在介绍隋唐五代时期的三礼学时，其将贾公彦《周礼疏》与此时期《仪礼》学、《礼记》学相并列，从纲目上已能见《周礼疏》在此时期《周礼》学乃至三礼学中的特殊意义与价值。

第三，注重整体的把握与典型的分析。书中既有对三礼学发展普遍特征的总结与归纳，又包括对三礼学重点人物、著作的专门分析。如在“宋代《周礼》学”一节中，既有对宋代《周礼》学著作的数量、分类与解经特点的研究，又有对宋儒《周礼》观的总结。在此基础上，重点对李觏、王安石、王与之、叶时、郑伯谦、胡宏等人的《周礼》著作与观点进行了论述，既总结出三礼学的共性特征，又突出了三礼学史的重点内容，使读者在对三礼学有整体认知的基础上把握重点。

第四，团队成员学术有专攻，论断精审。本书主编丁鼎教授多年来致力于儒家经学史的研究，尤其在三礼学研究领域成果丰硕，享有盛誉。其他参编人员亦皆为当代三礼学研究领域的著名学者。如林素英教授是台湾地区三礼学研究的名家，著有《古代祭礼中之政教观》（文津出版社 1997 年）、《丧服制度的文化意义》（文津出版社 2000 年）、《古代生命礼仪中的生死观》（文津出版社 1997 年）、《礼学思想与应用》（万卷楼图书股份有限公司 2003 年）等多部礼学专著，此外还发表有关礼学研究的论文近百篇。邓声国教授著有《清代〈仪礼〉文献研究》（上海古籍出版社 2006 年）、《清代〈仪礼〉学史》（人民出版社 2021 年）。潘斌教授著有《二十世纪中国三礼学史》（南京大学出版社 2016 年）、《宋代“三礼”诠释研究》（人民出版社 2018 年）。张帅副教授已完成国家社科基金项目“南北朝礼学史研究”。夏微博士著有《〈周礼订义〉研究》（吉林人民出版社 2011 年）、《宋代〈周礼〉学史》（中国人民大学出版社 2018 年）。由此可见，团队多位成员在三礼学研究领域取得了不俗的成绩。在本书的写作过程中，他们能够群策群力，发挥各自所长，相得益彰。凭借在三礼学研究领域的精深造诣，各位成员在撰写书稿的过程中，自然能够广泛了解学界最新研究成果，涵盖三礼学领域的最新进展，因而能够深入浅出，将晦涩的三礼学术通史写得既精审谨严，又简明晓畅。

《三礼学通史》的问世，于学界可谓大事、盛事。此书成就大致有二：

第一，填补了学术界三礼学通史的空白。目前学界关于三礼学史的研究，或专门于一礼，或局限于某一朝代，如惠吉兴《宋代礼学研究》（河北大学出版社 2011 年）、刘丰《北宋礼学研究》（中国社会科学出版社 2016 年）等。虽然这些专礼研究或断代研究推动了三礼学研究的进展，但是学界仍迫切地需要一部能够贯通古今的三礼学通史。本书在写作过程中，统合三礼，不局限于一经，不局限于一朝，贯通历史，涵盖古今，对三礼学的发展源流做了一次整体性的梳理与总结，弥补了学界没有一部三礼学通史的缺憾。

第二，本书既对过去的三礼学研究做了总结，又推动未来三礼学研究向纵深发展。《三礼学通史》，不仅仅是对过去三礼学的总结，更是一部继承前人研究成果，推陈出新，后出转精的巨著。在写作的过程中，许多过去没有被重视的领域得到拓展，许多过去仍有疑义的问题得到解决。《三礼学通史》的完成，对于三礼学研究的众多领域，实有筚路蓝缕之功，拓宽了三礼学研究的广度，为学界将来的研究打下了坚实的基础。

《三礼学通史》体系完备，内容精审，然而本着精益求精的原则，笔者对此书仍有一些吹毛求疵的建议。三礼学的研究，自然是以中国为主，然而他山之石可以攻玉，海外学界关于三礼学的研究亦有值得借鉴之处。日本在海外三礼学研究中可谓重镇。工藤卓司教授著有《近百年来日本学者〈三礼〉之研究》（万卷楼图书股份有限公司 2016 年），对百年来日本三礼学研究做了较为详细、完善的总结。欧美学者对礼学的研究，往往与人类学、宗教学相结合。2010 年，柯马丁与艾尔曼共编的《*Statecraft and Classical Learning*：*The Rituals of Zhou in East Asian History*》（博睿学术出版社 2010 年），收录了许多欧美乃至日韩学者的《周礼》研究成果。本书如能将海外三礼学研究的成果吸纳进来，丰富学界对三礼学研究成果的总结，其体系则更加完备。另外，《大戴礼记》虽不在三礼之列，却与《小戴礼记》有着密切关系，于礼学不无小补。《三礼学通史》的某些章节对《大戴礼记》虽有关注，但在许多章节上往往付之阙如。如果将来再版时能将有关《大戴礼记》的内容适当增补，本书内容将更充实、更完善。

（王朋飞，男，1990 年生，山东临沂人，山东师范大学齐鲁文化研究院讲师，主要研究方向为宋代文化史。）

刊稿格式

一、正文

论文以不超过15000字为宜。

正文须附摘要、关键词和作者。摘要,以200字左右为宜。关键词,3~5个。作者简介,包括姓名、性别、出生年、籍贯、工作单位、职称职务和研究方向。

另,请附详细通信地址、电话号码和E-mail联系方式。

二、引文

引文分为直接引文和间接引文。引文加注释,分夹注和脚注两种格式。

(1)引用古籍,如先秦诸子可使用夹注,其他文献应使用脚注。

(2)直接或间接引文中,凡说明其来源出处者,称为"资料性注释"(Reference notes);凡做进一步的解释、辨析或评论者,称为"内容性注释"(Content notes)。无论哪种注释,一律采用脚注(即页下注)。凡用脚注者,注释序号用①②③……,采用每页重新编号方式。

三、注释

注释须合乎规范,具体标注情况如下。

1. 专著:作者/书名/卷册/出版地/出版者/出版年/页码。

第一次出现以上各项须一一注明,如:

江林昌:《考古发现与文史新证》,北京:中华书局, 2011年,第200页。

第二次出现,简化,只注明作者、书名、页码,如:

江林昌:《考古发现与文史新证》,第200页。

中译本著作,译者作为第二责任者放在题名之后,如:

[美]列文森:《儒教中国及其现代命运》,郑大华、任菁译,北京:中国社会科学

出版社,2000年,第320页。

2. 析出文献:作者/篇名/文集。如:

钟肇鹏:《思孟学派简论》,见《儒家思孟学派论集》,济南:齐鲁书社,2008年,第8页。

3. 古籍:古籍既有传统的刻本、抄本,也有具有现代出版形式的标点本、整理本、影印本,情况比较复杂,可根据古籍形式的不同选择标注方式。

4. 连续出版物(期刊、报纸等)。

(1)期刊:作者/文章题名/期刊/出版年、卷期或出版日期。引用中国大陆以外出版的中文期刊时,应在期刊题名后括注出版地。如:

王志民:《试论〈论语〉文学表现的诗化特征》,《孔子研究》2003年第6期。

吴虞:《家族制度为专制主义之根据论》,《新青年》第2卷第6号,1917年2月1日。

吕妙芬:《阳明学讲会》,《新史学》(台北)第九卷第二期,1998年6月。

(2)报纸:作者/文章题名/报纸/出版日期或卷期/版次。如:

李学勤:《清华简〈耆夜〉》,《光明日报》2009年8月3日,国学版。

5. 外文文献:引证外文文献,原则上以该文种通行的引证标注方式为准。如英文文献:

James Legge, *The Chinese Classics*, Vol. Ⅲ, "Prolegomena", Taipei: SMC publishing Inc., 2000, p. 198.

Herrlee Glessner Greel, *Confucius, the Man and the Myth*, New York: J. Day Co., 1949.

6. 未刊文献:作者/题名/属性/编号/收藏单位/页码。如:

代生:《考古发现与楚辞研究》,博士学位论文,南京大学历史学系,2011年,第25页。

7. 电子文献:包括以数码方式记录的所有文献,其标注项目与顺序:作者/题名/更新或修改日期/获取和访问路径。如:

扬之水:《两宋茶诗与茶事》,《文学遗产通讯》(网络版试刊)2006年第1期,http://www.literature.org.cn/Article.asp? ID=199。

8. 转引文献:作者/原文献题名/原文献版本信息/原页码(或卷期)/转引文献责任者/转引文献题名/版本信息/页码。如:

章太炎:《在长沙晨光学校演说》,1925年10月,转引自汤志钧:《章太炎年谱长编》下册,北京:中华书局,1979年,第823页。

9. 间接引文:间接引文通常以“参见”引领词引导标注项目,应标识出具体参考引证的起止页码或章节。标注项目、顺序与格式同直接引文。如:

参见安作璋、王志民主编:《齐鲁文化通史》远古至西周卷,北京:中华书局,2004年,第218~229页。

10. 内容性注释中的引文:内容性注释是指对正文中的术语、概念、观点和资料进行进一步的解释、辨析或评论的文字。很多情况下,内容性注释中又出现引文,无论是直接引文,还是间接引文,都需要标明资料出处,标注项目与顺序与资料性注释相同。如:

金毓黻曾说:“论学首贵析理”,而论事则“需兼及情与势,情泱而势合,施之于事,无不允当矣”。见金毓黻:《静晤室日记》第1册,1920年3月18日,沈阳:辽沈书社,1993年,第11页。

本刊地址:250014　济南市文化东路88号
山东师范大学齐鲁文化研究院《海岱学刊》编辑部
可将电子版投寄本刊邮箱: haidaixuekan@ sina. com
编辑:李秀亮、代生

著作权使用声明